| GEOGRAPHICA BERNENSIA | G 18 |

Klaus Aerni und Heinz E. Herzig (Herausgeber)

Historische und aktuelle Verkehrsgeographie der Schweiz

Geographisches Institut der Universität Bern 1986

VORWORT

Im Wintersemester 1984/85 organisierten wir eine Ringvorlesung, deren Thematik aus unserer Arbeit am Inventar historischer Verkehrswege der Schweiz (IVS) hervorging. Dabei sollte allerdings weniger die Frage nach konkreten Strassenverläufen und baulichen Massnahmen in der Landschaft zur Sprache kommen als vielmehr das Problem "Verkehr" in verschiedenen Aspekten beleuchtet werden. Je nach dem Spezialgebiet der Referenten wurden Quellen zur Verkehrsgeschichte, politische und konzeptuelle, juristische und soziale Themen erörtert, wobei die Vorlesungen im gesamten in einen historischen Rahmen gestellt waren. Das Spektrum reichte von der verkehrspolitischen Situation der Schweiz zur Römerzeit über Fragen des Verkehrs im Mittelalter und der frühen Neuzeit bis zu Problemen des 19. Jahrhunderts und schliesslich aktuellen Themen unserer Zeit. Nicht dass wir uns dabei von der Idee einer historischen Entwicklung hätten leiten lassen; unser Ziel war es eher, die einzelnen Epochen eigenen Fragestellungen zu erörtern und Einblick zu geben in die Vielfalt, ja Komplexität des Themas "Verkehr".

Für die Vorlesungsreihe haben sich Kollegen des Historischen und Rechtshistorischen Instituts, Mitarbeiterinnen und Mitarbeiter des IVS sowie Spezialisten im Bereich des modernen Verkehrs zur Verfügung gestellt. Die Namen aller Mitarbeiter an diesem Heft sind am Schluss der Ausgabe zusammengestellt. Wir danken allen Referentinnen und Referenten für ihre spontane Zusage. Ihre Beiträge erschienen uns so aufschlussreich, dass wir sie einer weiteren, wissenschaftlich oder politisch interessierten Oeffentlichkeit zugänglich machen möchten. Wir danken den Herausgebern der Geographica Bernensia für die Aufnahme des Heftes in ihre Reihe. Besonders danken wir Daniela Mayerhoffer und Jack Heaton für die druckfertige Reinschrift, Marianne Hungerbühler für die Reinzeichnungen und Peter Aerni für die Erstellung des Sach- und Ortsregisters.

Bern, im Januar 1986   K. Aerni
                                                         H.E. Herzig

Inhaltsverzeichnis

Vorwort		1
HERZIG Heinz E.	Die Erschliessung der Schweiz durch die Römer	5
ESCH A.	Mittelalterlicher Passverkehr in der Schweiz: die Quellenangabe	23
BARRAUD Christine	Bemerkungen zum ländlichen Wegnetz zwischen 1300 und 1600	44
AERNI Klaus	Die bernische Alpenpasspolitik vom Mittelalter bis zur frühen Neuzeit	57
KAISER Peter	Die Strassen der Nordwestschweiz im 17. und 18. Jahrhundert	85
ROGGER Fränzi	"Schön, aber ein Skandal" - Bernische Strassenpolitik im 19. Jahrhundert	101
CARONI Pio	Warentransport über die Alpenpässe im 19. Jahrhundert	125
SIMONETT Jürg	Die "Industrie" Graubündens: Vom Transitverkehr zum Tourismus	139
AERNI Klaus	Alpentransversale und inneralpine Erschliessung	159
OETTERLI Jörg	Die Gesamtverkehrskonzeption: Vorgeschichte und Problemstellung - Konzept und Realisierung	163
KELLERHALS Charles	Die NHT: Problemstellung und Varianten - Zweckmässigkeit und Randbedingungen	193
HENZ Hans Rudolf	Schnellbahnverbindungen im Ausland und im Inland - Zweckmässigkeit und Umweltverträglichkeit	209
Verzeichnis der Autoren		229
Verzeichnis der Abbildungen		230
Register		232

DIE ERSCHLIESSUNG DER SCHWEIZ DURCH DIE RÖMER

Heinz E. Herzig

Dass die Alpen- und Jurapässe den Weg von Nord- nach Südeuropa (und umgekehrt) verkürzen, das dazwischen liegende Plateau eine bequeme Verbindung von der Rhone an den Rhein, sogar an die Donau ermöglicht, verlieh dem geographischen Raum schon seine Bedeutung, bevor sich darin die heutige Schweiz entwickelte. In ur- und frühgeschichtlicher Zeit benützten Menschen diese Passübergänge, wenn sich auch für den grössten Abschnitt dieser Epoche nicht feststellen lässt, ob sie bereits eine Transitfunktion erfüllten oder eher dem Lokalverkehr dienten. Neigt man heute zu der Ansicht, dass in prähistorischer Zeit die Pässe lokal genutzt wurden, so werfen doch Funde wie etwa derjenige der Hydria von Grächwil (BE) oder des Goldschatzes von Erstfeld (UR) zumindest die Frage auf, ob man sich den damaligen Verkehr nicht grossräumiger vorzustellen habe[1]. Die Beantwortung dieser Frage hängt aber in nicht geringem Masse mit den geographischen Kenntnissen zusammen, die man dem frühzeitlichen Menschen zubilligen will. Mit diesem Problem ist auch unser Thema aufs engste verknüpft: Der Wille, einen Raum dem Verkehr zu erschliessen, setzt ebenso die Kenntnis dieses Raumes voraus wie die daraus resultierende Erkenntnis seines Nutzens. Auf Rom übertragen heisst das, dass die verantwortlichen Politiker sich aufgrund gewonnener geographischer Einsichten entschlossen, die Vorteile der Alpen- und Juradurchquerung für eine rasche Verbindung an den Rhein zu nutzen. Wie sie solche Einsichten gewannen, muss uns als erstes beschäftigen. Wie sie diese nutzten, bildet das Thema des zweiten Teils, an den wir einige weitere Bemerkungen über das römische Strassennetz in der Schweiz anschliessen.

1. Zwar scheinen die Römer des ausgehenden 2. und 1. Jahrhunderts v.Chr. die hauptsächlichsten Uebergänge in den Westalpen so gut wie im östlichen Raume gekannt zu haben, aber weiter als bis an den Südfuss der Alpen drangen sie nicht vor. Darüber verwunderte sich selbst der im 2. Jahrhundert n.Chr. schreibende Historiker Appian, der (Illyr. 15) notiert, dass so manche grosse römische Armee die Alpen traversierte, um Gallien und Spanien zu erobern, ohne sich aber um die Bergvölker zu kümmern. G. WALSER erklärt dieses Phänomen damit, dass die Alpen für die Römer eine natürliche Grenze, aber auch eine geistige Barriere darstellten, so dass diese immer wieder umgangen worden sei. Nach E. MEYER sah sich Caesar gezwungen, für seine Eroberungen in Gallien kürzere Nachschublinien zu suchen. Dabei fand offenbar auch der Grosse St. Bernhard seine Aufmerksamkeit, aber der Versuch, diesen Pass militärisch zu öffnen, scheiterte kläglich. Für uns ist immerhin das Motiv interessant, das Caesar (B.G. 3,1) zum Angriff bewog: Er wollte den römischen Händlern einen Weg sichern, den diese sonst nur unter grossen Gefahren und gegen Bezahlung hoher Weggelder benützen konnten. Damit ist literarisch belegt, dass der Handel im Alpenraum funktionierte, bevor dieser Raum auch militärisch besetzt war, dass also der römische Kaufmann geographische Kenntnisse besass, die er dem Politiker und Feldherrn weitergeben konnte. So folgte der Soldat dem Kaufmann und benützte die von diesem explorierten Wege. Erste Einsichten in der Geographie des Alpenraumes verdankten die Römer also ihren Kaufleuten[2].

Caesars gallische Feldzüge brachten, wie E. MEYER wohl richtig vermutet, einen beträchtlichen Zuwachs an Ortskenntnissen, wenn vielleicht auch die Raumvorstellung noch wenig präzise war. Immerhin unterstellt die Ansicht, die heute Allgemeingut der Forschung ist, dass Caesar mit der Gründung der coloniae Equestris (Nyon) und Raurica (Basel) an strategisch wichtigen Punkten die Flanken Galliens gegen die Helvetier und Räter decken wollte, dem Eroberer eine vertiefte

Abb. 1: Die Erschliessung der Schweiz durch die Römer

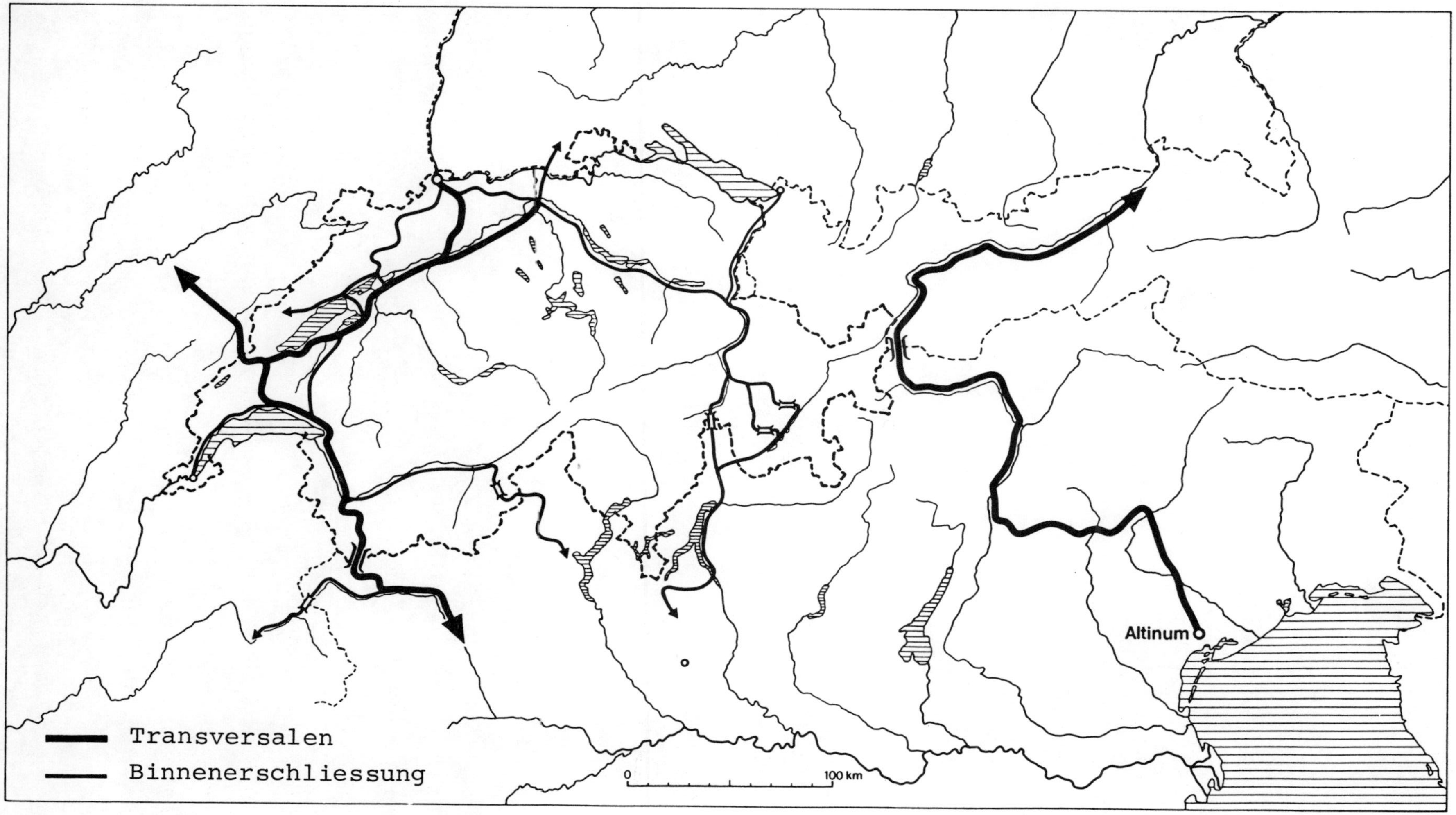
Altinum
0
100 km
Transversalen
Binnenerschliessung

Einsicht in einen relativ grossen Raum. L. BERGER hat denn auch postuliert, dass dieser schon die Mittelland-Hauensteinstrasse gekannt habe. Aber dieses Postulat scheint uns deshalb nicht zwingend zu sein, weil Caesar eine Verbindung zwischen Nyon und Basel gar nicht notwendig brauchte; wichtig war für ihn nur die Erkenntnis, dass beide Stützpunkte als Sperren gegen die jeweiligen Völker dienen konnten. Eine - zugegeben: längere - Verbindung der beiden Kolonien liess sich auch auf einem andern Weg herstellen. Wie D. van BERCHEM beobachtet hat, kann auf Grund von Strabo (Geogr. 4,11,6) gefolgert werden, dass noch zur Zeit Caesars und in der Frühzeit des Augustus nicht die Mittelland-Hauensteinstrasse den Grossen St. Bernhard mit dem Oberrhein verband, sondern das Defilee Vallorbe - Cluse de Jougne im westlichen Jura. Es ist deshalb anzunehmen, dass das römische Militär nur gerade den westlichen Teil des Helvetierlandes als potentielles Durchgangsgebiet kennen lernte und sich auch nur dafür interessierte. Dass dabei der östliche Teil der heutigen Schweiz noch nicht in die Pläne Roms einbezogen worden ist, hat E. MEYER schon lange festgehalten, auch wenn sich seine damalige Thesen heute so wohl nicht mehr halten lassen[3].

Fassen wir zusammen: Die Alpenpässe scheinen den Römern des 1. Jahrhunderts v.Chr. bekannt gewesen zu sein, die Alpen selbst jedoch galten als Hindernis und Grenze. Nur der Kaufmann scheint über gute Kenntnisse verfügt zu haben, die sich das Militär allmählich zunutze machte, als das Interesse an kürzeren Verbindungen wuchs. Das ist zuerst in den Westalpen durch Caesar aktuell geworden, so dass mit der Eroberung Galliens auch der Raum zwischen dem Grossen St. Bernhard, dem Lac Léman und dem westlichen Waadtländer Jura bekannt geworden ist, während für den östlichen Teil der Schweiz die Kenntnisse der Kaufleute militärisch und politisch noch nicht aktiviert wurden.

Das unterschiedliche Interesse an den beiden Räumen manifestiert sich auch bei der Unterwerfung der Alpenvölker durch

Augustus. Er verfolgte keinen einheitlichen Plan, sondern liess sich von den Bedürfnissen seiner Politik leiten, weshalb sich die Niederwerfung der Gebirgsbewohner über drei Jahrzehnte hinzog. Dabei ist es, nachdem soeben eine gewisse Priorität des Westraumes erwähnt worden ist, nur folgerichtig, dass die Eroberungen des Augustus zunächst die Westalpen trafen. Mit der Unterjochung der Salasser (25 v.Chr.) wurde die Basis für die Eröffnung des Grossen und Kleinen St. Bernhard geschaffen, ohne dass freilich im gleichen Zuge das Wallis erobert worden wäre. Dieses wurde erst später, aber sicher vor den Jahren 7/6 v.Chr., dem Imperium Romanum zugeschlagen, wie die Liste der unterworfenen Alpenstämme, das sog. Tropaeum Alpium, zeigt. In einen etwas grösseren Zusammenhang, nämlich die Oeffnung einer direkten Verbindung der östlichen Po-Ebene mit dem Rhein und der Donau, gehört dann das Ausgreifen nach Raetien. Diese Unternehmung fand auch grosses Echo in der Literatur und in den Inschriften. Freilich erwähnen diese Texte weder Pässe noch Strassen, sondern nur besiegte Völker, so dass in der Forschung eine Kontroverse über diesen Feldzug entstand: Sind, wie D. von BERCHEM schreibt, in einer ersten Unternehmung des Jahres 16 v.Chr. zunächst die Völker des Hinterlandes von Como und Brescia unterworfen und dann militärische Stützpunkte über den Splügen, Septimer oder Julier bis nach Sargans und Zürich angelegt worden, welche für den im folgenden Jahre von den Stiefsöhnen des Augustus geleiteten Eroberungszug die Basis bildeten? Oder sind, wie andere Forscher meinen, diese Eroberungen das Ergebnis eines einzigen Jahres? Für van BERCHEMS These spricht allein schon der Zeitfaktor, welcher für einen Feldzug solcher Grösse nicht unberücksichtigt bleiben darf; sie hat daher viel Wahrscheinlichkeit für sich, wenn auch genügende Belege fehlen[4]. Sicher ist aber die Tatsache, dass durch die Aktion im Ostalpenraum die Bündnerpässe nun ebenfalls militärisch erschlossen wurden, wobei in der Forschung auch eine Walenseeroute postuliert wird, welche den Verkehr über diese Pässe aufnahm und nach Zürich führte. Die sogenannte "Drususkastelle", die in Zürich, Oberwinterthur und Basel gesichert sind, an andern Orten vermutet werden, interpretiert man als militärische Posten, durch welche die Linie Zürich - Vindonissa - Basel einerseits und die Verbindung von Vindonissa an den Bodensee andrerseits überwacht worden sind. Damit scheint als eine Folge der Eroberung durch Tiberius und Drusus auch eine West-Ost-Verbindung über den wohl bekannten Bözberg hergestellt worden zu sein. Erst die Feldzüge der beiden kaiserlichen Feldherren brachten also neue Erkenntnisse über die Verbindungsmöglichkeiten, welche der geographische Raum der Ostschweiz bot, und erst von jetzt an ist damit zu rechnen, dass das "offizielle" Rom diese auch registrierte. Ueberblicken wir die uns heute verfügbaren historischen Daten, dann fällt auf, dass die von Augustus am Ende des 1. Jahrhunderts v.Chr. geleitete Strategie den Schweizerraum sowohl im Westen als auch im Osten als Durchgang an den Oberrhein benützte, und, wie die "Drususkastelle" zeigen, eine Ost-West-Verbindung vorerst ebenfalls bloss entlang des Rheines suchte. Das ist militärisch wohl verständlich, bedeutet aber nicht, dass das Mittelland unbekannt geblieben wäre. Forschungen in Avenches und Solothurn erhellen im Gegenteil, dass mit den Alpenfeldzügen auch dieser Raum römischem Zugriff unterlag. Wir können daher davon ausgehen, dass unter der Herrschaft des Augustus der geographische Raum der Schweiz in grossen Zügen erkannt worden ist und nun auch die Möglichkeiten der Verbindungen ausgenützt wurden[5].

2. Dass die Schweiz durch römische Strassen für den Verkehr erschlossen worden ist, wird einiges später bezeugt. Erst Kaiser Claudius hat mit dem Ausbau der Grossen St. Berhard-Strasse die Hauptverkehrsachse durch die Schweiz ein für allemal fixiert und damit das Itinerar geschaffen, welches auch einer späteren Zeit als kürzeste Verbindung von Italien an den Aermelkanal oder an den Rhein diente. Damit erheben sich eine Reihe von Fragen, die nun zu diskutieren wären.

Einmal stellt sich das Problem der Bünderpässe erneut: ebenfalls durch Claudius vernehmen wir, dass sein Vater Drusus während des oben erwähnten Feldzuges einen Alpenübergang von Altinum an die Donau eingerichtet und Claudius selbst die Strasse, die via Claudia Augusta, vom Po und von Altinum her ausgebaut habe. In dasselbe Bauprogramm gehörte offenbar der Ausbau des Grossen St. Bernhards, womit anzunehmen ist, dass der Kaiser im Westen mit dem Grossen St. Bernhard, im Osten mit dem Reschenpass zwei Transitrouten geschaffen hat. Diese beiden Uebergänge scheinen den politisch - militärischen Zielen durchaus genügt zu haben, so dass der Weg an den Rhein und die Donau fortan über die beiden Pässe führte, die Bündnerpässe sich also in einem Zwischenbereich befanden, der zwar noch immer Transitfunktion haben konnte, aber doch vorwiegend den Regionalverkehr aufnahm.

Unklar bleibt dabei freilich, welche Pässe in römischer Zeit begangen worden sind. Sowohl das Itinerarium Antonini (278,3-7) als auch die Tabula Peutingeriana (III,5 - IV,1) notieren zwei Strecken von Bregenz über Chur nach Como und Mailand; dabei geben beide Quellen übereinstimmend zwei verschiedene Trassen zwischen Chur und Como an, und dass es sich um zwei verschiedene Pässe handelt, ist unschwer zu erkennen. Im Zusammenhang mit dem Ausbau der modernen San Bernardinostrasse ist auch eine Römerstrasse über diesen Pass postuliert, dann aber entschieden widerlegt worden. F. STAEHELIN hat schon viel früher die Meinung vertreten, dass eine der Itinerarstrecken über den Julier- und Malojapass, die andere über den Splügen nach Como führe. Der Septimer ist seit je als mittelalterlicher Passübergang bezeichnet worden. Für den Julier-Malojaübergang ist in den letzten Jahren die Trasse von A. PLANTA zuverlässig nachgewiesen worden, kontrovers ist dagegen nach wie vor die historische Einordnung. Die Kontroverse ist vor allem dadurch entstanden, dass die Oeffnung der Bündnerpässe bereits 16/15 v.Chr. erreicht wurde (vgl. oben), die Benützung aber erst später nachgewiesen werden kann. Auf Grund einer detaillierten Untersuchung vor allem des Münzmaterials zeigt F.E. KOENIG, dass der Passverkehr im Laufe des 1. Jahrhunderts n.Chr. anläuft, im dritten und vierten intensiviert und im fünften rückläufig wird, aber doch noch anhält. Dass zwischen der militärischen Oeffnung und der eigentlichen Nutzung des Passes eine geraume Zeit verstreicht, scheint mir nur natürlich, da zwischen der gewaltsamen Inbesitznahme und der Nutzbarmachung für den Verkehr doch ein grundsätzlicher Unterschied besteht. Nur müssen wir uns damit abfinden, dass auf Grund des heutigen Quellenstandes die Frage, wann die Bündnerpässe ausgebaut worden sind, nicht beantwortet werden kann[6].

Die Systematisierung des Strassensystems durch Claudius lässt auch im Westen noch einige Fragen offen. Die Meilensteine des Kaisers belegen zwar die Grosse St. Bernhard-Strasse bis an den Lac Léman, aber es fehlen die Quellen über die Fortsetzung dieser Transitroute durch die Schweiz. Wie also war diese geplant? Und damit hängt auch die andere Frage zusammen: Wie gestaltete sich die Erschliessung der Schweiz? Eine Antwort lässt sich bloss hypothetisch geben; sie hängt nicht zuletzt mit den 17 n.Chr. unter Tiberius errichteten und nach 45 unter Claudius umgebauten Legionslager von Vindonissa zusammen. Man wird kaum bezweifeln, dass dieser Armeestützpunkt die Anlage mindestens einer Hauptverkehrsachse bestimmte. Verlief diese über die Bündnerpässe? Die Möglichkeit ist nicht auszuschliessen, weil wenigstens für die frühe Kaiserzeit auch die zweite Möglichkeit nicht belegt ist, ich meine die Strasse durch das Schweizer Mittelland. F. MOTTAS vermutet, dass zur Zeit des Tiberius mit der Anlage des Legionslagers auch dessen Verbindung mit dem Genfersee hergestellt worden ist, wofür das zwar nicht lokalisierbare aber zweifellos mit dem Strassenbau verbundene Forum Tiberii zeugen könne. Wahrscheinlich muss aber der Ausbau dieser Verbindung mit der oben dargestellten Passpolitik des Claudius in einen Zusammenhang gebracht werden. Es ist daher zu vermuten, dass dieser Kaiser das unter seiner Herrschaft umgebaute Legionslager von Vindonissa an die Westtransversale anschloss und damit die Mittellandstrasse ausbauen liess, wofür überdies die Tatsache spricht, dass, wohl als Folge dieser Unternehmung, auch Avenches ein neues Gesicht bekam. Damit lassen sich spätestens seit Claudius im Schweizer Mittelland zwei Hauptverkehrsachsen wahrscheinlich machen: Die eine stellte als – um einen Begriff der modernen Geographie aufzunehmen – "Alpentraversale" die Verbindung zwischen Italien und dem Rhein bzw. dem Aermelkanal her und führte über den Grossen St. Bernhard - Vidy - Orbe - Pontarlier, die andere zweigte davon ab und führte über Yverdon - Avenches - Solothurn nach Vindonissa. Die Bündnerpässe, seit den Alpfeldzügen des Augustus bekannt und geöffnet, wurden zu einem uns unbekannten Zeitpunkt ausgebaut und schon im 1. Jahrhundert n.Chr. rege benützt, scheinen aber nach Claudius keine Transitfunktion mehr gehabt zu haben. Wiederum in den Begriffen der modernen Geographie ausgedrückt, handelt es sich bei diesen Pässen schon zur Römerzeit um eine "inneralpine Erschliessung", um die "verkehrsmässige Ausgestaltung" des Binnenraumes, der freilich dadurch auch den Anschluss an einen wesentlich grösseren Raum fand. Es ist jedenfalls auffallend, dass die im 3. Jahrhundert recht zahlreich überlieferten Germanenzüge den Schweizerraum der Provinz Rätien "verschonten" (B. OVERBECK), ja geradezu umgingen, was nicht für bequem begehbare Transitrouten spricht[7].

Aehnlich wie die Bündnerpässe muss wohl auch der Simplon beurteilt werden. D. von BERCHEM hat gezeigt, dass dieser Pass für die einheimischen Stammesgemeinden ebenso interessant war wie der Grosse St. Bernhard und sich bei der begründeten Furcht vor den Salassern oft als Alternative anbot. Darüber, dass dieser Pass benützt worden ist, besteht in der Forschung kein Zweifel, obwohl die Zeugnisse dafür mehr als spärlich sind. Mit der oben erwähnten Fixierung der "Alpentransversalen" durch Claudius ist aber auch der Simplon seiner Transitfunktion verlustig gegangen und diente nunmehr der "inneralpinen Erschliessung", also wohl vorwiegend dem Verkehr der Walliser Stammesgemeinden mit Oberitalien, wenn auch die Möglichkeit immer offen blieb, anstelle der Transitroute diesen Pass zu benützen[8].

Zweifellos folgten die bis jetzt besprochenen Römerstrassen bereits bestehenden Wegen der einheimischen Stämme; auf diese müssen auch die weiteren Verbindungen zurückgehen, welche sich als "römisches" Strassennetz über das Gebiet der heutigen Schweiz legten. Ihren Ausbau historisch nachzuvollziehen, bereitet aber nicht geringe Schwierigkeiten, wie ein Blick auf unsere Quellen zeigt:

G. WALSERS erste Liste der Meilensteine ist zwar seit 1967 um die verhältnismässig grosse Zahl von 13 Stück vermehrt worden, aber die Neufunde eröffnen der Forschung kaum neue verkehrspolitische Perspektiven, so dass auch das aus dem Jahre 1980 stammende Verzeichnis nur geringe neue Elemente in die Diskussion bringt. Generell lässt sich sagen, dass die Meilensteine, soweit ihre Fundorte und antiken Standorte verifizierbar sind, über die Jahrhunderte verteilt folgende Strecken belegen: Grosser St. Bernhard - Lausanne, Genf - Lausanne, Lausanne - Orbe - Avenches, Vevey - Avenches, Avenches - Solothurn - Vindonissa, Augst - Vindonissa. Diese Strecken sind durch die nach Claudius frühesten Meilensteine Trajans bis Mark Aurel (also zwischen 98-180) bereits bezeugt, wobei allerdings einige interessante Beobachtungen zu vermerken sind: Ein Meilenstein Trajans, der bei Unterwil gefunden worden ist, zählt die Distanz von Avenches und ist deshalb das früheste Zeugnis für die Fortsetzung der Mittellandstrasse bis Vindonissa. Der auf der Strecke Vevey - Avenches bei Paudex gefundene Meilenstein des Antonius Pius gilt F. MOTTAS als Beweis für eine spätere Modifizierung des Strassennetzes, und schliesslich könnte ein von G. WALSER neu interpretierter Meilenstein von Therwil als Beleg für die über die Pierre Pertius ins Tal der Birs führende Strasse herangezogen werden[9].

Hier ist vor allem die von MOTTAS postulierte Modifikation
des Strassennetzes zu diskutieren: Er geht davon aus, dass
mit der Verlegung der Reichsgrenze über den Rhein hinaus,
welche die Auflassung des Legionslagers in Vindonissa zur
Folge hatte, der Verkehr im Raume Schweiz eine andere Funktion gewann. An die Stelle des militärischen trat vermehrt
das ökonomische Interesse, d.h. die direkte Verbindung
städtischer Zentren. So zeigt er am Beispiel des oben erwähnten Meilensteins, dass die Distanz zwischen Lausanne und
Avenches eine erhebliche Verkürzung erfuhr, indem eine über
Carrouge führende Strasse an die Stelle des ursprünglichen
Weges über Yverdon oder Moudon - Oron trat und so die Handelsverbindung erleichterte. Die Idee leuchtet zwar ein,
lässt sich jedoch kaum generalisieren, zumal die Strassen
nicht vorher ausschliesslich dem Militär und nachher nur dem
Kaufmann dienten. Diese Tatsache wird auch in der Itinerartradition des 3. Jahrhunderts deutlich: Sowohl die Tabula
Peutingeriana als auch das Itinerarium Antonini notieren
grundsätzlich die schon bekannten Strecken, wenn auch mit
einigen bezeichnenden Modifikationen. So wird etwa die alte
Strasse von Solothurn nach Vindonissa nicht mehr erwähnt,
dafür der über den Hauenstein nach Augst führende Passweg
eingetragen. Diese Veränderung entspricht offenbar einem Bedeutungswandel, wie er von MOTTAS dargestellt wurde, aber
ein Meilenstein aus den Jahren 275/76 zeigt doch, dass die
alte Trasse nach Vindonissa nicht ausser Gebrauch gekommen
war. Zudem zeichnet die Tabula eine alte Militärstrasse ein,
welche von Vindonissa über Zurzach nach Rottweil führte und
eine grosse Rolle als Limesverbindung spielte. Andererseits
lassen sich den Itineraren Wandlungen entnehmen, für die wir
weder den Zeitpunkt noch den Grund kennen. Warum beispielsweise eine Verbindung zwischen Orbe und Yverdon fehlt, ist
nicht zu erklären; aber noch wichtiger wäre zu wissen, seit
wann ein direkter Transitweg von Avenches über Yverdon nach
Pontarlier benützt wurde. Problematisch ist in dieser Hinsicht ebenfalls die vor noch nicht allzu langer Zeit entdeckte Römerbrücke von Le Rondet. Sie gehört zu einer Stra-

sse, die von Avenches ans linke Ufer des Neuenburger- oder Bielersees führte und von da aus in den Jura einstieg. Dass der Jura in römischer Zeit nicht nur ganz wesentlich, sondern auch im Bereich des noch heutigen Berner Juras sowie des Kantons Jura durchquert wurde, ist durch die Inschrift an der Pierre Pertuis belegt. Dieser Uebergang liess sich sowohl von der erwähnten Römerbrücke als auch von Petinesca (Studen bei Biel) her bequem erreichen, wobei für die zweite Möglichkeit das sogenannte "Martinsklafter" oberhalb der Taubenlochschlucht bei Biel als Beleg herangezogen werden kann. MOTTAS wollte mit dieser Juradurchquerung eine mögliche Verbindung zwischen Nyon und Augst rekonstruieren, die bereits auf Caesar zurückgehe. Das scheint mir aber nach den oben dargelegten Erwägungen (vgl. S. 9) weder möglich noch gar nötig gewesen zu sein. Die Brücke von Le Rondet wird kaum früher als in die tiberische Zeit, wenn nicht sogar später zu datieren sein. Ein möglicher Ausbau der Jurastrasse darf also ebenfalls nicht zu früh angesetzt werden, auch wenn der Uebergang nach Basel schon in augusteischer Zeit benützt worden ist.

So zeigt denn die vorgelegte Uebersicht, wie schwierig es ist, das römische Strassennetz historisch zu strukturieren. Die Quellen geben fast ausschliesslich den Zustand einer abgeschlossenen Entwicklung wieder, so dass sich nur in wenigen Fällen feststellen lässt, wann eine Strasse ausgebaut oder gar neu angelegt worden ist. Dazu ist auch zu bedenken, dass Hinweise auf eine Begehung nicht ausreichen, um den Zeitpunkt des Ausbaus einer Strasse zu belegen.

3. Diese letzte Feststellung führt uns zu einer weiteren Problematik, die in der bisherigen Diskussion nur am Rande berührt worden ist. Es wurde bereits betont, dass sich das römische Strassennetz wohl im wesentlichen nach den bereits vorhandenen Wegen richtete, und daraus ergibt sich die Frage, wann wir eigentlich von einer "Römerstrasse" zu sprechen haben. D. van BERCHEM hat sich entschieden dazu geäussert, als er feststellte, dass eine "Römerstrasse" nicht bloss

eine "voie carrossable", sondern vor allem "eine Organisation" sei, welche Etappenorte, Pferdewechsel sowie die nötigen Bauten und das entsprechende Personal umfasste. Man braucht seiner These in dieser Ausschliesslichkeit schon deshalb nicht ganz zuzustimmen, weil dadurch eine "Römerstrasse" zu sehr zum organisatorischen Komplex wird, aber man kommt trotzdem nicht darum herum, über bestimmte Kriterien zu reden. Eine Strasse hat neben dem topographischen der Linienführung und dem organisatorischen der sie begleitenden Institutionen immer auch einen rechtlichen und einen funktionalen Aspekt. Das war nach unseren Kenntnissen bei den Römern nicht anders als heute. Ueber den funktionalen sprachen wir schon, als im vorherigen Abschnitt von der "Alpentransversale" und der "inneralpinen Erschliessung" die Rede war. Offenbar muss nun auch im Mittelland entsprechend differenziert werden. Wir haben bereits auf die "Hauptverkehrsachse" hingewiesen, die von dieser Transversale abzweigt und zuerst nach Vindonissa, später nach Augst führte. Von ihr zweigen nun eine ganze Reihe von Verbindungen ab, die der Reisende je nach Ziel und Geschäft ebenfalls benützen konnte. Zu denken ist etwa an die verschiedenen Strassen im Gebiet der heutigen Waadt, aber auch an die oben diskutierte Durchquerung des Jura von Avenches und Biel aus. Solche Strassen gehen sicher auf frühere Verbindungen zurück und dienten vor allem dem binnenländischen Verkehr. Dass sie zugleich den Anschluss an die Hauptverkehrsachsen herstellen können, zeigt etwa die Strasse über die Pierre Pertuis. Aber ihre Bedeutung liegt doch primär in der Erschliessung eines Handels- und Verkehrsraumes und weniger in der Transitfunktion. Zu dieser Differenzierung tritt als weiteres Element der sogenannte cursus publicus, die Organisation der kaiserlichen Post und des kaiserlichen Kurrierdienstes. Dass dieser mit der schweizerischen Alpentransversale zusammenhing, unterliegt wohl keinem Zweifel; für die Hauptachse von Westen nach Osten dürfte dasselbe mindestens bis zur Auflassung des Legionslagers in Vindonissa (101 n.Chr.), wahrscheinlich aber auch noch für die spätere Zeit gelten. Diese Strassen sind es, welche mit Pferdewechseln, Unterkünften und Stationen versehen waren, ohne dass allerdings solche Einrichtungen an andern Strassen gänzlich auszuschliessen wären. Aber der Transitverkehr führte wohl nur über diese beiden Routen, die dadurch zu eigentlichen "Reichsstrassen" wurden. Damit erhalten wir eine erste Hierarchie römischer Wege im schweizerischen Raum: Neben die "Reichsstrassen" treten solche von eher lokaler und regionaler Bedeutung, wie sie oben beschrieben worden sind. Eine weitere Differenzierung ergibt sich aus der Siedlungsstruktur vor allem des Mittellandes; es mussten nicht nur vici (Dörfer) und coloniae (Städte) miteinander verbunden werden, es gab auch Strassen, welche die Zugänge zu den Einzelhöfen (villae) sicherstellten, und bei der recht erheblichen Zahl römischer Villen in der Schweiz ist mit einer ebenso ansehnlichen Dichte solcher Wege zu rechnen, die aber einzig der "örtlichen Erschliessung" dienten. Wieweit diese ausgebaut, d.h. mit einem Strassenbett oder gar einer Pflästerung versehen worden sind, entzieht sich unserer Kenntnis; ein Ausbau wird sicher von der Dichte des zu erschliessenden Siedlungsgebietes abgehangen haben[10].

Es bliebe jetzt noch, von der rechtlichen Klassifizierung der römischen Strassen zu reden, doch dürfte dies für unsere Diskussion keine neuen Aspekte bringen, bedeutsamer scheinen mir die Schlussfolgerungen, welche aus der bisherigen Erörterung zu ziehen sind:

Der Raum der heutigen Schweiz war für das römische Reich zweifellos wichtig für den Transitverkehr. Die eigentliche Transversale von Italien an den Atlantik oder an den Rhein durchquerte diesen Raum aber nur im Westen. Von dieser zweigte eine nach Nordosten laufende Hauptachse ab, welche direkt an den Oberrhein führte. Diese beiden Linien stellen eigentliche Reichsstrassen dar. Die übrigen Verbindungen waren von binnenländischer oder regionaler Bedeutung, wobei nun der Frage nachzuforschen wäre, welchen funktionalen und damit auch verkehrspolitischen Wandlungen sie unterlagen.

So ist etwa damit zu rechnen, dass mit neuen Provinzeinteilungen einzelne Strassen (z.B. Raetiens) wichtiger wurden, andere, frühere, an Bedeutung verloren.

Neben diese beide Kategorien traten Wege mit lokaler Erschliessungsfunktion, die je nach Siedlungsdichte des erschlossenen Raumes wichtiger oder weniger bedeutend waren. Der Erforschung der "Römerstrassen" stellt sich damit die Aufgabe, den Begriff inhaltlich zu differenzieren, und schon deshalb ist es recht zweifelhaft, auf Grund punktueller Funde grössere Strassenverläufe rekonstruieren und vor allem von "Römerstrassen" sprechen zu wollen. Zweifelsohne waren in römischer Zeit viele Pässe und Wege begangen, aber daraus zu schliessen, dass es sich dabei um "Römerstrassen" handle, würde wohl die Bedeutung der Schweiz zur Römerzeit weit überbewerten.

Anmerkungen

1 Ich verweise dazu auf R. WYSS, 1974: Ur- und frühgeschichtliche Archäologie der Schweiz IV (Eisenzeit): 130 ff, und ders. 1975: Der Schatzfund von Erstfeld, Frühkeltischer Goldschmuck aus den Zentralalpen: 550 ff (mit weiterer Lit.).

2 G. WALSER, 1956: Zur Geschichte der Alpenübergänge in römischer Zeit, in: Atti del convegno di studi per i rapporti scentifici e culturali italo-svizzeri, Milano: 54 ff. E. MEYER, 1934: Ueber die Kenntnis des Altertums von der Schweiz in vorrömischer Zeit in: Festschrift H. NABHOLZ, Zürich: 3-21, zum Verhältnis merkantiler und militärischer Erschliessung: K. CHRIST, 1957: Zur römischen Okkupation der Zentralalpen und des nördlichen Alpenvorlandes, in: Historia 6: 417, bes. 421.

3 Zu den beiden Kolonien und ihrer verkehrspolitischen Bedeutung: E. MEYER, 1962: in: Museum Helveticum 19: 144-45 und ders. 1972: 58f. Dagegen L. BERGER, 1968: in: Provincialia, Festschrift Laur-Belart, Basel: 15 ff. Zur Verbindung durch die Cluse de Jougne VAN BERCHEM, 1982: 59. Zur unterschiedlichen Gewichtung von West- und Ostschweiz: E. MEYER, 1942: in: Zeitschrift für Schweizergeschichte 22: 406.

4   VAN BERCHEN, 1982: 87 ff, vgl. jetzt die zusammenfassende Diskussion bei R. FREI-STOLBA, 1984: in: Das Räterproblem in geschichtlicher, sprachlicher und archäologischer Sicht, Schriftenreihe des Rätischen Museums Chur 28: 12 (mit früherer Lit.).

5   Zur Erschliessung der Ostschweiz E. MEYER, 1972: 60 f und B. OVERBECK, 1976: Raetien zur Prinzipatszeit, in: ANRW II,5,2: 665 ff.

6   F. STAEHELIN, 1948: Die Schweiz in römischer Zeit^3, Basel: 363 ff, eine gute Uebersicht bei B. OVERBECK cit. 685 ff. Zum Julier F.E. KOENIG, 1979, in: Jahrb. SGU 62: 77 ff, zum Maloja: A. PLANTA, 1979, in: helvetia archaeologica 73: 42 ff.

7   E. MEYER, 1972: 71 f. F. MOTTAS, 1982. Zur Umgestaltung von Aventicum unter Claudius: H. BOEGLI, 1984, Aventicum. Die Römerstadt und das Museum, Archäologische Führer der Schweiz 20: 6.

8   VAN BERCHEM, 1982: 69-70

9   G. WALSER, 1967: 98-99, ders. 1980: 196-198, F. MOTTAS, Op.cit., Meilensteine von Unterwil: WALSER, 1967: Nr. 46; 1980: Nr. 322; von Paudex: WALSER, 1967: Nr. 40; von Therwil: WALSER, 1974, in: Chiron 4: 464 f.

10 Zur Strasse als "Organisation": VAN BERCHEM 1982: 17; zu den verschiedenen Kategorien vgl. HERZIG, 1974: Probleme des römischen Strassenwesens, in: ANRW II,1: 604 ff, H.-CH. SCHNEIDER, 1982: Altstrassenforschung, Darmstadt: 17 ff.

Wichtigste Literatur

D. VAN BERCHEM   1982, Les routes et l'histoire, Genève [Sammlung der zwischen 1944 und 1980 publizierten Aufsätze].

E. MEYER   1972, Römische Zeit, in: Handbuch der Schweizergeschichte I, Zürich: 55 ff.

G. WALSER   1967, Itinera Romana 1: Die römischen Strassen in der Schweiz, Bern.

Ders.   1980, Römische Inschriften in der Schweiz, Bern.

Ders.   1984, Summus Poeninus. Beiträge zur Geschichte des Grossen St. Bernhard-Passes in römischer Zeit, Historia-Einzeilschriften Heft 46, Wiesbaden.

Mittelalterlicher Passverkehr in der Schweiz: Die Quellenlage

Arnold Esch

Unter den Ansätzen, die der Mediävist zu unserem gemeinsamen Thema der historischen Verkehrswege beitragen kann, bietet sich als erstes an, einmal die zur Verfügung stehenden Quellengattungen daraufhin anzusehen, was sie an Informationen über Verkehrslinien, Strassenzustand, Verkehrsdichte usw. erbringen. "Quelle" ist für den Historiker alles, was ihm etwas über eine frühere Zeit zu sagen vermag; "Quellengattung" wäre eine erste grobe Vorsortierung dieses Quellenmaterials, etwa nach: Chroniken, Briefen, Heiligenlegenden. Von einigen mittelalterlichen Quellengattungen werden wir so handfeste Informationen, wie wir sie hierfür brauchen, gar nicht erst erwarten, von anderen zuviel erhoffen und sie dann enttäuscht beiseite legen. Wir möchten z.B. gerne wissen, wieviel Saumtierkolonnen wohl im Jahresdurchschnitt über die Teufelsbrücke gingen - aber gab es da eine Zählstelle? Ob der Gotthard auch mit Wagen zu befahren war - aber gab es damals derartige Klassifikationen? Ob Instandhaltungsarbeiten an Strassen und Brücken regelmässig angeordnet wurden - aber gibt es da detaillierte Aufträge oder Rechnungen?

Ich will hier also nicht einfach Ergebnisse darstellen; vielmehr denke ich, dass es im Sinne des Unternehmens einer "Inventarisierung historischer Verkehrswege" ist, unsere Möglichkeiten einmal zu reflektieren. Es geht im folgenden also darum, anhand einiger weniger Beispiele die spezifische Ergiebigkeit einzelner ausgewählter Quellengattungen anschaulich zu machen. Dabei kann nicht einmal das ganze Spektrum auch nur der schriftlichen Quellen zur Sprache kommen, sondern nur die wichtigsten Gattungen wie Reisebericht und Itinerar, Rechnungsbuch und Inventar, usw. Ich möchte also einmal nicht von den üblichen Zollbefreiungen, Geleitsrechten, Marktprivilegien und ähnlichen Urkunden ausgehen, aus denen mittelalterliche Verkehrsgeschichten (besonders des hohen Mittelalters) so sehr schöpfen, sondern von einigen spätmittelalterlichen Quellengruppen, die unmittelbaren und lebensvollen Einblick in die Verkehrsverhältnisse geben und dabei auch die methodischen Probleme hervortreten lassen.

Beginnen wir mit dem Bereich der bildlichen Quellen und beschränken uns dabei auf einige Andeutungen. Denn während wir aus späterer Zeit Zeichnungen und andere bildliche Darstellungen von grösster topographischer Präzision zur Verfügung haben (man denke etwa an Jan HACKAERTS Aufnahmen des Via Mala-Weges von 1655, von späteren wie ESCHER von der Linth ganz zu schweigen), gibt es aus dem Mittelalter wenig Bildzeugnisse, die in diesem Sinne direkt verwertbar wären. Bestimmte Bergkonturen oder bestimmte Strassenstücke zu portraitieren lag bis ins 15.Jh. nicht in der Absicht. Man hat zwar gemeint, etwa auf der romanischen Kirchendecke von Zillis den Piz Beverin abgebildet zu finden, und ganz auszuschliessen ist das nicht - aber dann wäre jeder von Kinderhand gezeichnete Berg der Niesen am Thunersee. Ganz am Ende des hier behandelten Zeitraumes gibt es Ansätze auch für eine getreuere Darstellung von Alpenlandschaft und ihren Wegeverhältnissen, etwa in den Schweizer Bilderchroniken; oder als schönstes Beispiel ein Aquarell DUERERS von der Brennerstrasse irgendwo im Eisacktal. Auf diesem Landschaftsaquarell von 1495 finden wir eigentlich schon alles abgebildet, was wir für unsere Zwecke brauchen: die Situation der Strasse zwischen Fluss und Fels, die Breite des Fahrweges, die Festigkeit der Brüstung, und unverkennbar die Spuren von Wagenrädern.

Wenig ergiebig ist vor 1500 für unsere Fragestellung auch die Landkarte, die kartographischen Zeugnisse - um dann freilich gleich zu Anfang mit zwei besonders schönen Beispielen einzusetzen: der Karte der Eidgenossenschaft von K. TUERST (1495/97), die mit ihren blauen Seen und grünen Hängen ein besonders ansprechendes Vogelschaubild gibt und dabei (wenn auch nicht eben mit grosser Präzision) die Passübergänge ziemlich vollständig bezeichnet. Und, zweitens, E. ETZLAUBS Karte der Romwege: da fand der Rompilger des Heiligen Jahres 1500 die gebräuchlichsten Routen von Deutschland über die Alpen eingetragen, sogar mit Distanzangaben versehen (für jede deutsche Meile ein Punkt), sodass man etwa für die Splügen-Route zwischen Chur und Cleff/Chiavenna durch Zählen der Punkte die Distanz errechnen konnte.

Doch muss dieser Hinweis auf den Bereich der bildlichen und kartographischen Quellen genügen. Nur ein Objekt der Kartographie - freilich einer besonderen - sei noch genannt, da es wenig bekannt und doch sehr ungewöhnlich ist: das früheste Alpenrelief, von dem man weiss, ist nämlich durchaus ein mittelalterliches Fabrikat. Und das kam so. Als im Jahre 1415 Graf Amedeo VIII. von Savoyen - der nachmalige Basler Gegenpapst Felix V. - von König Siegmund zum Herzog erhoben wurde und diese Standeserhebung festlich begangen werden sollte, bestellte der neugebackene Herzog bei seinem Küchenchef eine riesige Patisserie in Form einer Reliefkarte des neuen Herzogtums! (JOSÉ: 293). Aus naheliegenden Gründen fehlt dieses frühe Stück in der Reliefsammlung unseres Alpinen Museums.

Doch nun zu den schriftlichen Quellen und der Ergiebigkeit der verschiedenen Gattungen für unsere Fragestellung.

Was wir uns für eine bessere Kenntnis des mittelalterlichen Passverkehrs am meisten wünschen würden, wäre doch wohl, einen damaligen Reisenden über einen der Schweizer Alpenpässe begleiten zu können: sich erzählen zu lassen, was er dabei gesehen und erlebt habe. Das ist an Information gewissermassen das Eingängigste, und so wollen wir mit der Quellengattung der Reiseberichte beginnen.

Das Mittelalter ist darin zunächst freilich nicht so gesprächig, wie wir es uns wünschten - es hat lange Zeit nicht so sehr links und rechts sondern geradeaus, nämlich auf das

Ziel des Weges geblickt: Rom in aller Umständlichkeit beschrieben, den Weg nach Rom aber nur in dürren Etappen notiert. Doch gibt es genügend Ausnahmen, von denen ein besonders präziser und lebhafter (dazu recht früher) Bericht genannt sei.

Es ist die Schilderung einer Ueberquerung des Grossen St. Bernhard im Januar des Jahres 1129 (GESTA: 307), also mitten im Winter, denn der Bischof von Lüttich und der Abt von St-Trond, die wir da von Rom zurückkommen sehen, standen gewissermassen unter Terminzwang und konnten sich die Jahreszeit nicht aussuchen. Wir hören in diesem Bericht, wie sie in Etroubles eingeschneit werden und dann unter grösster Mühe weiter nach St-Rhémy ziehen. Dieses Dorf war schon völlig überbelegt mit Reisenden, Lawinen-Niedergänge auf das Dorf hatten bereits Opfer gefordert (die neue St. Bernhard-Strasse ist heute denn auch auf die andere Talseite hinübergewechselt und hat St-Rhémy vereinsamen lassen). Im Angesicht dieser Gefahren gehen unsere vornehmen Reisenden, trotz des geforderten hohen Lohnes, auf das Anerbieten von Führern ein, sie über den Pass zu führen. "Die Pilger sollten ihnen zu Fuss folgen" (so ordneten diese Führer, die sogenannten Maronen, an), "dann die Pferde - so werde ein getretener Weg geebnet für die Herrschaften, die als die empfindlicheren am Schluss gehen sollten" ("sicque trita via planaretur dominis qui delicatiores retro venirent"). Man achte beim folgenden Text auf die Präzision bei der Beschreibung sowohl der Ausrüstung wie der Stimmung: "Wegen der grossen Kälte schützten die Maronen ihre Köpfe mit Filzkappen, ihre Hände mit Fellhandschuhen, ihre Füsse mit Stiefeln - diese waren wegen des glatten Eises unten an der Sohle mit eisernen Spitzen beschlagen - und in den Händen trugen sie lange Stöcke, um unter dem hohen Schnee den Weg abzutasten ("ad palpandam sub alta nive viam"), und so machten sie sich mutig auf den Weg. Es war frühmorgens, und unter grosser Furcht und grossen Zittern feierten die Pilger die Messe, nahmen die Hostie und bereiteten sich vor auf den Weg des drohenden Todes... Während dies in der Kirche in tiefer Frömmigkeit geschah, brach auf der Piazza tiefste Trauer aus; denn als die Führer (marones) in geordneter Reihe aus dem Dorf schritten, wurden plötzlich zehn von einer wie ein Berg von den Felsen stürzenden Schneelawine ("densissimus nivis globus") erfasst, und es schien, als würden sie bis in die Abgründe mitgerissen. Diejenigen, die dieses Unheil bemerkten, stürzten rasch an diesen menschenfressenden Ort, gruben die Führer aus, einige trugen sie leblos auf Stangen herbei, einige halbtot..." usw. Die Reisenden fliehen in Panik zurück nach Etroubles, erst ein zweiter Anlauf wird sie über den Pass bringen.

Ein solcher präziser und farbiger Bericht ist freilich nicht die Regel und darf nicht darüber hinwegtäuschen, dass Reiseberichte, wenn man sie auf bestimmte Auskünfte befragt, oft bei weitem nicht das hergeben, was man für unser Thema zunächst gerade von dieser Quellengattung erwarten würde. Für viele Berichte, damals wie heute, gilt das handfeste Detail, die einmalige Episode als nicht berichtenswert: so etwas wird literarisch weggeglättet. Dann gibt es Berichte, bei denen die Sprache davonläuft und nicht dem Auge folgt - insofern ist der beredte Reisebericht eines Humanisten (zwar: ein literarischer Genuss, aber:) für unsere begrenzten Zwekke nicht unbedingt ergiebiger als die unbeholfene Niederschrift eines Reisenden, der dem Gesehenen und Empfundenen nur mit äusserster Anstrengung Ausdruck gibt. Die allerbesten Reise-Autoren freilich verstehen das ganze Spektrum einzubeziehen - Goethe am Gotthard, das ist die ganze Wirklichkeit jener Tage: die Farbe des Gesteins, der Tagelohn holzschleppender Frauen in der Schöllenen, Käseschlitten und Melkgerät, Ueberdüngung der Wiesen, Strassenarbeiten, und jede Brücke einzeln genannt.

Auf weitere Reiseberichte sei wenigstens noch verwiesen, um mit einzelnen Nachrichten den spezifischen Wert dieser Quellengattung für unsere Frage nach Art und Beschaffenheit der Verkehrswege im Alpenraum zu verdeutlichen. Ganz unmittelbares Interesse für unsere Kenntnis von Bau mittelalterlicher Alpenstrassen hat etwa eine Stelle bei F. FABRI: FABRI, der

1480 und 1483 über den Brenner nach Venedig ging, berichtet anerkennend, Herzog Siegmund von Tirol habe ein Strassenstück bei der Zollstätte Kollmann zwischen Brixen und Bozen, das 1480 noch kaum passierbar war, inzwischen mit Hilfe von Schiesspulver verbreitern und entschärfen lassen: "dux fecit arte cum igne et bombardarum pulvere dividi petras et scopulos abradi et saxa grandia removeri"! (FABRI: 71). Zwar betrifft diese Nachricht die Brenner-Route, doch ist sie, als frühes Zeugnis für Sprengungen zum Zwecke des Strassenbaus, für den ganzen Alpenraum von grossem Interesse. Aus einem anderen Reisebericht, vom Gotthard, erfahren wir, dass man damals schon, 1438, an lawinengefährdeten Stellen durch das Lösen von Schüssen Schneebretter heruntergehen liess (HAEBLER: 504). Soviel zur Quellengattung der Reiseberichte.

Unter den Quellengattungen, deren Wichtigkeit für unsere Fragestellung offen zu Tage liegt, wären sodann die Zolltarife und vor allem die Zollregister zu nennen. Denn genau das wünschten wir uns ja: an so einer Passstrasse zu stehen, die vorbeiziehenden Wagen oder Saumtiere zu zählen, den Kaufleuten in ihre Warenballen hineinschauen zu dürfen, die unterschiedliche jahreszeitliche Frequenzen festzustellen, usw. - was könnte es da also Besseres geben als ein Zollregister.

Ich möchte Ihnen diese Quellengattung an nur einem Beispiel vorführen, das sehr ergiebig ist, aber zugleich auch die methodischen Probleme zeigt, mit denen wir sogar bei dieser Quelle zu tun bekommen. Es handelt sich um die ältesten erhaltenen ausführlichen Zollregister der Gotthard-Strasse, nämlich die Register des sogenannten "Zentnerzolls" im Staatsarchiv Luzern, die den internationalen Transit in Luzern für die Jahre 1493-1503 und 1504/1505 erfassen und von Staatsarchivar F. GLAUSER vorbildlich bearbeitet worden sind (GLAUSER 1968).

Machen wir uns auch bei dieser Quelle zunächst einmal klar, dass die Niederschrift einem Gegenwartszweck diente, nämlich für den Seckelmeister damals und nicht für den Historiker heute geschrieben worden ist. So ist z.B. gar nicht selbstverständlich, dass die Durchgangsrichtung angegeben wird (ob der Transport von Italien nach Luzern oder aber umgekehrt von Norden nach Süden geht); oder dass bei den Einträgen die chronologische Reihenfolge einigermassen gewahrt ist: beides interessiert uns sehr, aber womöglich nicht die damalige zolleinziehende Behörde, die nur, für die Rechenschaftslegung, über die vereinnahmten Summen Klarheit haben wollte. Weiter: ist Umfang und Zusammensetzung des jeweiligen Transports erfasst? Wird bei der Verzollung vom Warenwert ausgegangen oder vom Gewicht oder von der Verpackungseinheit (denn nur nach dieser Vorfrage lässt sich der Warenstrom wirklich beurteilen). Oder, sehr wichtig: ist womöglich mit Zollbefreiungen zu rechnen, ja werden überhaupt alle einkommenden Waren erfasst oder nur ein bestimmter Abschnitt - weil für bestimmte Warengattungen, für bestimmte Provenienzen oder Destinationen, vielleicht eine andere Stelle zuständig war, deren Unterlagen verloren sind?

Das sind Fragen, die man an jedes Zollregister stellen muss. Aber ich möchte nicht nur die methodischen Zweifel über Sie ausschütten, sondern Ihnen diese Quellengattung auch von ihrer anziehenden Seite zeigen, also (in diesem Fall:) die interessanten Ergebnisse andeuten, zu denen F. GLAUSER - nach Berücksichtigung all dieser methodischen Vorfragen - gekommen ist.

Da erhalten wir zunächst einmal eine Vorstellung vom Volumen des internationalen Gotthard-Transits um 1500: der Jahresdurchschnitt liegt bei 850 Saum oder etwa 170 Tonnen, mit starken Schwankungen je nach politischer Lage. Das ist nicht gerade viel (wird im 16. Jahrhundert aber erheblich anwachsen). Die Transporte sind - wie diese Zollregister erkennen lassen - ziemlich gross, aber nicht eben zahlreich. Was da vor unseren Augen über die Teufelsbrücke zieht, sind Kolonnen mit immerhin meist 20-40, ja oft über 50 Saum - aber wir müssen lange warten, bis der nächste Zug kommt: da war "durchschnittlich nicht einmal jede Woche ein fremder Spediteur mit seinen Gütern unterwegs" (GLAUSER 1968: 203; GLAUSER 1979: 31).

Auffällig ist dabei die Konzentration auf einige wenige Firmen. Der Warentransit über den Gotthard ist in der Hand von höchstens 10 Kaufleuten oder Spediteuren, damals mindestens ebenso viel Italiener wie Schweizer oder Deutsche, die ihre Warentransporte - den Reis und die Tuche aus dem Süden, die Wollballen und den Räucherfisch aus dem Norden - meist persönlich begleiten.

Soweit diese Zollregister die monatlichen Durchfuhr-Frequenzen erkennen lassen, hat es eine Konzentration des Gotthard-Transits auf bestimmte Jahreszeiten nicht gegeben. Das hat die Forschung ja auch schon anderwärts festgestellt: dass im Winter der Passverkehr nicht geringer war als in der warmen Jahreszeit - sei es, dass die Bewohner der Alpentäler im Winter die Hände für den Saumbetrieb erst recht freihatten; sei es, dass bei den damaligen Wegeverhältnissen der Schlittentransport noch das Vorteilhafteste war.

Um dieses Beispiel abzuschliessen: im Ergebnis ist das, vom Transportvolumen her, nicht besonders eindrucksvoll und entspricht vielleicht nicht ganz dem, was wir uns unter der Bedeutung des Gotthards vorgestellt hatten - für den Verkehrsfachmann eine quantité négligeable (der Bahnhof Erstfeld bewältigt das alle paar Minuten); und auch in den Dimensionen des mittelalterlichen Verkehrs war das nicht sehr viel und jedenfalls nur ein Bruchteil dessen, was über den Brenner ging (HASSINGER 1969): der Gotthard-Transit eines ganzen Jahres hätte damals bequem in einem einzigem mittelalterlichen Seeschiff Platz gefunden (GLAUSER 1968: 237) - ein Vergleich, der auch insofern statthaft ist, als es damals ja längst, seit 1300 schon, durchgehenden Schiffverkehr zwischen Italien und den Nordseehäfen gab. Dass dieses eher geringe Verkehrsaufkommen die Bedeutung des Gotthard im historischen Sinne nicht mindert, dass also die Eröffnung des Gotthard weiter ihre Bedeutung für die Anfänge der Eidgenossenschaft behält, bleibt unbestritten.

Und noch ein weiteres Ergebnis ist interessant. Wenn GLAUSER richtig gesehen hat, passierten den Gotthard damals vor allem Waren, die nicht in der Schweiz blieben, sondern diesen Alpenübergang als Abschnitt einer internationalen Fernhandelsroute Oberitalien - Rhein - Niederlande benutzten. Hingegen hatten die Bündner Pässe mit den oberdeutschen und ostschweizerischen Tuchindustrie- und Handelsstädten ein breites Einzugsgebiet auch nördlich der Alpen. Kurz: der Verkehrs-Sog (oder wie man das nennen will) zeichnet beim Gotthard einen langen schmalen Trichter, nicht einen mittleren breiten Trichter wie bei den Bündner Pässen. Im Süden benützten schon die Kaufleute von Como nicht den Gotthard, sondern bevorzugten die Bündner Pässe.

Aber befragen wir, nach Reiseberichten und Zollregistern, weitere Quellengattungen auf ihre Ergiebigkeit - ohne sie alle behandeln oder auch nur nennen zu können. Beiseite gelassen seien hier z.B. die Säumer- und Rod-Ordnungen, über die P. CARONI gearbeitet hat (CARONI 1977 u.ö.) und die wohl in seinem Beitrag zur Sprache kommen werden. Beiseite bleiben hier auch Strassen-Verträge, Strassenbau-Verträge; da gibt es etwa den bekannten Vertrag von 1387 über den Bau einer Fahrstrasse über den Septimer durch Jakob von Castelmur (ausdrücklich für Wagenverkehr, wobei sogar die Kapazität der Wagen angegeben ist) - aber das Thema Strassenbau sei hier lieber anhand einer anderen Quellengattung vorgeführt: den Rechnungen, weil es dort noch konkreter wird. Ueberhaupt bleibe der ganze Bereich, der die obrigkeitliche Fürsorge für das Verkehrswesen betrifft und etwa in den Berner Ratsmanualen sichtbar wird (mit z.T. sehr genauen Anweisungen an die Aemter und Gemeinden, für die Instandhaltung von Strassen und Brücken zu sorgen), hier ausgespart. An den Rand dieses Quellen-Komplexes gehören auch die Gerichtsakten. Denn da werden, zur Entscheidung strittiger Fälle, womöglich "Kundschaften" eingeholt und Zeugen vernommen, die über ein Wegrecht, über die Verhältnisse auf einer bestimmten Strasse, über die Zollpraxis an einer bestimmten Brücke detailreich und oft sehr farbig aussagen. Doch müssen wir uns auch bei dieser Quellengruppe vorläufig mit dem Hinweis begnügen.

Eine letzte wichtige Quellengattung sei hier jedoch etwas ausführlicher vorgeführt: es sind die Rechnungsbücher und Ausgabennachweise. Dafür zunächst ein Beispiel, das den Wert dieser Quellengattung für unser Thema ganz unmittelbar vor Augen führt: die Abrechnungen über Instandhaltungsarbeiten an der grossen Strasse im Unterwallis zwischen Martigny und Bex, Teilstück der Grossen St. Bernhard- und Simplon-Route. Ueberliefert sind diese Rechnungen (mit denen die korrekte Verausgabung eines eigenen "pedagium camini", einer zusätzlichen Strassengebühr, nachgewiesen werden sollte) in den Zollrödeln von Saint-Maurice, und da das damals zu Savoyen gehörte, liegen diese Archivalien heute (wie so vieles, was die Westschweiz angeht) im Staatsarchiv Turin. Ich habe sie dort eingesehen, doch ist das Wichtigste bereits von Frau DAVISO di Charvensod (DAVISO 1951) ausgewertet und veröffentlicht worden.

Aus diesen Rechnungen, die in Ausführlichkeit und Präzision für diese Zeit - die Jahre 1285 bis 1350 - ganz aussergewöhnlich sind, erfahren wir sogar die Zahl der bei den Strassenarbeiten eingesetzten Arbeiter und Wagen: in den einzelnen Rechnungsperioden (die mal etwas mehr, mal etwas weniger als ein Jahr umfassen) werden insgesamt um 50, 100, 200 ja 400 und bis zu 700 im Tagelohn beschäftigte Handwerker und Arbeiter aufgeführt, dazu oft 40, 60, ja ausnahmsweise auch 100 und mehr Wagen. Wir sehen auch die Abfolge der Arbeitsgänge: da werden Steine, Sand, Reisigbündel herbeigeschafft und Erde "ad ponendum supra calciatas", "um sie über die 'Chaussée' zu tun"; da werden Pfähle in den Boden gerammt, an der Flussseite Böschungen und Dämme ("bastitae") gebaut, Strassengräben gezogen. Immer wieder musste die Strasse näher an den Berghang verlegt werden, um der noch ungebändigten Rhone auszuweichen: neue Trassierung "per pedem montis", "am Fusse des Berges", weil eine Ueberschwemmung die alte Strasse total zerstört hatte, "omnino destruxerat".

Und immer wieder rissen die aus den Seitentälern herabstürzenden Bergbäche die Brücken fort, auf denen die Strasse diese Zuflüsse überquerte: "pons de Pissi vachi" (nämlich die Pissevache), "pons des Buches", usw. Allein die Brücke über den Avançon bei Bex musste, wie aus diesen Rechnungen hervorgeht, in der 1. Hälfte des 14. Jahrhunderts sechsmal erneuert werden, des pons des Buches zwischen 1320 und 1329 viermal, also beinahe jedes zweite Jahr (DAVISO 1951: 554). Doch handelte es sich bei diesen Brücken um Holzkonstruktionen, ausgenommen die Brücke über den Trient unweit Martigny und natürlich die grosse (und einzige) Rhônebrücke bei St-Maurice - sehr vertrauenserweckend scheint sie damals nicht gewirkt zu haben: auf ihrem Fahrweg hatte sich Ende der 1330er Jahre ein so grosses Loch geöffnet, "supervenerat magnum foramen", dass Pferde und Wagen nicht mehr passieren konnten.

Oder wir hören von Bergsturz und Steinschlag. Konnte man den Felsbrocken, den "lapides de montibus descendentes", wegen ihrer Grösse nicht anders beikommen, so sprengte man sie durch Erhitzung, "removendo lapides et fregendo cum igne", nicht anders als schon Hannibal auf seinem Alpenübergang! Aber schon die Offenhaltung der intakten Strasse im Winter erforderte erhebliche Aufwendungen: da musste Eis aufgehackt werden, da wurden Schneeverwehungen geräumt, (wo dem Schreiber das lateinische Wort nicht kam, fiel er eben in sein Französisch: "removendo les gonfles nivis"!) Jedenfalls scheint zu allen Jahreszeiten für eine zügige Räumung der Strasse gesorgt worden zu sein, zumal bei längerer Unterbrechung die Kaufleute Zollnachlass oder gar Trägerkolonnen zum Ueberwinden des Hindernisses beanspruchen konnten - und das wollte man natürlich vermeiden.

War in diesem Fall die Rechnungsführung ganz auf ein bestimmtes Projekt bezogen, das die Verkehrsverhältnisse unmittelbar betraf - Ausgaben für die Instandhaltung der grossen Strasse im Unterwallis -, so soll nun an einem weiteren Beispiel von Rechnungsführung gezeigt werden, wie viel auch die Rechnungsbücher einer Institution, in denen sich der Alltag eines Lebenskreises als Ganzes abbildet, für unser Anliegen hergeben kann: der Haushalt des Hospizes auf dem Grossen Sankt Bernhard.

Von diesen Rechnungen des Hospizes auf dem Grossen St. Bernhard sind jüngst für die Jahre 1397 bis 1477 etwa ein Dutzend Jahres- und Teilrechnungen sowie einige Inventare bekannt gemacht worden (QUAGLIA 1973: 75): ein reichhaltiges Material mit insgesamt fast 6000 Positionen, die einen tiefen Einblick in Wirtschaft und Lebensverhältnisse des Hospizes und seiner Dependancen zwischen Val d'Aosta und Genfer See geben und die Geschichte dieses Passweges, die für die römische Zeit durch die Forschungen G. WALSER so gut bekannt ist, nun auch für das Mittelalter etwas erhellen.

Sehen wir uns zunächst ein wenig im Hospiz um und werfen vor allem einen Blick in die sogenannte "stupha", also die - hier oben zu jeder Jahreszeit auch für die Reisenden so wichtige - heizbare "Stube". Sie ist innen farbig gestrichen (denn 1447 werden für diese Stube Farben gekauft) und empfängt natürliches Licht, aber hinaussehen können wir nicht, denn die Fenster sind mit Papier bespannt (wie eine Zahlung "für das Papier für die Fenster der Stube" erkennen lässt). Man sitzt um einen grossen Tisch aus Nussbaum ("mensa magna nemoris nucis") auf eisenbeschlagenen, verschliessbaren Truhen und auf Stühlen: einmal werden 4 Dutzend neue Stühle für diese Stube angeschafft! (QUAGLIA: 1373 f, 1548 ff, 2649 ff, 2668, 3530, 5251 ff). Ueberhaupt deutet vieles an der Einrichtung darauf hin, dass das Hospiz über den Eigenbedarf hinaus (15 Geistliche und einiges Personal) für die Aufnahme von Reisenden ausgerüstet war - und genau das wollen wir ja wissen.

Die Gefahren des Passverkehrs treten in einigen - ganz beiläufigen - Einträgen drastisch vor Augen. Manch einen kostete dieser Passweg das Leben. Schrecklich etwa die Zahlung dafür, "das Leichenhaus des Hospizes zu besorgen" (oder wie man heute sagt: zu entsorgen): "pro curando les cherners" - "und eine Grube zu graben, in der eine grosse Zahl Toter begraben wurde, die aus diesem Leichenhaus herausgeholt wurden" (QUAGLIA: 334). Das ist das kleine Gebäude, das inzwischen verschlossen ist, von dessen grausigem Innern aber immer noch Fotos verkauft werden. In solchen Leichenhäusern, wie sie sich auch auf anderen Passstrassen finden, wurden zu eventueller Identifizierung, oder weil der gefrorene Boden das Ausheben eines Grabes unmöglich machte, die in der Nähe der Passhöhe umgekommenen Reisenden vorläufig niedergelegt - damals, 1397, war es eine "magna quantitas", "eine grosse Menge".

Und immer wieder gingen Lawinen nieder, die die Strasse unterbrachen, Gebäude beschädigten und ganze Herden unter sich begruben (QUAGLIA: 5209, 5210, 4639) - etwa eine Schafherde bei Bourg-St-Pierre, wie aus einem Eintrag hervorgeht: 18 gr. eingenommen "pro venditione XIII pellium...", "aus dem Verkauf der Felle von 13 Schafen, die in der Lawine des Hofes Le Crêt starben; sie hatten wenig Wert, weil sie lange unter dieser Lawine gelegen hatten".

Halten wir an dieser Stelle einmal kurz inne, um uns noch einmal über das Gattungstypische dieser Quellengattung klar zu werden. Die Absicht des eben zitierten Eintrags ist nicht die, dass der Verwalter damit (wie es beim Verfasser eines Reiseberichts aufzufassen wäre) an uns gewendet aussagen wollte, es seien damals dort oben auch ganze Schafherden unter Lawinen geraten; er will damit vielmehr einem kontrollberechtigten Vorgesetzten die unter diesem Posten eingesetzte Summe erläutern. Wir Historiker lesen dann die Sache gewissermassen andersherum. Das tun wir oft - wir müssen uns nur darüber klar sein, wenn wir es tun.

Auch die Identität der Durchreisenden erfahren wir natürlich nicht. Gästebücher gab es noch nicht - Goethe bemerkt 1797 beim Gotthard-Hospiz, seit einigen Jahren sei ein Stammbuch eingeführt worden. Und auch bei dieser Quelle muss man vorsichtig sein: das Hotel Schwarenbach auf der Gemmi zeigt in seinem Gästebuch stolz einen Eintrag vom September 1933 wo sich Pablo Picasso und Paul Valéry gemeinsam eingeschrieben haben. Doch dürfte es sich dabei (wie mir ein kompetenter Kollege aus genauer Kenntnis dieser beiden Persönlichkeiten versicherte) um einen Scherz Dritter handeln. Also Vorsicht.

Beim Hospiz auf dem Grossen St. Bernhard haben wir für damals natürlich noch nichts dieser Art. Aus den Rechnungen erfahren wir die Identität der Durchreisenden nicht - es sei denn, ihr Rang habe das Hospiz mehr gekostet als die übliche Abspeisung: Ende September 1473 kommt der Bischof von Genf des Weges, das lässt sich das Hospiz 4 Perlhühner kosten; einige Tage später, Anfang Oktober, zieht ein Gesandter des Herzogs von Burgund über den Pass: der kommt noch etwas teurer (QUAGLIA: 3288, 3289). Und natürlich schlägt sich in den Rechnungen nieder, wenn der Landesherr, der Graf bzw. (seit 1415:) Herzog von Savoyen, den Grossen St. Bernhard überquert.

Für unsere Frage nach den damals üblichen Verkehrswegen sehr ergiebig sind auch die Zahlungseinträge über Reisen im Auftrag des Hospizes mit genauer Angabe der Reiseroute. Von solchen Itineraren, die zum Zwecke der Vergütung detailliert die Reisespesen belegen, gibt es in diesen Rechnungen eine ganze Menge (QUAGLIA: 3540-3699, 5317-5472). Gerade durch ihre Dichte sagen sie viel aus über den Alltag des Verkehrs. Der Verwalter oder sonst ein Beauftragter, zur Erledigung von Geschäften nach Genf oder Mailand unterwegs, registrierte jede Station, jeden verausgabten Geldbetrag.

Solche Itinerare als Beleg von Reise-Spesen sind in vielen Archivbeständen überliefert, beispielsweise auch unter den reichen Beständen des Berner Staatsarchivs vor allem im Zusammenhang mit den Mailänderkriegen, etwa zum Pavierzug von 1512 (Staatsarchiv Bern, Unnütze Papiere 16 nr. 32, vgl. 16 nr. 392). Im übrigen finden sich natürlich auch in den (sehr viel seltener überlieferten) privaten Rechnungsbüchern einzelne verstreute Einträge, die uns Hinweise auf den Passverkehr des Alltags geben. Ein Beispiel: in dem Rechnungsbuch des Thuner Wirtes Hans von Herblingen aus dem frühen 15. Jahrhundert (Burger-Archiv Thun; p. 15, 76) lesen wir Einträge wie etwa: "9 Schilling, als meine Frau ins Wallis zum Baden ging"; oder da erscheint bei ihm, in seinem Rechnungsbuch, ein Schweine-Aufkäufer aus Brig.

Ich komme zum Schluss. Der Historiker wird, die Ergiebigkeit der verschiedenen Quellengattungen abwägend und sie einander ergänzen lassend, die gewonnenen Ergebnisse dann zusammenstecken, für einen Passweg wie den des Grossen St. Bernhard oder des Gotthard den Ertrag von Reiseberichten, Zollregistern, Warenzetteln, Rechnungen, Beweisaufnahmen, Itineraren usw. vereinigen - nicht zu vergessen die vielen kleinen Indizien, die uns nicht aus ganzen, eigenen Quellengattungen zufallen, sondern erst durch kombinatorisches Vermögen zum Sprechen gebracht werden müssen (man denke etwa an die Patronzinienforschung: warum gab es in der Via Mala eine Sankt Ambriesch-Kapelle, wieso kommt der Stadtheilige von Mailand dorthin?); nicht zu vergessen gerechterweise auch die vielen Beiträge, die die Nachbarwissenschaften dem Historiker zuliefern, etwa (um nur eine zu nennen, der gerade der Mediävist viel verdankt): die Sprachgeschichte. Ich denke etwa an die schönen Ergebnisse von P. GLATTHARD für den Bereich von Grimsel und Brünig: sprachliche Zusammenhänge längs des Verkehrsstrangs Pomatt-Goms-Hasli-Innerschweiz, sprachliche Gemeinsamkeiten innerhalb des Einzugsbereiches von Alpenpässen.

Und ein letztes - keine Quellengattung mehr, aber ein Ansatz, der eigentlich sogar der nächstliegende ist, wenn wir uns mit historischen Verkehrswegen befassen, und der in den Forschungen etwa von Klaus Aerni und Armon Planta (z.B.

AERNI 1979, PLANTA 1980) zu schönen Ergebnissen geführt hat: nämlich der Geländebefund, der persönliche Augenschein, das Begehen der Strasse, der Arbeit vor Ort. Das gilt selbstverständlich auch für die Strassenforschung des Mediävisten (fiel aber nicht unter meinen Themenausschnitt). So ist die Begehung der behandelten Strassen die natürliche Fortsetzung auch eines mediävistischen Seminars - und lassen Sie mich mit der Erinnerung an solche gemeinsamen Passbegehungen schliessen: denn das sind die Freuden der Wissenschaft unter freiem Himmel.

Bibliographie

Die Bibliographie beschränkt sich auf die notwendigsten Angaben. Eine ausführlichere Bearbeitung dieses Themas mit eingehenderen Literaturhinweisen werde ich bei späterer Gelegenheit veröffentlichen.

AERNI, K., 1979: Die Entwicklung des Gemmipasses. Ergebnisse aus der Erforschung von Gelände und historischen Quellen. In: Schweizerische Zeitschrift für Geschichte 29, 1979: 53 ff.

BERGIER, J.-Fr., 1975: Le Trafic à travers les Alpes et les liaisons transalpines du haut moyen âge au XVIIe siècle. In: Le Alpi e l'Europa III, Bari 1975: 1 ff.

CARONI, P., 1977: Coma et alpis et vicanale. Einleitende Bemerkungen zu einer Rechtsgeschichte der Säumergenossenschaften. In: Festschrift für F. Elsener, Sigmaringen: 97 ff.

DAVISO, M.C., 1951: La route du Valais au XIVe siècle. In: Schweizerische Zeitschrift für Geschichte 1, 1951: 545 ff.

DAVISO DI CHARVENSOD, M.C., 1961: I pedaggi delle alpi occidentali nel medio evo, Torino.

FABRI, F.: Evagatorium, hrsg. von C.D. Hassler, I, Stuttgart, 1843.

GESTA ABBATUM TRUDONENSIUM, in: Monumenta Germaniae historica, Scriptores X: 307.

GLATTHARD, P., 1981: Dialektologisch-volkskundliche Probleme im Oberhasli, Bern.

GLAUSER, F., 1968: Der internationale Gotthardtransit im Lichte des Luzerner Zentnerzolls von 1493 bis 1505. In: Schweizerische Zeitschrift für Geschichte 18, 1968: 177 ff.

GLAUSER, F., 1979: Der Gotthardtransit von 1500 bis 1600. Seine Stellung im Alpentransit. In: Schweizerische Zeitschrift für Geschichte 29, 1979: 16 ff.

HAEBLER, K., 1887: Peter Tafurs Reisen im Deutschen Reiche in den Jahren 1438-39. In: Zeitschrift für allgemeine Geschichte 4, 1887: 502 ff.

HASSINGER, H., 1969: Der Verkehr über Brenner und Reschen vom Ende des 13. bis in die 2. Hälfte des 18. Jahrhunderts. In: Festschrift F. Huter, Innsbruck: 137 ff.

HASSINGER, H., 1978: Die Alpenübergänge von Mont Cenis bis zum Simplon im Spätmittelalter. In: Festschrift für H. Kellenbenz I, Stuttgart: 313 ff.

JOSÉ, M., 1962: La maison de Savoie, II: Amédée VIII, I, Paris.

PLANTA, A., 1980: Alte Wege durch die Rofla und die Via Mala, Schriftenreihe des Rätischen Museums Chur, Nr. 24.

QUAGLIA, L., 1973-75: Le comptes de l'Hospice du Grand Saint-Bernard (1397-1477). In: Vallesia 28, 1973 u. 30, 1975.

SCHNYDER, W., 1973-1975: Handel und Verkehr über die Bündner Pässe im Mittelalter zwischen Deutschland, der Schweiz und Oberitalien, 2 Bände, Zürich.

Bemerkungen zum ländlichen Wegnetz zwischen 1300 und 1600
Christine Barraud

Es soll in diesem Beitrag von Verkehrsproblemen der Vergangenheit die Rede sein, welche im kleinräumigen Alltag zutage treten. Innerhalb einer relativ begrenzten Epoche und eines relativ begrenzten Raums werden ein Stück weit die Fragen verfolgt: Wie sahen ländliche Wegnetze aus, und wo wird allenfalls ein Zusammenhang zwischen Intensität der Bodennutzung und Bevölkerungsdichte einerseits, und Anlage, d.h. Breite, Verlauf, Unterhalts- und Nutzungsbestimmungen andererseits, sichtbar? Die befragten Quellen stammen aus der nordöstlichen Schweiz, wo sich als Siedlungsverband im wesentlichen das Dorf durchgesetzt hat: jener in sich tendenziell geschlossene Lebensbereich also, in welchem wirtschaftliche und soziale Probleme zu einem guten Teil genossenschaftlich geregelt wurden.

Der zeitliche Rahmen soll von 1300 bis 1600 abgesteckt werden: in dieser Periode nimmt die Zahl der Rechtsquellen, die sich ausgiebig mit Wegen und Wegrechten beschäftigen, deutlich zu; gleichzeitig machen wirtschaftliche Produktivität und Bevölkerungsentwicklung ein paar markante Auf- und Abwärtsbewegungen.

Um 1300 war der hochmittelalterliche Landesausbau abgeschlossen. Das Dorf hatte auf seinem Weg vom frühmittelalterlichen Hof her einen ersten Höhenpunkt erreicht; unter dem zunehmenden Druck der anwachsenden Bevölkerung hatte sich das Siedlungsmuster von Einzelhöfen weg zu grösseren Siedlung verschoben; privilegiert waren dabei die bisher kontinuierlich bewohnten Siedlungskerne (WANNER 1984). Im Verlauf des 13. Jahrhunderts hatte sich die Dreifelderwirtschaft ausgedehnt und in manchen Dörfern war der Rebbau wichtig geworden. Das Siedlungsbild erhielt also damals die Merkmale, die bis in die Anfänge der Industrialisierung diese Landschaft prägen sollten (SABLONIER 1984). Die Rodungstätigkeit führte

an die Grenze zu benachbarten Siedlungen, die Entwicklung
der Dreifelderwirtschaft brachte die grundsätzliche Abgrenzung von Ackerland und Weideland; die dörfliche Gemeinschaft
erstarkte soweit, dass sie sich der Herrschaft gegenüber zu artikulieren begann: auch hier also eine Grenze, wenn auch keine eindeutige und widerspruchsfreie (SABLONIER 1984).

Es scheint, als wären Grenzen um 1300 herum häufig erlebt
worden. Ist es denkbar, dass Weg und Strasse damals verstärkt
als begrenzter und begrenzender Körper wahrgenommen wurden?

Um die Mitte des 14. Jahrhunderts erfuhr die Bevölkerungsentwicklung einen Einbruch: die spätmittelalterliche Agrarkrise ist gekennzeichnet durch verschiedene Pestjahre (für
Zürich kennen wir die Seuchenzüge von 1349, 1401, 1410, 1427,
1434, 1439, 1445, 1450, 1482, 1493) - durch Klimaverschlechterungen (im zürcherischen Gfenn erfroren zwischen 1414 und
1429 die Reben viermal) und durch Kriegszüge (es sei hier
nur die sattsam bekannte Jahreszahl 1384 angeführt sowie auf
die für die Region der Nordostschweiz wichtigen Auseinandersetzungen rund um den alten Zürichkrieg 1440 hingewiesen)
(SIGG 1981). Diese Vorgänge haben die agrarischen Strukturen
stark mitgenommen: Höfe wurden aufgegeben, die Grundherren
erhielten kaum je ihre vollen Zinsen; es war schwierig, Lehensleute zu finden, die die bestehenden Höfe voll bewirtschaften konnten oder wollten (SIGG 1981: 125 ff; WANNER
1984: 241 ff). Da die Bevölkerung stagnierte oder zurückging,
war die Nachfrage nach Getreide gering und die Preise blieben konstant. Angesichts des geringen Arbeitskräfteangebots
scheint es einen gewissen Lohndruck der Taglöhner in Handwerk und Rebbau gegeben zu haben (SIGG 1981: 834).

In den letzten zwanzig Jahren des 15. Jahrhunderts setzt eine Tendenzwende ein. Auf europäischer Ebene ist ein erneutes
Anwachsen der Bevölkerung festzustellen. Dieser Bevölkerungsanstieg bringt eine massive Umwälzung im Lohn-Preis-Gefüge.
Es steht zunehmend Knappheit von Lebensmitteln und von Boden
gegen steigendes Arbeitskräfteangebot (ABEL 1972; SCHNYDER

1925: 108). Dies mögen die beiden folgenden Beispiele illustrieren:

1518 war ein Haus mit 60 Jucharten Acker- und Wiesland in Schwamendingen 187 1/2 gl wert; 1561 kostete derselbe Besitz 1650 gl. Ein Haus mit Schmiede und 25 Jucharten Land - ebenfalls in Schwamendingen - kostete 1533 100 gl; 1576 war derselbe Besitz 700 gl wert. Demgegenüber blieben die Löhne praktisch auf demselben Niveau: Für Arbeiten an der Kirche Embrach erhielt ein Handwerker 1530 8 s pro Tag; in den 1580er Jahren waren es 10 s (SIGG 1974: 2f). Als Folgen dieser Umwälzung sind zu beobachten: Neulandgewinn, intensivere Bodennutzung, Besitzzersplitterung und das Aufkommen einer breiten unterbäuerlichen Schicht. Neulandgewinn, etwa durch Rodung, lässt sich gut nachweisen, weil ihm in der Regel unmittelbar Streitigkeiten um den sogenannten Neugrützehnten folgen und seit den 1520er Jahren auch obrigkeitliche Erlasse zum Schutz des Waldes, der ja der naheliegendste und wichtigste Baumaterial- und Energielieferant war. Eine intensivere Bodennutzung wird etwa dort sichtbar, wo Allmendland parzellenweise eingeschlagen und privatisiert wurde - zunächst zur Neugewinnung von Ackerland, dann zur Intensivierung der Graswirtschaft durch Heuen und Emden. Durch die starke Aufsplitterung der bäuerlichen Liegenschaften entstehen mehr Wohnhäuser und kleinere Parzellen. Die zunehmende Parzellierung fördert die Verbreitung des Rebbaus: Rebbau war auf kleinen Grundstücken möglich und ernährte im Vergleich zum Ackerbau circa 2 1/2 mal und im Vergleich zur Graswirtschaft sogar 3 1/2 mal mehr Leute. Sein Nachteil war allerdings, dass er sehr abhängig war von den Preisschwankungen auf dem Markt und dass der Anfall von Dung für Aecker und Wiesen geringer war (SIGG 1974: 16).

Lässt sich nun innerhalb der beschriebenen Entwicklung etwas zum Verhältnis von Bodenpreis und Weganlagen feststellen? Sind - vom obrigkeitlichen oder genossenschaftlichen Standpunkt aus - zu Zeiten von Bodenknappheit mehr und detailliertere Vorschriften zu Wegen ergangen? Unter welchen Bedingungen war das Einhalten strikter Wegverläufe günstig, wann verteilte man die Last eines Weges abwechselnd auf verschiedene Güter?

Das Krienser Amtsrecht von 1556, eine Quelle, die zwar nicht dem vorgenannten Gebiet entstammt, hier aber bedenkenlos herangezogen werden darf, bestimmt, dass den Amtsgenossen Steg und Weg zur Kirche, zum Wasser, zur Mühle, zum Markt, ins Holz und ins Feld gewährleistet sein müssen (StALU PA 773/16227(4)). Aus anderen Gegenden kennt man den grundsätzlichen Anspruch auf eine Verbindung zur Schmiede und zur dörflichen Dingstatt (RQ Zürich, Band 2, XXVIII Bonstetten, S. 106) und im Rebbaugebiet natürlich die in die Rebgärten (RQ Zürich, Sammlung Largiadèr, Offnung Embrach, 1543/21).

Im Folgenden soll nun versucht werden, einigen dieser Wege etwas näher zu kommen. Dabei gilt es aber zu bedenken, dass nicht nur die Formulierung "Steg und Weg" (BADER 1973: 212ff) zur Mühle den grundsätzlichen Anspruch und nicht die konkrete Verbindung meint, sondern mitunter sogar der Begriff "Mühleweg". Mit anderen Worten: der Weg in einer bestimmten Funktion braucht nicht zwingend eine besondere Ausformung zu erfahren. Wenn die Verbindungen zu den grundherrschaftlichen Einrichtungen oder anderen Zentren des bäuerlichen Lebens beschrieben werden, so nehmen sie ihren Verlauf nicht selten über einen anderen Weg; ein Marktweg etwa kann sowohl ein Stück weit über die Landstrasse gehen als auch einen Abschnitt eines Kirchweges einbeziehen. Daneben gibt es die verschiedenen Wege aber auch in sozusagen "ungemischten", eindeutigen Formen. Oft gehen also die Quellen vom prinzipiellen Anspruch aus und beschreiben dann seine konkrete Ausgestaltung. Im weiteren darf man nicht vergessen, dass das mittelalterliche Wegnetz sehr fliessend und veränderlich war; eine Tatsache, die uns heute den Zugriff auf diese Realität erschwert.

Mühlen, in der Regel ausserhalb des Dorfes liegend, brauchen eigene Zugänge. Mühlewege sind Bestandteile der Mühlen (DUBLER 1978: 38). Der Mühleweg in Dietikon muss 1420 vom

Dorf bis zum Mühlenbach von den Dorfgenossen, vom Mühlenbach zur Mühle vom Müller unterhalten werden (RQ Zürich, Band 2, XLV Dietikon-Rieden, S. 397; BADER 1973: 219). Der Mühlenweg war in seinem Verlauf mehr oder weniger festgelegt. Dazu ein Thurgauer Beispiel von 1387: Der Mühleweg geht "uss dem dorff durch Lynden gassen ab und zwüschenz Haini Vorsters acker und des Lochers acker und durch des Bumgartners wiss und durch der pfruond wiss und durch der Sengerinen wiss und durch die Murg unden oder uber die brugk, wäders inen fuoglicher sig..." Der Weg muss eine bestimmte Breite einhalten, er soll nämlich "...so wyt sin das ain ross dem anderen mit ainem sack wol entwichen mag..." (Thurgauisches Urkundenbuch VIII, Nachträge Nr. 100, S. 608). Da sehr oft Esel Korn bzw. Mehl transportierten, sind gewisse "Eselwege" mit Mühlenwegen identisch (BADER 1973: 219).

Marktwege werden eher selten als solche angesprochen. Meist waren es die auch sonst üblichen Verbindungen zum nächsten Marktort; sie entsprachen einer Landstrasse. In Spreitenbach verlief der Marktweg "...von Cuntz Muntwilers hus abhin uf den weg den man nempt koufmannsweg, soll ein merckt weg gan und ein allmend sin und mag man ze winterzit toti ferli und hüener und solichs darwerfen, und niemand sol den anderen darum schelten; aber ze Sumerszit sol niemant nüt dartuon, das da stinkent ist, ers sol es denn vergraben..." (ARGOVIA 4, S. 272; zum Verhältnis Weg-Allmend: BADER 1973: 210 f). Ein eigener Marktweg stand dem Wirt von Dietikon für seine Einkäufe im nahen Bremgarten offen: "Derselb wirt soll ouch haben einen offnen wäg, das er mit zweyen körben mag farren by dem bach uff und hinder dem holtzbirboum uff in die Loren und durch das Bernoldt uff und ze Gwinden hinder der Burg uff und ob Gwinden durch den Guolenbach untz gen Wyden und danne ab gen Brembgarten in die statt, das er fleisch und brot reicht..." (RQ Zürich, Band 2, XLIV Dietikon-Oberndorf, ca. 1560, S. 385).

Wege zum Wasser: das sind die Wege zum genossenschaftlich unterhaltenen Brunnen (vgl. BADER 1973: 193), zur Tränke (vgl. BADER 1973: 217 mit Anm. 130), aber auch Zugänge zu den Anlegeplätzen an Seen und Flüssen. In Dietikon existierte ein Weg zur Limmat, der den Fischern zugemessen war: er musste so breit sein, dass sich zwei Fischer darauf mit je einem Brett zum Groppenfang kreuzen konnten (RQ Zürich, Band 2, XLIV Dietikon-Oberndorf, ca. 1560, S. 386).

Zahllos sind die Belege für Kirchwege. Auch sie waren, wie die Marktwege, nicht selten identisch mit einer sonst üblichen nachbarschaftlichen Verbindung. Meist aber nahm der Weg zur Kirche einen eigenen, nicht selten schnurgeraden Verlauf (BADER 1973: 221), der sich an nichts anderem orientierte als an der Kirche, die erreicht werden sollte. Da der Friedhof in den meisten Fällen bei der Kirche lag, wurde der Kirchweg auch als der Weg bezeichnet, auf welchem man "mit brutt und bar" ging (RQ Zürich, Band 2, XLIV Dietikon-Oberndorf, ca. 1560, S. 388, S. 390). Oft bestimmten diese Funktionen auch seine Breite: auf dem Kirchweg mussten eine Braut und eine Totenbahre sich kreuzen können (BADER 1973: 220 f mit Anm. 153 und S. 226 mit Anm. 176). Dass der Gang zur Kirche im mittelalterlichen Erleben mit einer Selbstdarstellung in der Oeffentlichkeit schlechthin zu tun hatte, mag die Tatsache illustrieren, dass das beste Gewand, das nach dem Tod des Leibeigenen an den Herrn fiel, als das Gewand bezeichnet wurde, mit welchem man "zu Kirche und zu Strasse" gegangen war (ARGOVIA 4, Offnung von Neuenhof, S. 267). Kirchwege mussten allen offenstehen (Ausnahme: ARGOVIA 4, Offnung von Niederrohrdorf, S. 266) und waren zweifellos von den ältesten und wichtigsten Wegen (BADER 1973: 220 ff).

"Wenn wir die Flurwegordnung der mittelalterlich-genossenschaftlichen Stufe verstehen wollen, müssen wir uns darauf besinnen, dass das mittelalterliche Dorf in unlösbarer Verbindung mit der ihm zugeteilten Flur stand " (BADER 1973: 197). Und: "Die Tatsache, dass im Hoch- und Spätmittelalter ein grosser Teil der vorhandenen Feldwege stark veränderlichen Charakter zeigt und nicht ein für allemal von der Nach-

barflur getrennt wird, lässt sich nicht übersehen. Dies
hängt mit der älteren Auffassung vom Wesen der Liegenschaftsnutzung zusammen. Das unter Vorbehalt der genossenschaftlichen Beweidung ausserhalb der Bannzeiten dem einzelnen Dorfgenossen vorbehaltene Grundstück ist zwar für sich eine
rechtliche Einheit ... der enge Zusammenhang mit der gesamten Feldflur bleibt jedoch gewahrt." (BADER 1973: 199 f)
Baders Beobachtungen können nach wie vor der Betrachtung von
Flurwegen vorangestellt werden, selbst wenn wir im Umgang
mit der Vorstellung genossenschaftlicher Verhältnisse noch
mehr Vorsicht walten lassen. Grundsätzlich gilt unter den
Bewohnern des Dorfes die Regel, dass der äussere Acker dem
inneren Fried gab und der vordere dem hinteren Steg und Weg.
Eingeschränkt wurde dieser Grundsatz durch Formulierungen
wie: "wann es billich ist" oder: "zu ziemlichen Zeiten"
(RQ Zürich, Sammlung Largiadèr, Russikon 1594), d.h. Steg
und Weg wurde gewährt, wenn es zu keinem offensichtlichen
Schaden führte. Um einen möglichen Schaden "gerecht" zu verteilen, war manchmal vorgeschrieben, dass je ein Rad des
durchfahrenden Wagens auf je einem Acker lastete (RQ Zürich
2, XLV Dietlikon-Rieden (1420), S. 397). Mit Vorliebe wurden
auch die Anwänder mit Durchfahrtsrechten belastet (RQ Zürich
2, Dietlikon-Rieden (1420), S. 397; siehe JAENICHEN 1970:
57ff und 67ff). Mit dem Recht auf "Weg und Steg" wurde zunächst einmal der grundsätzliche Anspruch auf Durchgang oder
Durchfahrt festgehalten. War er einmal festgelegt, konnte er
auf jeden Fall zu den vorgesehenen Bedingungen wahrgenommen
werden:

"...söllent die acker je einer dem andren steg und weg geben
zuo den ziten, so man das nottürftig ist, es sye gesait oder
ungesait; und söllend die, so dieselben acker in hand und
man inen das am abend verkünt, ... korn und haberen weg-
schniden; tüend sy das nit, wer inen darnach an demselben
end durch ir guot fart, der soll des ... nit entgelten "
(ARGOVIA 4, Spreitenbach, S. 270)

Schonzeiten für Wachstum und Reife gab es für die Saat im Sommer und im Winter, für die Matten auch im Frühjahr, in der Regel von Mitte März bis Mitte Mai (RQ Zürich, Sammlung Largiadèr, Embrach 1543; ebenda, Oberhasli 1561; RQ Zürich 2, XXVIII Bonstetten (2. Hälfte 15. Jh.), S. 105).

Gemäss dem Ablauf der Dreifelderwirtschaft unterscheiden die Quellen zweijährige Acker- oder Bauwege und einjährige Brachwege. Dabei sind Fälle nicht ausgeschlossen, in denen Brachwege mit Bauwegen oder anderen Wegen identisch sind (RQ Zürich, Sammlung Largiadèr, Oberglatt 1500): das hängt damit zusammen, dass auch hier die Wege mitunter als Ansprüche beschrieben werden, die auf verschiedenen, manchmal bereits bestehenden Wegen wahrgenommen werden konnten, wie etwa das folgende Beispiel zeigt: "Aber gat ein buweg uss dem dorf uber den Lubenbach der gass nach biss zu dem bildstock und scheidweg uf under der ober zelg uf das veld " (RQ Zürich, Sammlung Largiadèr, Embrach 1543). Aehnliche Verhältnisse wie bei den Wegen in der Feldflur zeigen sich im Matt- und Wiesland: Einerseits gibt es Durchgangsrechte, die stets auf denselben Grundstücken lasteten; wie zum Beispiel in Oerlikon, wo 1360 der Weg in die Heumatten der Dorfgenossen durch eine Wiese führte, die im Besitz von St. Blasien stand. Wenn beschlossen wurde, dass gemäht werden sollte, zeigte man dies dem Meier an und er mähte einen Durchgang. Allerdings musste der nicht länger als 8 Tage offenstehen (RQ Zürich, Sammlung Largiadèr, Oerlikon 1360). In Flaach musste sich jeder, der durch die Wiese eines Nachbarn Heu führen wollte, zuerst selber einen Durchgang von einer Mad Breite mähen und das Gras sorgfältig auf die Seite legen (RQ Zürich, Sammlung Largiadèr, Flaach 1537). Von alters her festgelegte Graswege scheinen zuweilen selbst dann in ihrem Verlauf nicht geändert worden zu sein, wenn dieser eigentlich durch neuerrichtete Gebäude gestört worden wäre: 1543 musste Ulrich Locher in Embrach einen Heu- und Emdweg durch sein Haus geben, ebenso Jakob Hess 1594 in Russikon. Dieser Weg musste so breit sein, "dass einer mit rächen und gablen und einer burdi

gras mögi gan " (RQ Zürich, Sammlung Largiadèr, Embrach
1543 und Russikon 1594). Heu- und Graswege wurden in ihrem
Verlauf übrigens durchaus nicht immer auseinandergehalten,
wie dies etwa BADER erwartet hat (BADER 1972: 216).

Auch im Rebgelände galt das Prinzip, dass eine Parzelle der
anderen Steg und Weg gab, damit einerseits Dung und Stecken
in die Reben und andererseits die Trauben daraus herausge-
führt werden konnten (RQ Zürich, Sammlung Largiadèr, Embrach
1543). Das Dorfrecht von Ossingen kennt feste Dungwege in
die Rebgärten (RQ Zürich, Sammlung Largiadèr, Ossingen 15.Jh.
ineunte). Wer in Albisrieden auf der Fahrt zum oder vom
Acker durch die Reben fuhr, musste seinen Pflug vom Gestell
nehmen (RQ Zürich 1, IX Albisrieden (15. Jh.), S. 119).

Die Breite der Wege innerhalb der Feldflur wurde in vielen
Fällen durch die Pflugbreite definiert. Mancherorts hatte
sich aber bereits früh das Mass von 9 Schuhen durchgesetzt
(Thurgauisches Urkundenbuch IV, Nr. 998, Triboltingen 1301,
S. 37).

Viehtriebwege führten vom Dorf durch die Feldflur in die Allmend zur Weide oder an Bach und Fluss zur Tränke. Soweit wie
möglich waren sie fixiert und ausgezäunt. Im Oberglatt führte ein Rinderweg in den Brachjahren über die Ackerflur, während der beiden anderen Jahre über einen Fahrweg, der seinerseits auf die Breite zweier Karren beschränkt war (RQ Zürich, Sammlung Largiadèr, Oberglatt 1500).

In Dietikon ging ein Viehtrieb durch den Hof "Wynräben". Der
Weg musste dem Viehtrieb, aber auch weiterem Verkehr zu Fuss
und zu Wagen offenstehen. Sollte der Meier von "Wynräben"
gerade dabei sein, seine Hirse an der Sonne zu trocknen - so
heisst es in der Dietiker Offnung von 1560 - müsse jeder,
der sein Vieh hier durchtreiben wollte, die Hirse in Tücher
einschlagen und beiseite legen (RQ Zürich 2, XLIV Dietikon-
Oberndorf ca. 1560, S. 390).

Zuletzt seien die Holzwege erwähnt, die bekanntlich sprich-
wörtlich geworden sind. In der Regel wurden sie genossen-

schaftlich unterhalten, da sie in den genossenschaftlich genutzten Wald führten. So gab es 1534 in Männedorf 2 Holzwege vom Dorf weg, "dieselben wäg sol ein gebursami machen das man sy gefaren und gan mug und wenn der merteil die wäg wil machen, so sol inen der minder teil helfen..." (RQ Zürich, Sammlung Largiadèr, Männedorf 1534). Holzwege waren vor allem Winterwege. Wenn der Boden gefroren war und man, wie es manchmal heisst, zwischen Himmel und Erde fahren konnte, konnte der Holztransport über Mattland oder Ackerland gehen (ARGOVIA 4, Spreitenbach, S. 273). Holztransporte waren aber auch sommers nicht auszuschliessen. In Oberhasli wurde dann die sogenannte Widemgasse benutzt, die gleichzeitig auch Bau- und Heuweg war (RQ Zürich, Sammlung Largiadèr, Oberhasli 1561; ebenda Oberrieden 1563).

Versuchen wir nun abschliessend, die Frage nach den Entwicklungen im Verhältnis von landwirtschaftlicher Nutzung einerseits und Anlage und Funktion von Wegen andererseits zu stellen. Für die Situation um 1300 herum dürfte ein Streit typisch sein, der sich 1277 um die Weiderechte der Bülacher am Strassberg bei Hochfelden entwickelte. Das ausserhalb des Gemeindegebietes des Städtchens Bülach liegende Weideland konnte nur errreicht werden, indem man Grund und Boden des Dorfes Hochfelden überquerte. Hochfelden seinerseits bestand im 13. Jahrhundert noch aus vier verschiedenen Siedlungskernen, deren Lebensgrundlage zunächst die sumpfigen Wiesen an der Glatt und die leicht erhöhte trockene Fläche in der Glattschlaufe gebildet hatten. Der älteste Siedlungskern, Hochfelden, hatte seine Ackerfläche ausgedehnt und war wohl unmittelbar vor 1277, nachdem die Rodungstätigkeit an eine Grenze gestossen war, zu einer intensiveren Nutzung des Strassberges übergegangen (WANNER 1984: 70ff). Im Schlichtungsakt um einen daraus folgenden Streit wurden unter anderem die Zugänge der Bülacher zum Strassberg festgehalten. Dabei vernimmt man, dass sie vorher offenbar jeweils ihr Vieh von einer Furt über die Glatt her durch die Ackerflur "uf Hochfelden" und von dort in den Strassberg getrieben hatten. 1286 einigte man sich auf einen Weg, der von der Furt zunächst der Glatt entlang weiterlief und die Ackerfläche dadurch umging. Ausserdem wurde der Durchgang auf eine Breite von 16 Schuh beschränkt (ZUB VI, Nr. 1659, S. 15). Als weiteres Beispiel sei ein Streit erwähnt, der sich 1314 zwischen den drei Dörfern Schwerzenbach, Wallisellen und Rieden entspann (ZUB IX, Nr. 3287, S. 151 f). Die Bauern von Wallisellen hatten ein Ried, das ursprünglich gemeinsame Allmend der drei Dörfer war, zu ihrer eigenen Nutzung eingezäunt. Ueber dieses Ried verlief eine offene Landstrasse. Vermutlich handelte es sich dabei um die Landstrasse von Zürich über Schwamendingen nach Winterthur; mit Sicherheit jedenfalls war es eine Landstrasse, die mehr als bloss lokale Bedeutung hatte, und die für die Stadt Zürich, die bei der Schlichtung beteiligt war, von Interesse war (ZUB IX, S. 151 Anm. 4). Auf jeden Fall wird man diese Inanspruchnahme einer Landstrasse durch Einhegung vor dem Hintergrund zunehmender Landknappheit verstehen dürfen.

Zur Situation vor und um 1300 dürfte ausserdem die Tatsache passen, dass Strassen und Wege in zahlreichen Marchbeschreibungen als begrenzende und deshalb auch selbst begrenzte Fläche in Erscheinung treten. Was im Grossen für die Grenze von Herrschaft zu Herrschaft galt, traf auch für die Grenze von Dorf zu Dorf (RQ Zürich 2, XLIV Dietlikon-Oberndorf (15. Jh. ineunte), S. 363) und innerhalb des Dorfes für die Begrenzungen in der vollausgebildeten Zelgenordnung zu (RQ Zürich, Sammlung Largiadèr, Embrach 1543). Ein ausgeschiedener Weg war übrigens nicht zwangsläufig ein Stück verlorenes Kulturland. Abgesehen davon, dass es - vor allem nach 1500 - Hinweise darauf gibt, dass man in die Anlage von Wegen auch minderwertiges Land einbezog, war ein ausgemarchter Weg in seiner vorgeschriebener Breite theoretisch auch kontrollierbar.

Aus der anschliessenden Epoche der spätmittelalterlichen Agrarkrise gibt es wenig unmittelbare Antworten auf die oben

gestellte Frage. Zuwenig jedenfalls vorläufig, um ein deutliches Bild von einem lockeren Umgang mit dem Land, das nun vermehrt verfügbar war, auch hinsichtlich Weganlagen zu zeichnen. Immerhin, ein paar Indizien sind vorhanden:
Zum einen lässt sich aus der seit dem ausgehenden 15. Jahrhundert ansteigenden Zahl von Quellen, welche Wegverläufe und Wegrechte festhalten, vielleicht schliessen, dass die Entwicklung von 1350 bis hin zu diesem Zeitpunkt derartige Vorschriften notwendig gemacht habe. Zum anderen entstammen dieser Zeit verhältnismässig viele Hinweise darauf, dass der Unterhalt der Strassen vernachlässigt wurde (RQ Zürich, Sammlung Largiadèr, Meilen 1390; StAZ Diplomatar Rüti B I, 278, p. 297). Wenn dies auch ein stehendes Thema bis weit über 1600 hinaus war, so passt die Problematik doch auch sehr in eine Zeit, in welcher man, wenn ein Weg nicht gut unterhalten war, ohne grosse Konflikte auf das anliegende Land ausweichen konnte. Gehört hierher der Streitfall zwischen dem Stift Embrach und den Bauern von Rorbas, von denen sich 1424 einige das Recht nahmen, einen Weg, der eigentlich nur als Fussweg vorgesehen war, mit Karren zu befahren? Jedenfalls entstand dadurch dem Stift ein Schaden, der der jährlichen Zinssumme von 2 Viertel Kernen entsprach (RQ Zürich, Sammlung Largiadèr, Urk. Embrach Nr. 119, 1426 p.9). Charakteristisch für diese Epoche mag auch sein, dass 1415 in Küsnacht die Neuanlage eines Wegs - in diesem Fall eines Kirchenwegs - nicht nur möglich war, sondern sogar vorgeschrieben wurde (StAZ CII Küsnacht, Nr. 61).

Die Akzente verschieben sich gleich am Uebergang zur neuen Epoche. Der Uebergang wird markiert durch eine Stelle aus dem Dorfrecht von Fehraltorf aus dem Jahr 1474: es schrieb den Bauern des Dorfes vor, die Flurwege zu benutzen und nicht mehr querfeldein zu fahren. Der Text bietet gleichzeitig eine Rückschau auf die bisher übliche Praxis und gibt einer sich abzeichnenden Sorge um die nutzbare Fläche Ausdruck (RQ Zürich, Sammlung Largiadèr, Fehraltorf 1474). Seit dem ausgehenden 15. Jahrhundert zeigt sich dann immer deutlicher die Tendenz, das bestehende Wegnetz zu erhalten, das heisst, es möglichst nicht zu erweitern. Sie spiegelt sich in der zunehmenden Ausführlichkeit der dörflichen Rechtsquellen, wenn es um Wegrechte, Wegverläufe und die Anzahl fixierter Wege geht. Das Recht der Einsiedler Gotteshausleute am rechten Zürichseeufer hielt 1510 ausdrücklich fest, dass nur die bisher üblichen Wege und keine anderen benutzt werden sollten (RQ Zürich, Sammlung Largiadèr, Erlenbach 1510). Und in Embrach wird darauf gepocht, dass wirklich nur die alten Wege innerhalb und ausserhalb des Dorfes gebraucht werden sollen (RQ Zürich, Sammlung Largiadèr, Embrach 1543). Es ist vermutlich kein Zufall, wenn gerade in dieser Zeit auch Wegverläufe beschrieben - und übrigens auch festgeschrieben - werden, in welche Bachränder und ganze Bachbetten integriert wurden: hier sparte man wertvolles Kulturland und verband gleichzeitig den Wegunterhalt mit dem Unterhalt der Bäche. Dazu zum Schluss noch ein Bild aus dem Dorfrecht von Dietikon:

"...und soll der weg zuo beiden sydten an dem bach sin, das man den moge rytten, gan, mit karren und wägnen farren und mit vehtriben nach aller notturft. Were aber das der bach an ettlichn ordten den weg verfürte und bräche, so soll der, so dieselben gütter innhat, der an den gebrochnen bach stösst, dem bach werren und den weg besseren. Tätt er das nitt, so soll er mit sinem zun hindersich wychen... Tätte er das ouch nitt, so möcht man im durch sin kölgarten oder anders, so er nechst by dem weg hat, wol farren, und der das also tätt, der sölt damit dennocht ungefrävelt haben." (RQ Zürich, Band 2, XLIV Dietikon-Oberndorf 1560, S. 386 f).

Es sei abschliessend festgehalten, dass es sich beim Versuch, Aussagen über Wesenszüge des ländlichen Wegnetzes zwischen 1300 und 1600 zu machen, um nichts weiter als um eine erste Indiziensammlung handeln konnte, zustandegekommen im Windschatten der ersten Arbeiten am "Inventar historischer Verkehrswege der Schweiz". Immerhin, als Wegweiser und als hilfreiche Stolpersteine für unsere weitere Arbeit haben sich gefunden: die Bestätigung der Wegtypen, wie sie K.S. BADER unterschied, der Hinweis auf einen Zusammenhang zwischen Intensität und Art der Bodennutzung auf der einen und Weganlagen auf der andern Seite und schliesslich wohl das wichtigste, nämlich das Bild von einem äusserst behutsamen Umgang mit der nutzbaren Fläche, der sich nicht zuletzt darin äussert, dass er hier kein festes Wegnetz kennt. Ein Umgang, der getragen ist von genossenschaftlichen Verhältnissen, uns aber nicht nur deshalb Respekt lehrt: hier entziehen sich unserem Zugriff Wege, die keine Spuren hinterlassen haben.

Abkürzungen

gl	Gulden
s	Schilling
RQ	Rechtsquellen
StALU	Staatsarchiv Luzern
StAZ	Staatsarchiv Zürich
SZG	Schweizer Zeitschrift für Geschichte
ZUB	Urkundenbücher Stadt und Landschaft Zürich

Quellen und Literatur

Die Quellen sind im Text vollständig zitiert; die Rechtsquellensammlung Largiadèr befindet sich im Staatsarchiv Zürich (StAZ).

ABEL, W., 1972: Massenarmut und Hungerkrisen im vorindustriellen Deutschland. Göttingen

BADER, K.S., 1973: Rechtsformen und Schichten der Liegenschaftsnutzung im mittelalterlichen Dorf. Wien-Köln-Graz

DUBLER, A.-M., 1978: Müller und Mühlen im alten Staat Luzern. Rechts-, Wirtschafts- und Sozialgeschichte des luzernischen Landmüllergewerbes. Luzerner Historische Veröffentlichungen Band 8, Luzern-München

JAENICHEN, H., 1970: Beiträge zur Wirtschaftsgeschichte des schwäbischen Dorfes. Stuttgart

SABLONIER, R., 1984: Das Dorf im Uebergang vom Hoch- zum Spätmittelalter. Untersuchungen zum Wandel ländlicher Gemeinschaftsformen im ostschweizerischen Raum, in: Institutionen, Kultur und Gesellschaft im Mittelalter, FS J. Fleckenstein, Göttingen, S. 727-745

SCHNYDER, W., 1925: Die Bevölkerung der Stadt und Landschaft Zürich vom 14. bis 17. Jahrhundert. Diss. Zürich

SIGG, O., 1974: Bevölkerungs-, agrar- und sozialgeschichtliche Probleme des 16. Jahrhunderts am Beispiel der Zürcher Landschaft, in: SZG 24, S. 1-25

SIGG, O., 1981: Spätmittelalterliche "Agrarkrise" - Aspekte der Zürcher Geschichte im Spannungsfeld von Sempacher Krieg und Altem Zürichkrieg, in: SZG 31, S. 121-143

WANNER, K., 1984: Siedlungen, Kontinuität und Wüstungen im nördlichen Kanton Zürich (9.-15. Jahrhundert). Bern-Frankfurt/M-Nancy-New York (= Geist und Werk der Zeiten 64)

DIE BERNISCHE ALPENPASSPOLITIK VOM MITTELALTER BIS ZUR FRÜHEN NEUZEIT

Klaus Aerni

1. Einleitung

Der bernische Wunsch, über eine direkte Handelsroute nach dem Süden zu verfügen, kommt in den historischen Quellen mehrmals zum Ausdruck. Einleitend werden zwei Dokumente aus den Jahren 1397 und 1739 herausgegriffen.

Wie war die Situation am Ende des 14. Jahrhunderts? Nach dem Sempacherkrieg von 1386 konnte Bern die Parteigänger Oesterreichs aus dem Oberland verdrängen. Damit gelang es, die durchgehende territoriale Verbindung zum Oberhasli als altem bernischem Aussenposten sowie zu den Eidgenossen zu schaffen. Das Ausgreifen Berns brachte die Grimselroute unter seinen Einfluss. 1397 gelang es Bern auf diplomatischem Wege, die Zweipassverbindung Grimsel-Gries für den internationalen Handel zu öffnen. In einem Vertrag vom 12.8.1397 versprachen sich Bern, Thun, Unterseen, das Kloster Interlaken, die Kirchgemeinde Münster im Goms sowie das Pomat (Eschental) "die strasse der kôflütten von Lamparten und ander, wa si har koment mit ir kôfmanschatz, ze legen dûr ûnder gebiet und dr ûnsrû lender aller ger vorgenanten" (RENNEFAHRT 1945: 329, vgl. AERNI 1975: 35).

Das Dokument von 1739 bezieht sich auf den Ausbau der Gemmi. Damals bemühten sich die Herren Balet und Matter aus Leukerbad bei den politischen Behörden im Raum von Bern bis Domodossola um eine Unterstützung zum Neubau der Gemmiroute. Das direkte Ziel bestand in der Verbesserung des Zuganges zum Leukerbad, das damals aus der deutschprachigen Schweiz einen starken Zustrom aufwies. Daneben ging es auch um die Förderung des transalpinen Handels, an welchem die schlauen Leukerbader vor allem Bern und Domodossola zu interessieren versuchten.

Am 8. September 1739 beauftragte der bernische Rat die zuständige Spezialkommission, die sogenannte Zollkammer, sich über den Ausbau der Gemmi zu äussern. Bereits am folgenden Tag beantragten die Herren den Ausbau mit dem Hauptargument, "dass wann diese Straass über den Gemmiberg und beydseitiger Zugäng solten repariert, und einer Route dadurch über den Simplon für italiänische Waaren etabliert werden, solches sowohl EgH [Euer gnädigen Herren] Zöllen als Ihren Unterthanen nicht wenig Vortheil bringen würde" (StAB VIII 15: 291 f, vgl. AERNI 1975: 51). Am 16. September 1739 beschloss der Rat, das Projekt zu unterstützen und den Unternehmern Balet und Matter eine Summe von 12 000 Bernpfund in Geld und Schiesspulver vorzustrecken.

Trotz der raschen bernischen Reaktion und dem technisch erfolgreichen Strassenbau kam es auch im 18. Jahrhundert nicht zur anvisierten Umlenkung der transalpinen Handelsströme. Die Realität blieb bei jenem Verteilungsmuster, das sich im Uebergang zum 16. Jahrhundert ausgebildet hatte (Abb. 1).

Das offensichtliche Auseinanderklaffen zwischen mehrmals geäusserter Zielsetzung und Wirklichkeit im Handelsverkehr über die Berner Alpen deutet auf einen bernischen Misserfolg hin. Diese Vermutung verstärkt sich durch den Hinweis auf den gleichzeitig doch erfolgreichen Verkehr über den Gotthard sowie über die Walliser- und Bündnerpässe. Aus dieser Situation lassen sich folgende Hypothesen aufstellen:

1. Die Ursache des bernischen Misserfolges liegt in naturgeographischen und topographischen Schwierigkeiten, welche die Bernerpässe von den stärker frequentierten Uebergängen unterscheiden.
2. Die bernische transalpine Verkehrspolitik scheiterte nicht nur am Ausbau der Wege, sondern auch am politischen Widerstand der Nachbarkantone.
3. Möglicherweise vertrat Bern seine Passpolitik nicht in genügender Konsequenz.

Im folgenden werden die drei Hypothesen untersucht.

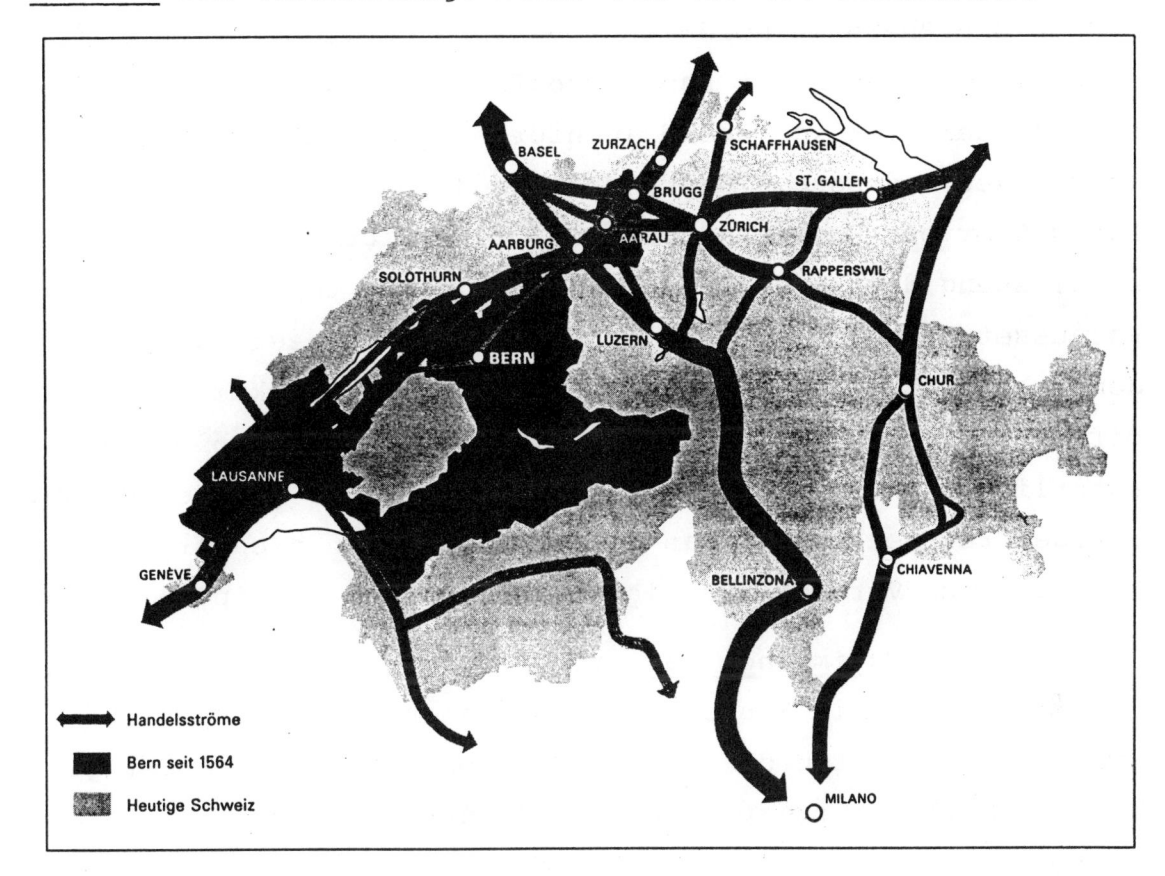

Abb. 1: Die Verkehrslage Berns vom 15.-18. Jahrhundert

(nach GROSJEAN 1973: 37, ergänzt)

2. Naturraum und Topographie der schweizerischen Alpenpässe

2.1 Uebersicht

Um die bernischen Pässe mit den übrigen Alpenübergängen zu vergleichen, kann ein Satellitenbild der Schweiz (Abb. 2) beigezogen werden. Die Aufnahme stammt vom März 1976 und überrascht durch die Feingliedrigkeit des Reliefs in der gesamten Fläche.

Der neu gefallene Schnee unterstützt die aus dem Bild ableitbare Raumvorstellung in zweierlei Hinsicht. Zunächst wird die Höhenstufung nachgezeichnet, und gleichzeitig ergibt sich damit das Bild der horizontalen Dreigliederung der Schweiz in Jura, Mittelland und Alpen.

Die nähere Betrachtung des Gebirges zeigt, dass die schneefreien Talböden die Struktur des Alpenkörpers besonders deutlich nachzeichnen. Die Alpen sind im schweizerischen

Bereich durch die inneralpinen Abschnitte von Rhone, Urserental und Rhein in Nord- und Südalpen gegliedert, wobei sich die Oberläufe von Rhone und Rhein beinahe berühren. Die beiden Quertäler von Rhone (Genfersee - Martigny) und Rhein (Zürichsee/Bodensee - Chur) und die daran anschliessenden Längstäler bis Furka und Oberalp bieten für die Feinerschliessung des inneralpinen Raumes ideale topographische Voraussetzungen. Wie das Weltraumbild ferner zeigt, verbinden zahlreiche Uebergänge im Nord- und Südalpenkamm die Gebirgsränder und die inneralpine Talfurche. Für den mittelalterlichen und frühneuzeitlichen Saumverkehr ging es darum, aus dem reichen Angebot an Passmöglichkeiten die für den transalpinen Verkehr günstigste Kombination zu finden.

2.2 Verkehrsbestimmende Faktoren

Bestimmend für die Routenwahl im alpenquerenden Saumverkehr waren Gegebenheiten der natürlichen Umwelt und jene der gebauten Umwelt oder der vorhandenen Infrastruktur.

Von den natürlichen Gegebenheiten waren vor allem die zu überwindenden Höhendifferenzen und ferner die horizontalen Distanzen wesentlich. Der Aufenthalt in grossen Höhen setzte den Reisenden verstärkt dem Gebirgsklima aus. Es ist daran zu erinnern, dass in Höhenlagen über 1500 m in jedem Monat Schneefall eintreten kann.

Im Bereich der gebauten Umwelt entschieden der Ausbaugrad der Wege sowie die vorhandenen Transporteinrichtungen wie Susten und Herbergen über den zu benutzenden Weg.

Auch konnte ein an sich transporttechnisch günstiger Weg schliesslich aus gesellschaftlichen Gründen nicht benutzt werden oder ausser Gebrauch kommen, wenn sich Schwierigkeiten mit Zöllen und Passagerechten ergaben, wenn die Rechtssicherheit nicht gewährleistet war, wenn die Transportorganisation schwerwiegende Mängel aufwies oder wenn mit kriegerischen Ereignissen zu rechnen war.

Gegenseite: Abb. 2: Satellitenbildkarte der Schweiz. Gestiftet vom Lehrmittelverlag des Kantons Zürich aus BAER Oskar, 1979: Geographie der Schweiz.

2.3 Die Selektion der günstigsten Passverbindungen aufgrund der topographischen Verhältnisse

Die Anwendung dieser Ueberlegungen auf die schweizerischen Pässe liefert folgende Erkenntnisse (Abb. 3 und 4):

1. Dem transalpinen Verkehr zwischen Oberrhein und Poebene, lokalisiert mit den Zielorten Basel und Mailand, standen an sich eine grosse Zahl von Verbindungen offen.

2. Die Berücksichtigung der natürlichen Bedingungen (Höhendifferenz, Witterung, Distanz) grenzt die Zahl der guten Uebergangsmöglichkeiten stark ein.

3. Für den Wegverlauf lassen sich als Hauptvarianten Einpassrouten und Zweipassrouten unterscheiden.

Abb. 3: Einpass- und Zweipassrouten in den Schweizeralpen (Auswahl)

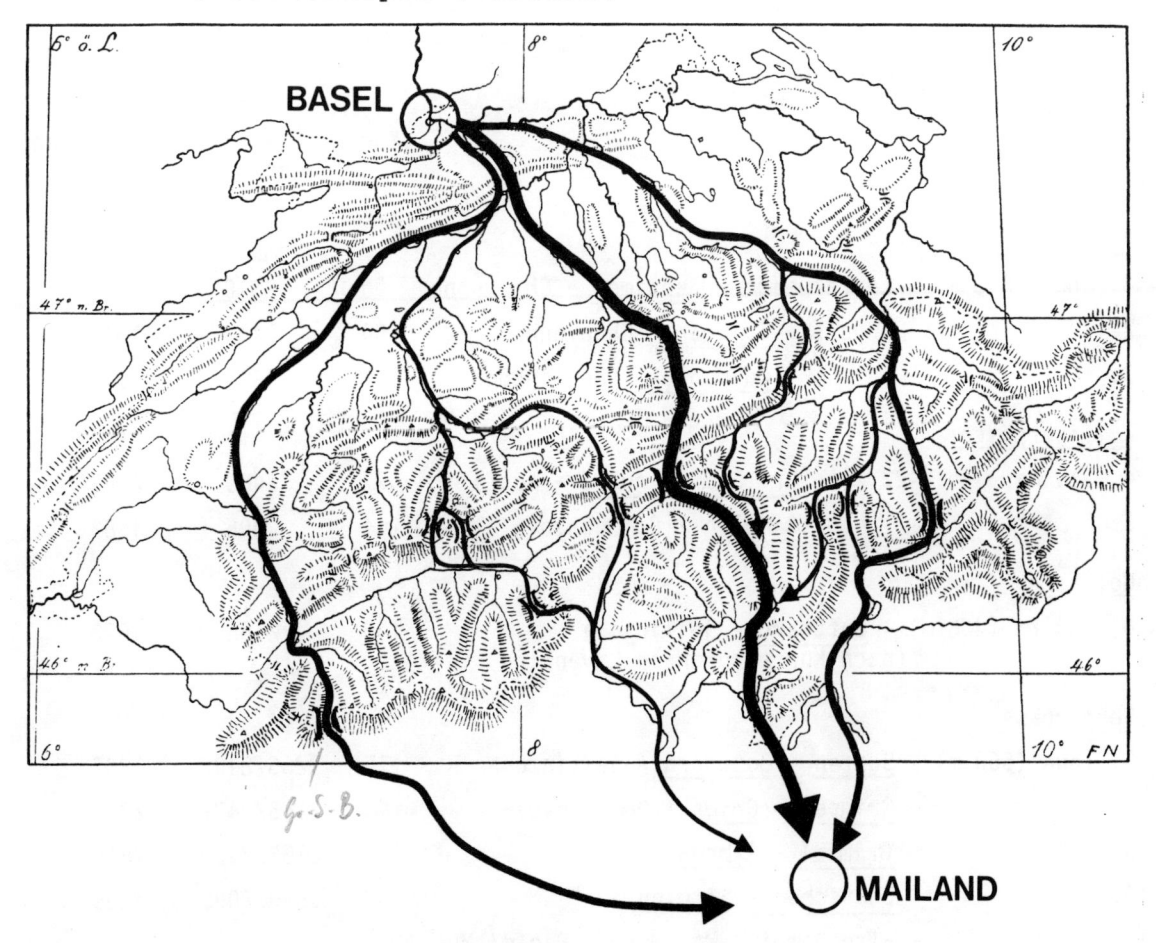

Einpassrouten: ▬▬ Gotthard
　　　　　　　 ── Walliser- und Bündnerpässe
Zweipassrouten: ‒ ‒ ‒ Berner- und Glarnerpässe

Kartengrundlage: F. Nussbaum　　　　　　　　Entwurf: K. Aerni

Die Einpassrouten erlauben das Ueberschreiten des Gebirges in einem Auf- und Abstieg. Zu dieser Gruppe gehören zunächst alle Pässe, die aus der inneralpinen Talfurche über den Südalpenkamm führen, wobei jedoch von Basel her betrachtet ein weites Ausbiegen nach Westen (St. Maurice) oder Osten (Chur) nötig ist. Je länger der Reisende in diesem Fall rhone- oder rheinaufwärts geht, desto geringer ist der eigentliche Anstieg auf die Passhöhe selber, aber umso stärker verlängert sich der horizontale Weg.

Hier wird deutlich, dass mit dem Wegbau in der Schöllenen der Gotthard als direkte und kürzeste Verbindung zwischen Basel und Mailand im 13. Jahrhundert rasch zur bevorzugten Einpassroute werden konnte.

Abb. 4: Vergleich ausgewählter Pässe bezüglich Länge und Steigungen

	Länge in km	Passhöhe absolut in m	Steigungen total in m
Bündnerpässe:			
1. Chur (595 m) - Lenzerheide - Septimer - Chiavenna	90	2310	2411
2. " - Thusis - Splügen - Chiavenna	80	2113	1518
3. " - Lukmanier - Bellinzona	130	1914	1319
Walliserpässe:			
4. St. Maurice (422 m) - Gr. St. Bernhard - Aosta	77	2469	2047
5. " - Simplon - Domodossola	144	2005	1583
Gotthard:			
6. Luzern (436 m) - Gotthard - Bellinzona (nach Korrekturen in Leventina)	140	2108	1672
Bernerpässe:			
7. Thun (560 m) - Susten - Gotthard - Bellinzona	175	2265/2108	2897
8. " - Grimsel - Gries - Domodossola	144	2165/2479	2738
9. " - Grimsel - Albrun - "	155	2165/2409	2819
10. " - Loetschen - Simplon - "	133	2690/2005	3505
11. " - alte Gemmi - Mt. Moro - Pie di Mulera	153	2720/2868	4398
12. " - neue Gemmi - Simplon - Domodossola	136	2322/2005	3137

Zur Erhöhung der Vergleichbarkeit der verschiedenen Routen könnte die Tabelle durch den Einbezug der Distanzen bis Basel und Mailand ausgebaut werden.

Aus dem Einzugsgebiet von Aare und Lindt lässt sich der Alpensüdrand nur über Zweipassrouten erreichen. Diese Pässe weisen daher den Nachteil hoher Steigungen auf und kamen nur in zweiter Linie als internationale Handelswege in Frage. Für den lokalen und regionalen Verkehr besass aber jeder einzelne dieser Pässe seine Bedeutung.

4. Für die bernischen Pässe ergibt sich damit generell die Folgerung, dass sie für den transalpinen Verkehr nur als Bestandteile einer Zweipassverbindung in Frage kommen und daher wie die Glarnerpässe gegenüber allen andern Passwegen naturgeographisch benachteiligt sind. Damit kann Hypothese 1 als nachgewiesen gelten.

Ferner ergibt sich: Je westlicher eine bernisches Gebiet berührende Zweipassroute vom Gotthard aus liegt, desto grösser ist die beim Queren der Rhone zu überwindende Gegensteigung (vgl. Abb. 4). Damit besitzt die Grimsel unter den bernischen Pässen die relativ günstigsten Bedingungen für den transalpinen Verkehr.

3. Zur Verkehrssituation an den Bernerpässen vom Hochmittelalter bis um 1500

Die Verhältnisse lassen sich in drei Thesen fassen:

These 1
Der nördliche Alpenkamm verband zunächst die beidseitigen Talschaften und wird erst nach und nach zur politisch-wirtschaftlichen Grenze.

Kommentar: Die Gebirgspässe waren im Hochmittelalter nicht primär Grenzen, sondern Leitlinien menschlicher Beziehungen und damit verbindende Elemente. So spielten auch die Pässe zwischen Rhone und Aare bereits in den frühen Beziehungen zwischen den Zentren Bern und Sitten eine Rolle. Das erste bekannte Bündnis zwischen Bern und dem Bischof von Sitten datiert von 1252. Es wurde in Leuk auf die Dauer von 10 Jahren abgeschlossen. Als Verbindungen standen Gemmi und

Sanetsch im Vordergrund. Sollten sich Misshelligkeiten einstellen, wollte man sich auf den Passhöhen zur Aussprache treffen (AERNI 1971: 326). Damit erweist sich die frühe lokale und regionale Bedeutung der beiden Pässe, welche aber im transalpinen Verkehr unbedeutend blieben.

Ferner bestanden im Uebergangsbereich zwischen dem Bistum Sitten und dem zum Bistum von Lausanne gehörenden Oberland Bezüge, welche auf noch nicht scharf begrenzte Einflusssphären hinweisen (ausführlich dazu AERNI 1971: 326-328):

1. Beispiel: 1254 übertrug Ritter Werner von Kien seinen gesamten Besitz von Strättligen an aufwärts bis zur Bistumsgrenze an den Bischof Heinrich von Sitten und erhielt das Gebiet wieder von ihm als Lehen zurück.

2. Beispiel: Im selben Jahr wandte sich der Graf Hartmann von Kyburg gegen Bern, Murten, das Reichsland Hasli und den Bischof von Sitten. Im Friedensschluss von 1257 regelten Bischof und Graf ihre gegenseitigen Ansprüche, wobei der Bischof von Sitten die Kastvogtei über die Augustinerprobstei Därstetten erhielt, dagegen an Hartmann die Burg Diemtigen abtrat und auf Ansprüche auf Thun verzichtete.

3. Beispiel: 1296 schliesslich schloss Bern mit dem Bischof von Sitten, dem Grafen Jokelin von Visp und der Gemeinde Leuk gegen die Herren von Weissenburg, Wädenswil und Raron im Bereich zwischen Wallis-Gebirge und Gwatt einen Burgrechtsvertrag ab.

Schliesslich konnten sich entlang von Passrouten auch Passstaaten entwickeln. So bildete sich zwischen 1302 und 1312 entlang der Lötschenroute der Passstaat der Herren vom Turm zu Niedergestelen (Abb. 5). In diesem Zeitraum wurde Johann vom Turm durch die Heirat mit Elisabeth von Wädenswil-Unspunnen Mitherr von Frutigen und Mühlenen-Aeschi. Sein Sohn erbte zudem 1327 den oberländischen Besitz der Herren von Wädenswil. Damit vereinigte der Passstaat am Lötschen folgende Herrschaftsteile und Rechte:

1. die Herrschaft Gestelen als Lehen aus der Hand des Grafen von Savoyen

Abb. 5: Der Passstaat der Herren vom Turm im 14. Jahrhundert

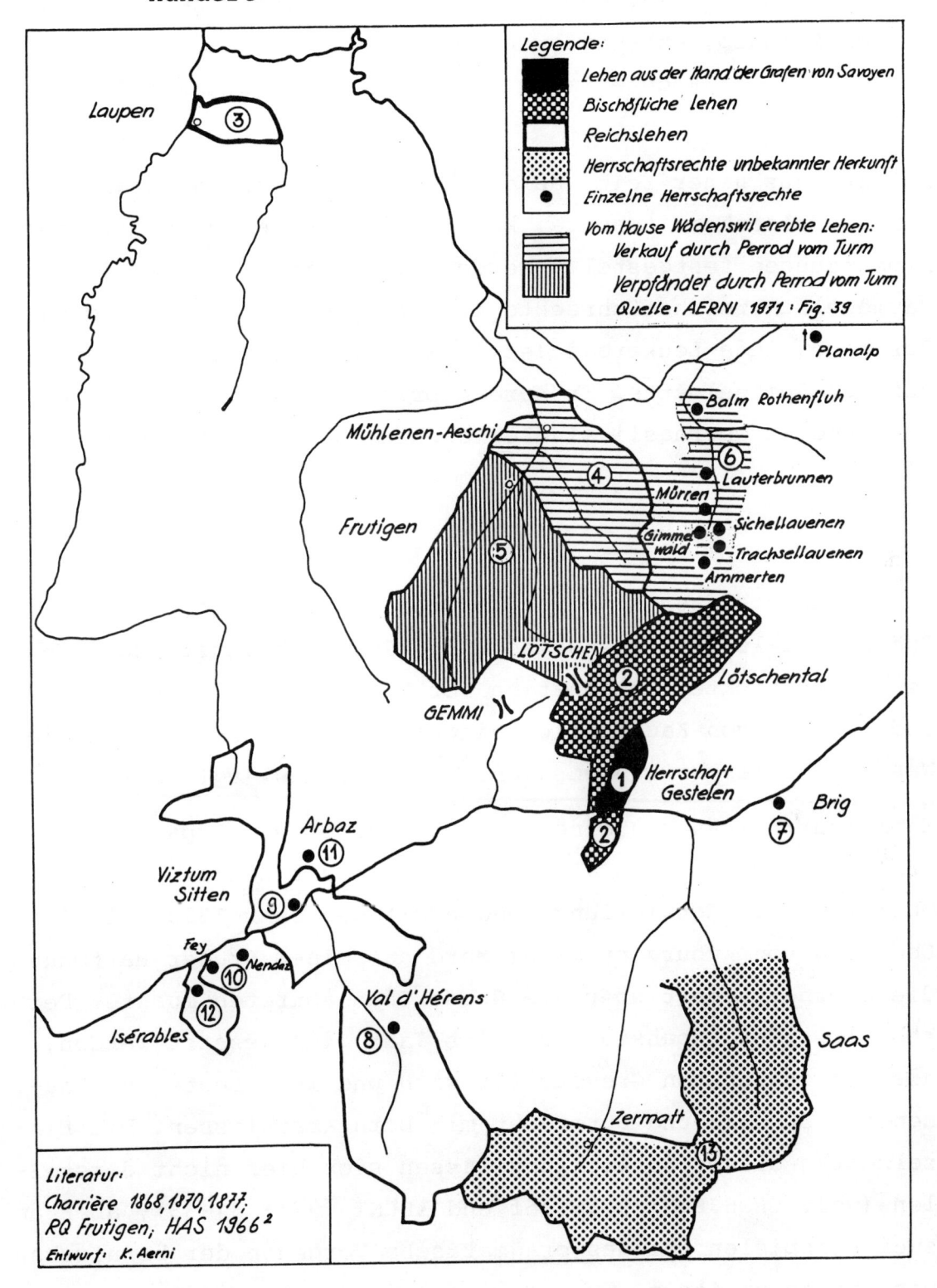

2. das Lötschental als bischöfliches Lehen
3. seit 1310 Schloss und Herrschaft Laupen samt Forst als Reichslehen
4. Mitherrschaft über die Herrschaft Mühlenen-Aeschi

5. Mitherrschaft über die Herrschaft Frutigen
6. die Lötschersiedlungen im Tal von Lauterbrunnen und auf der Planalp, entstanden um 1250
7.-13. weitere Rechte im Wallis (Nachweise in AERNI 1971: 455 f)

Relikte aus jener Zeit, da die Pässe mehr verbanden als dass der Nordalpenkamm trennte, können noch heute im Bereich der Alpnutzungen festgestellt werden. So besitzt die Gemeinde Savièse zahlreiche Kuhrechte in der Gemeinde Gsteig und die Burgergemeinde Leukerbad ist im Besitz eines Nutzungsrechtes auf der Spittelmatte. Frühere Alprechte der Walliser an der Lenk und im Oberhasli sind erloschen (NÜESCH und VÖGELI 1977).

These 2
Bern konnte seinen Einfluss im Oberland im Verlaufe des Spätmittelalters stufenweise und allmählich verstärken. In einer geschickten Kombination von Machtpolitik, Bündnistreue und Nutzung von Kaufmöglichkeiten gelang es, im Prinzip die Wasserscheide zur Kantonsgrenze auszubilden (vgl. FELLER I).

Kommentar: Im Rahmen eines 78 Jahre dauernden Expansionsprozesses erwarb Bern als Nachfolgerin der Zähringer das Oberland. Die Entwicklung begann mit dem Jahr 1323, als Graf Eberhard von Kyburg nach dem Mord an seinem Bruder Hartmann die Oberherrschaft über die Stadt Thun abtreten musste. Der Abschluss der Expansion kann ins Jahr 1401 gesetzt werden, als die Grafen von Greyerz für sich und ihre Leute von Saanen ein Bündnis und Burgrecht mit Bern abschlossen. Die Einzelheiten dieser Entwicklung lassen sich hier nicht darstellen (vgl. GROSJEAN 1973: 35f und AERNI 1971: 31-33), aber an zwei Beispielen sei das pragmatische Vorgehen der bernischen Diplomatie umrissen.

Das Oberhasli ist ein Einzelbeispiel dafür, wie Bern in seine Ausdehnungspolitik einen ehemals gleichberechtigten Partner integrierte. 1275 schlossen die Reichsstadt Bern und das

Reichsland Hasli ein Schutzbündnis, das 1308 unter dem drohenden Schatten der Hausmachtpolitik der Habsburger erneuert wurde. Trotzdem geriet 1310 die Reichspfandschaft Hasli an die Herren von Weissenburg. Im Aufstand von 1334 unterlagen die Hasler zunächst. Bern schaltete sich ein, eroberte Wimmis und brach die Porte auf, welche den Eingang ins Simmental beherrschte. Das Oberhasli wurde freigekauft und im bernischen Staat integriert. Dabei ging die frühere Gleichberechtigung zwar verloren, jedoch blieb ein hohes Mass an Autonomie erhalten.

Das zweite Beispiel zeigt, wie Bern schrittweise den nördlich des Lötschenpasses liegenden Teil des Passstaates der Herren vom Turm zu Gestelen dem bernischen Machtbereich eingliederte (vgl. Abb. 5). Der Passstaat entlang der Lötschenroute war ein kurzlebiges Gebilde, das sich zwischen den Einflussbereichen Berns und jenem der Oberwalliser Zehnden nicht halten konnte (AERNI 1971: 457-461). 1324 musste Perrod vom Turm das Reichslehen Laupen an Bern verkaufen. 1331 befand sich Mühlenen pfandrechtmässig im Besitz eines Berners. Im Laupenkrieg stand Perrod auf gegnerischer Seite, und in der Folge geriet die Herrschaft Frutigen in Pfandbesitz der in Bern zwangsweise verburgrechteten Weissenburger. 1346/95 erfolgte der Verkauf der Rechte und der walserischen Eigenleute in den Lütschinentälern und auf der Planalp (Brienz). 1352 lagen die Pfandschaften auf den Herrschaften Mühlenen-Aeschi und Frutigen im Besitze Berns. Allmählich hatte sich damit die Herrschaft der Herren vom Turm abgebaut, auch wenn sie vorerst noch im Besitz der Herrschaftsrechte blieben.

Auch im Wallis ging der Einfluss der Herren vom Turm zurück. Nach der Ermordung des Bischofs Guichard Tavelli durch Anton vom Turm kam es 1375 zum Volksaufstand gegen das Haus vom Turm. Anton und sein Bruder Johannes verkauften im folgenden Jahr ihren Besitz im Wallis an den Landesfeind Savoyen. Am 10. Juni 1400 schliesslich verkaufte Anton vom Turm die Herrschaft Frutigen an Bern. Damit wurden Lötschenpass und Gemmi zu Grenzpässen zwischen Bern und Wallis. Bern setzte im Frutigland auf der Tellenburg einen Kastlan oder Tschachtlan als Landvogt ein und etablierte damit seine Hoheit.

So wie sich Bern im Frutigland festgesetzt hatte, ergriff es im Oberland auch von den übrigen Feudalherrschaften Besitz, dabei weitgehend die überkommenen Landrechte respektierend.

These 3
Bern konzentrierte seine Handelspolitik zunächst auf die Grimsel und wandte sich danach aus innen- und aussenpolitischen Gründen von der eidgenössischen ennetbirgischen Politik ab.

Kommentar: Bereits in vorbernischer Zeit hatte sich ein gewisser Handelsverkehr entwickelt. So werden 1271 Kaufmannsschiffe auf dem Thunersee erwähnt und 1308 wird der Freienhof in Thun als Umladeplatz für Waren genannt.

Nachdem bereits 1252 im oben genannten Bündnis zwischen dem Bischof von Sitten und Bern die Pässe Sanetsch und Gemmi erwähnt werden, folgt 1318 die Nennung eines Hospizes auf der Gemmi und 1352 die erstmalige Erwähnung des Lötschenpasses.

Bern scheint erkannt zu haben, dass die Grimsel unter den Pässen des Oberlandes die besten natürlichen Voraussetzungen bot. Auf der Linie der Aare hatte es bereits 1275 ein erstes Bündnis mit dem Reichsland Hasle geknüpft und schliesslich unter dem Einsatz seiner Machtmittel 1334 die Wasserscheide zur Rhone erreicht. Das eingangs zitierte Dokument von 1397 zeigt denn auch, wie Bern sich um ordnenden Einfluss bemühte und im Interesse des transalpinen Verkehrs, die politischen Körperschaften an den Oberläufen von Aare, Rhone und Tosa zu einigen vermochte. Die Verantwortlichkeiten wurden klar aufgeteilt, nämlich "das wir, die von Berne sullen besorgen, das der weg und die strasse gemacht werde uf ünser gebiet untz [= bis] an den spital an Grymslun, und aber wir, die gemeind der kilcheri von Münster, von dem spital har uber uff aller ünser gebiet untz an die march dero von Bomat, und von Osschiltal, als ver ûnser gebiet gat" (RENNEFAHRT 1945: 329). Damit war über die Pässe Grimsel-Gries eine Zweipassverbindung in Konkurrenz zum Gotthard entstanden. Weitere Artikel des Vertrages sicherten die Anlage von Susten und den allgemeinen Landfrieden auf dem neuen Handelsweg.

Der Frieden auf der neuen Route hielt jedoch nur kurze Zeit an. Im Zuge der ennetbirgischen Politik entrissen 1416 die Eidgenossen den mit Bern verbündeten Savoyern das Eschental. Damit kreuzten sich die Interessen Berns und seines traditionellen Bündnispartners Savoyen mit jenen der Innerschweizer und der ihnen in einem Landrecht verbundenen Oberwalliser. Bern sah sich in seiner Stellung im Oberland bedroht, obwohl das 1353 mit den Eidgenossen abgeschlossene Bündnis die gegenseitigen Einflussbereiche klar umrissen hatte.

Eine weitere Komplikation brachten die Walliserwirren rund um die Person Gitschards von Raron, der sich 1414 die Landeshoheit über das Wallis hatte übertragen lassen. Seit 1393 war Gitschard aber auch bernischer Ausburger. Damit wurde Bern zwangläufig in die langjährigen Wirren zwischen dem Hause Raron und den Walliser Landleuten hineingezogen. Dem erfolgreichen Zug Berns über den Sanetsch im Jahre 1418 mit anschliessender Erstürmung und Plünderung Sittens stand der Fehlschlag des Feldzuges über die Grimsel vom Spätjahr 1419 gegenüber (FELLER I: 250-253).

Nach dem Ende der Walliserwirren forcierte Bern die Grimselroute nicht mehr weiter. Es überliess den Oberhaslern den Unterhalt des Weges und gestattete gelegentliche Zollerhöhungen. Auch die Organisation des Verkehrs wurde von den Landleuten selbständig geregelt (vgl. RQ OBERHASLI 1984).

Mit der Schilderung der spätmittelalterlichen Geschehnisse ist ein Hinweis gegeben, dass auch die Hypothese, wonach die Errichtung einer bernischen Alpentransversale am politischen Widerstand innerhalb der Eidgenossenschaft scheiterte, zutreffen dürfte.

Da sich die Grimsel ihrer Naturgegebenheiten wegen und aus politischen Gründen nicht erwartungsgemäss entwickeln konnte, blieb der aufblühende bernische Stadtstaat im 14. Jahrhundert zwischen den Verbindungslinien von Italien nach der Champagne und nach Süddeutschland sowie deren Fortsetzung nach Flandern, Brabant und England im toten Winkel.

Durch die Städtegründungen wurde nun aber im 14. Jahrhundert ein Verkehr West-Ost durch das Mittelland angeregt und durch das Niedergehen der Messen in der Champagne sowie das Aufblühen der Messen von Lyon und Genf sowie der süddeutschen Messeorte verstärkt. Bern suchte diesen Transit vom Ausgang des 13. Jahrhunderts an zu steigern und fiskalisch zu nutzen, indem es sich stets für die Sicherheit der Kaufleute einsetzte, ohne selbst Grosshandel zu treiben.

Der Versuch Berns, sich in die Walliser Wirren rund um die Freiherren von Raron einzumischen, hatte mit der Niederlage von Obergestelen im Jahre 1419 geendet. Die Krise, aufgeheizt durch die Innern Orte, geschlichtet durch Zürich, führte Bern zum Bewusstsein, dass Möglichkeiten und Interessen nicht im Süden lagen und dass es mit Zürich zusammenarbeiten müsse, um den Innern Orten gleiches Gewicht entgegensetzen zu können. Ein Vorentscheid, der diese Entwicklung begünstigte, war bereits 1415 mit der Eroberung des Aargaus gefallen.

Die Zeit der Burgunderkriege führte Bern seine eidgenössische Aufgabe im Westen vor Augen. Im selben Mass wie dort sein Engagement wuchs, begann es sich von der eidgenössischen Südpolitik zu distanzieren.

Durch die Glaubensspaltung der folgenden Jahre verstärkte sich die trennende Wirkung des Alpenkammes zwischen Bern und Wallis. Bern hatte inzwischen Interessen am Handel im Aargau (1415) und in der Waadt (1475/1536) zu wahren begonnen, wo es die Zufahrten zum Gotthard und zum Grossen St. Bernhard kontrollieren und durch Zölle belegen konnte (Abb. 1). Damit verschwand die Idee einer eigenen transalpinen Route immer mehr aus dem bernischen Gesichtskreis, und die Verkehrspolitik des Stadtstaates stellte sich von der von den Zähringern ererbten Nord-Süd-Achse um auf die West-Ost-Achse.

5. Zur bernischen Verkehrsgeschichte im 17. und 18. Jh.

Im 17. und 18. Jahrhundert war das Interesse Berns am Handel und am Transitverkehr gross. Das Schwergewicht der Investitionen lag aber im West-Ost-Verkehr, wenn auch nicht stets erfolgreich, wenn wir an den Canal d'Entreroche von 1640 denken.

An den Passübergängen nach Süden überliess Bern interessierten Privaten die Initiative. Illustrierend für die zurückhaltende Politik des Standes Bern ist der Versuch zum Ausbau der Lötschenpassroute von 1696/97 und der bautechnisch erfolgreiche Ausbau der Gemmiroute von 1741, dem jedoch der handelspolitische Erfolg versagt bleiben sollte.

5.1 Der Ausbau des Lötschenpasses von 1697/98

Im bernischen Staatsarchiv ist aus der Zeit von 1697/98 eine farbige Zeichnung über den Lötschenpass erhalten (Abb. 6). In seiner Chronik von 1548 schildert STUMPF (f. 339) den Pass als gefährlichen Uebergang, auf welchem viele Menschen im Schnee ihr Leben verlören. Der Kommtentar zur Zeichnung führt aus, dass im Winter der Viehexport über den Gletscher führte (GG) und dass der bisherige Weg (HH) wegen Lawinen gefährlich zu begehen sei. Der Sommerweg (BB) traversierte vom Fuss des Balmhorns aus zunächst den Gletscher, der zudem durch Schründe und Spalten gefährlich war, und verlief danach von der Gandegg (Seitenmoräne) auf einem älteren gemauerten Wegstück durch die "obere Felswand" auf die mit einem Kreuz (F) bezeichnete Passhöhe, welche nach bernischer Auffassung auch der Landmarch entsprach. 1695 gelangte nun Ulrich Thormann an den bernischen Rat mit der Bitte, ihm zu "Uffrichtung halb einer strass über die oberlendischen berg für frömde wahren, so hievor nit durchs landt passiert ..." einige Privilegien zuzusichern (StAB, Ratsmanual 248: 188).

Abb. 6

Prospect der Reparierten Strass über den Lötschenberg im Ampt Frutingen

A Wo der neuwe oder Reparierte Wäg sich von dem alten scheidet
BB Die alte Straaß von Gastern über den Lötschenbärg
CC Die wider auffgerichte neuwe Straaß
D Die Gandegg alwo die neüwe Straaß wider in die alte geht
E Der breite flache Gletscher voll Schründ und Spält zu deren Vermeidung die Straaß CC wider auffgerichtete ist
F Das alte Kreütz auf der Höhe des Bärgs so di Landmarch ist der Herrschafft Frutingen laut alten Lateinischen brieffs
GG Die Straaß welche im Winter über den Gletscher gebraucht wird das Vieh darüber in Italien zeführen
HH Undterschiedliche Schneelauwenen welche auf dem alten Wäg viel Mentschen bedekt und getödtet haben   K das dörfflein Gastern
JJ Undterschiedliche Stuk von alten mauren über welche diser sogenannte neuwe Wäg schon vor vielen Jahren gebraucht ware   L die Cander von zweyen gletschern komend

Quellen: Original StAB Wallisbuch F 228; Druck Jb SAC 36/1900;

K.A. 11.9.1961

Die Obrigkeit willigte ein, und im folgenden Jahr begannen unter der Leitung der Berner Ratsherren Ulrich Thormann und Abraham von Graffenried die Bauarbeiten. Die Hauptverbesserung gegenüber vorher bestand darin (Abb. 6), den offenbar im Zusammenhang mit der Klimaverschlechterung des 17. Jahrhunderts gefährlich gewordenen "alten Weg" (B-B) durch eine Neuanlage in der "Unteren Felswand" (C-C) zu ersetzen. Damit sollte der Weg dorthin zurückverlegt werden, wo er bereits im 13./14. Jahrhundert durchgeführt hatte (JJ). Die Bauten wurden rasch vorangetrieben. Im August 1697 waren die Arbeiten nahezu vollendet. Nach den Aussagen einer Walliser Gesandschaft war der Weg so breit, "dass zwey Pferde neben einander unverhindert sogahr in den geföhrlichsten Oehrten von der Balmen biss an dem höchsten des Bergs durchgehen mögen" (BORTER 1964: 393).

Im Laufe der Bauarbeiten hatten die Berner die Letzi der Walliser unterhalb der Balm sowie zwei Wachthäuser abgebrochen und aus den Steinen drei grosse Pyramiden als Wegweiser errichtet. Die Walliser, die nicht um Erlaubnis gefragt worden waren, glaubten, dass Bern das Gebiet zwischen Gletscherende und Passhöhe beanspruchen wolle. Einzelne Zenden befürchteten wirtschaftliche Beeinträchtigung durch die Eröffnung einer neuen Transitlinie. Vor allem aber war man sich im Wallis und in den sich einschaltenden Innern Orten einig - die Eidgenossenschaft befand sich in den Jahren vor dem zweiten Villmergerkrieg (1712) -, dass aus religions- und militärpolitischen Gründen eine Eröffnung der Lötschenstrasse nicht verantwortet werden könne. So kam es denn im Herbst 1697 vor dem Einwintern zu einer Strafexpedition der Walliser, wobei die "Zeiger Mennlin" zerstört, die Wachthäuser aber wieder aufgebaut wurden. Damit war die territoriale Integrität des Wallis wieder hergestellt. Die Strasse jedoch wurde von den Wallisern nicht weitergeführt, und die Innern Orte vermochten durch das Vorschieben innenpolitischer Gründe die wirtschaftliche Vorrangstellung des Gotthard ungeschmälert zu erhalten (AERNI 1975: 47-49).

Bern liess die Vorfälle auf sich beruhen. Es hatte sich ja nicht selber engagiert. Den Schaden trugen schliesslich die beiden Unternehmer.

Die Episode der Zerstörung des neuen Lötschenweges erhärtet die Hypothese, wonach der politische Widerstand der Nachbarkantone die Benutzung der bernischen Südpässe verunmöglichte.

5.2 Der Aufbau des Gemmipasses um 1540

Aussichtsreicher als am Lötschenpass schienen um 1740 die Verhältnisse an der Gemmi zu liegen. Hier hatten bereits früher grosse Verbesserungen stattgefunden. Bis um 1540/49 hatte nach den historischen Quellen der Weg über die als natürliche Route begehbare "Alte Gemmi" geführt. Vor der Mitte des 16. Jahrhunderts wurde der Weg in die Daubenwand verlegt. Dieser Zeitpunkt ist gesichert durch historische Quellen sowie durch die Jahrzahl 1549, die oberhalb des heute benutzten Weges beim "Chlöfe" eingehauen ist (Einzelheiten siehe AERNI 1979: 74) und die auf einer Institutsexkursion vom 7. Juli 1984 dank guter Beleuchtung erstmals in neuer Zeit wiederum in allen vier Zahlen erfasst werden konnte.

Die Passage der Gemmi blieb auch nach der Verlegung in die Daubenwand schwierig. Impulse zu einer weiteren Verbesserung ergaben sich durch den Aufschwung des Leukerbades.

Drei Interessengruppen wünschten, eine besser ausgebaute Gemmi benützen zu können: Die Badegäste klagten über die mühsame Hin- und Wegreise, Handelsleute aus Basel, Bern und Thun wünschten ihren Transithandel über die Gemmi zu leiten, und schliesslich war die Gemeinde Leukerbad - vor allem die Besitzer der beiden Bäder - bestrebt, die Einkünfte aus dem Badebetrieb zu heben und gleichzeitig die Bestossung der Alpen auf dem Gemmiplateau zu erleichtern.

Das grosse Werk verlangte eine gute Vorbereitung. Nachdem die Burgschaft Leuk als Inhaberin von Weg und Zoll sich vorerst weigerte, den Weg auszubauen, reisten die Vertreter von

Leukerbad, die Herren Balet und Matter, im August 1739 nach Domodossola, um im Simplongebiet nach Unterstützung zu werben. Danach lenkte am 26. August 1739 die Burgschaft Leuk ein und verlieh den Genannten den Gemmizoll auf achtzig Jahre, um damit den Bau des Weges zu finanzieren. Am folgenden Tag reisten Balet und Matter nach Bern (AERNI 1979: 78).

Wir haben in der Einleitung die rasche Zustimmung Berns geschildert. Weshalb konnte der Entscheid so rasch getroffen werden? Die bernische Verkehrspolitik des 18. Jahrhunderts war eingebunden in die zeitgenössische merkantilistische Wirtschaftspolitik. Man war sich über die Zusammenhänge zwischen Strassenverbesserung und Zolleinnahmen im klaren. Daher hatte man 1718 das Strassenwesen der Zollkammer unterstellt. Ein grosses Strassenbauprogramm war am Heranreifen, das 1740 vom Strassenaufseher Gabriel Friedrich Zehender in einer Denkschrift präsentiert werden sollte.

In der bereits zitierten positiven Stellungnahme der Zollkammer zum geplanten Ausbau der Gemmi wird aber noch auf die Verkehrspolitik auf der Ebene der Eidgenossenschaft hingewiesen. Die Zollkammer argumentierte im hinweisenden Sinn, dass die Einführung der neuen Route Gemmi-Simplon zum Nachteil der alten Route Luzern-Gotthard führen werde. Daher sei zu befürchten, "dass sobald diese Entreprise bekant seyn wird, beyde loblichen Ort Lucern und Uri möchten sich wie sie in vorigen Zeiten gethan, stark darwieder setzen, und alles anwenden, dieses Werk zu hintertreiben ..." (StAB VIII 15: 291 ff).

Die Ueberlegung der Zollkammer belegt, dass das offizielle Bern sich der Konkurrenzsituation zwischen zwei eidgenössischen Alpentransversalen, einer bernischen und dem Gotthard, bewusst war, und es rechnete mit dem nachhaltigen politischen Widerstand der Gotthardkantone Luzern und Uri.

Trotzdem unterstützte Bern das Vorhaben, das rasch zur Ausführung gelangte. Von 1739 bis 1741 wurde die neue Route durch die Daubenwand ausgesprengt. 1741 wurden die Arbeiten bis nach Kandersteg weitergeführt. 1762 war auch die Fortsetzung durch das Kandertal bis nach Thun vollendet. Inzwischen war gemäss dem Strassenbauprogramm von 1740 auch die Strasse Bern-Thun gebaut worden. Damit war die Gemmiroute an das sternförmig auf die Hauptstadt führende Strassennetz angeschlossen (Einzelheiten siehe AERNI 1971: 249-292).

Welches waren nun die Auswirkungen der neuen Route? Verschiedene Kaufleute, wie Wechselherr Brenner aus Basel, Venner Bürki und Abraham Koch aus Thun, bemühten sich, die neue Route für den Handelsverkehr auszunutzen. In Bern und im Wallis wurden die Säumervorschriften und die Taxen den neuen Bedingungen angepasst. Von 1742-44 stieg der bernische Zollertrag an der Gemmi von 20 auf 112 Kronen (AERNI 1971: 371).

Dem Aufblühen des Verkehrs war aber nur kurze Dauer beschieden. Oft mangelte es an Pferden und Fuhrwerken, oder dann verlangten die Fuhrleute zu hohe Entschädigungen. Offensichtlich fehlte eine leistungsfähige Transportorganisation. Bern setzte nur den Zoll fest und überliess die Regelung der Transporttaxen den einheimischen Transporteuren und Säumern. Eine weitere Ursache des fehlenden Transportaufkommens nennt die Zollkammer in ihrer Eingabe an den bernischen Rat vom 28. Juni 1754: Der Warentransit über die Gemmi geriet bald nach den schönsten Anfängen ins Stocken und blieb "seithero immer unterbrochen ... die Ursache, warum diese Entreprise nicht weiteren Fortgang gehabt, ist, wie man zuverlässig weiss, vornehmlich diese, dass bald anfangs eine parthey Tabac, der als Transit Waar aussert Landts gehen sollen, angehalten und confisciert worden, weilen solcher mit keiner Patente von MehH [Meinen hohen Herren] der Tabac Cammer begleitet ware" (AERNI 1971: 372).

Weitere Gründe zum Misserfolg des Gemmiausbaues sind den historischen Akten nicht zu entnehmen. Zusammenfassend ergibt sich:

1. Der Staat Bern war bereit, in der Hoffnung auf steigende Zollerträge im Strassenbau zu investieren.

2. Derselbe Staat unternahm aber nichts, um eine zweckmässige Transportorganisation einzurichten. Er wollte dies seinen Untertanen überlassen, die sich jedoch nicht zu organisieren verstanden.

3. Die Schwächen der Transportorganisation wurden durch hemmende Bestimmungen für den Tabaktransit überlagert, so dass sich kein Vertrauen in die neue Route entwickeln konnte.

4. Die bautechnischen Probleme am topographisch sehr schwierigen Gemmipass konnten gemeistert werden. Der Neubau verbesserte den Zugang ins Leukerbad und wirkte sich spürbar auf dessen Frequenz aus. Es kam aber nicht zur erwarteten Umlenkung des Warenverkehrs, da in Form einer sektoriellen Planung nur auf den technischen Ausbau geachtet wurde. Der Staat war nicht in der Lage, den technischen Ausbau mit der Entwicklung einer entsprechenden Transportorganisation und einer alle Verkehrsgüter umfassenden Zollpolitik zu verbinden.

Damit erweist sich auch die dritte der eingangs aufgestellten Hypothesen als richtig, wonach es der Staat im entscheidenden Moment versäumte, die gefassten Entscheide konsequent durchzusetzen.

6. Die bernische Verkehrspolitik bis zum Bau der Eisenbahnen

Die politischen Veränderungen von 1798 bis 1815 brachen das durch Jahrhunderte gewachsene Rückgrat der bernischen Verkehrs- und Wirtschaftspolitik: Mit der Abtrennung von Waadt und Aargau und dem Anfügen des Juras wurde die Längsachse des Kantons aus der West-Ost-Richtung wieder in die zähringische Nord-Süd-Richtung gebracht. Als 1810 durch den Anschluss des Wallis an Frankreich die bernischen Pässe nach Süden geschlossen wurden, begann Bern den Bau einer Fahrstrasse über den Susten. Die politischen Verhältnisse änderten sich aber, bevor der bernische Anschluss an die Gotthardroute beendet werden konnte.

Da während der Restaurationszeit die Unterhaltspflicht an den Strassen immer noch auf den Anstössern haftete, unterblieben in dieser Zeit wesentliche Verbesserungen an den Verkehrsverhältnissen. Einzig die Simmentalstrasse erfuhr eine durchgehende Umgestaltung bis nach Lenk hinauf.

Allmählich neigte sich das Saumwegzeitalter dem Ende entgegen. Als 1820 die Arbeiten für die befahrbare Gotthardstrasse begannen, begnügte sich Bern mit dem Zeichnen von Aktien, eine Vorausnahme der Alpenbahnpolitik der späteren Sechzigerjahre. So fand denn das 1833 vom jurassischen Ingenieur Watt vorgelegte Projekt einer durchgehenden Handelsstrasse von der Burgundischen Pforte über Pruntrut - Glovelier (Tunnel) - Tavannes - Sonceboz (Tunnel) - Biel - Bern - Gemmi (Scheiteltunnel) - Simplon - Italien nicht die nötige Unterstützung. Das kantonale Strassenbaugesetz von 1834 entwickelte keine Leitideen. Es regelte bloss die Pflichten des Staates inbezug auf den lokalen Strassenbau und erklärte alle jene Wege zu Staatsstrassen, die von einem Kirchenort zu andern Kirchenorten führten (AERNI 1975: 56).

Zu einer umfassenden Strassenbaukonzeption rang sich die bernische Regierung erst im Jahre 1842 durch. Die Priorität wurde zunächst den als Transitstrassen bezeichneten Strecken Murgenthal - Murten und Basel - Murten zugesprochen. Auf den Bau einer Nord-Süd-Transversale sollte in Anbetracht der technischen, politischen und wirtschaftlichen Hindernisse verzichtet werden. Immerhin wurden durch sorgfältige Untersuchungen in Zusammenarbeit mit dem Kanton Wallis sämtliche Uebergänge vom Oberland ins Wallis untersucht, wobei der bernische Abgeordnete, Artillerie-Hauptmann Immer aus Thun, den Lötschenpass als kürzeste Verbindung empfahl und ihn als geeignetes Teilstück einer grossen Transitstrasse Lötschberg-Simplon bezeichnete (AERNI 1975: 57).

Als um die Mitte des 19. Jahrhunderts das Zeitalter des Eisenbahnbaues einsetzte, konnte sich Bern dafür vorerst wenig begeistern. Als man schliesslich die darin liegenden Möglichkeiten erfasste, hatte sich in bezug auf eine Nord-Süd-Transitlinie das Gotthardprojekt bereits durchgesetzt.

Die bernischen Vorschläge zum Studium der Grimselvariante - erste Studien wurden bereits 1851 veröffentlicht - wurden 1865 von der Gotthardkommission abgelehnt. Man war sich in der bernischen Regierung darüber im klaren, dass vorerst nur eine einzige schweizerische Alpenbahn gebaut werden könne, und stellte sich nach der Zusicherung der Zufahrtslinie durch das Entlebuch hinter das Gotthardprojekt. Da man glaubte, durch den Bau von Eisenbahnen würden die Transitstrassen überflüssig, wurden vorerst auch keine weiteren Strassenbaupläne erwogen. Die Verkehrspolitik wandelte sich von einer Strassen- zu einer Transiteisenbahnpolitik (AERNI 1975: 57).

7. Zusammenfassung und Ausblick

Zusammenfassend lässt sich feststellen:

1. Im frühen Vorstossen Berns Richtung Oberland spielte die Verkehrspolitik eine bestimmte Rolle, die sich in der ausdrücklich formulierten Zielsetzung des Vertrages von 1397 äussert.

2. Im schweizerischen Rahmen weisen die von Bern ausgehenden transalpinen Handelswege die ungünstigsten Längen- und Steigungsverhältnisse auf (Hypothese 1).

3. Im Abwägen zwischen den unsicheren Vorteilen des Transithandels nach Süden mit der möglichen Gefährdung seines Besitzes im Oberland durch die Innerschweizer entschied sich Bern für die Sicherung des Erworbenen und verzichtete daher auf eine den Gotthard konkurrenzierende Südpolitik (Hypothese 2). Der Verzicht auf eine eigene transalpine Verbindung war für Bern umso leichter zu verschmerzen, als es ja durch die Eroberung des Aargaus und der Waadt auf den wichtigen Handelswegen nach dem Süden eigene Zollstationen im Mittelland errichten konnte (Abb. 1).

4. Erst in merkantilistischer Zeit griff Bern den Gedanken einer eigenen Verbindung Richtung Simplon wieder auf. Eingedenk der früheren Erfahrungen erwartete es den Einspruch der Innern Orte. Daher überliess Bern den Walliser Initianten den Bau des Passweges über die Gemmi und beschränkte seine Tätigkeit auf den Anschluss der neuen Route an sein neues Hauptstrassennetz. Der Verzicht, mit dem Neubau der Strasse Transportorganisation und Zollpolitik zu harmonisieren, war schliesslich für den handelspolitischen Misserfolg verantwortlich (Hypothese 3).

5. Ein Gleichgewicht zwischen einer von Bern ausgehenden Strassenroute mit dem Gotthard als stärkstem Konkurrenten war auch in der frühen Neuzeit nicht zu erreichen.

6. Rückblickend lässt sich sagen, dass neue Akzente erst 1976 und zwar auf der Ebene der Eisenbahnpolitik gesetzt wurden. Damals regelte ein Bundesbeschluss den Ausbau der Bern-Lötschberg-Simplon-Route zur Doppelspur, womit sich künftighin ein Gleichgewicht zur Gotthardlinie andeutet. Mit diesem Ausblick lässt sich in der Gesamtschau sagen, dass die bernische Alpenpasspolitik nicht ein weltfernes und längst abgeschlossenes Kapitel der Wirtschaftsgeschichte darstellt, sondern dass die Beschäftigung mit diesem Thema helfen kann, brisante Gegenwartsprobleme in ihrer Perspektive besser zu verstehen.

8. Literaturverzeichnis

Abkürzungen

HAS	Historischer Atlas der Schweiz
JB	Jahrbuch
SAC	Schweizer Alpenclub
SLB	Schweizerische Landesbibliothek
SSRQ	Sammlung Schweizerischer Rechtsquellen
StAB	Staatsarchiv Bern
SZG	Schweizerische Zeitschrift für Geschichte

Quellen

StAB - Ratsmanuale

StAB - Wallisbuch F

StAB - VIII, Zollakten

HAS - Historischer Atlas der Schweiz, 1958^2, hg. von
H. Ammann und K. Schib, Aarau

JB SAC 36/1900

RENNEFAHRT, H., 1945: Die Rechtsquellen des Kt. Bern. 1. Teil: Stadtrechte. 3. Band: Das Stadtrecht von Bern III. Aarau

RQ FRUTIGEN Rennefahrt, H., 1937: Das Statutarrecht der Landschaft Frutigen (bis 1798), SSRQ Bern, II. Abt., 2. Teil, 2. Band. Aarau

RQ OBERHASLI - Brülisauer J., 1984: Das Recht des Amtes Oberhasli, SSRQ Bern, 2. Teil, 7. Band. Aarau

STUMPF, J., 1548: Gemeiner loblicher Eydgnoschaft Stellen, Landen und völckeren chronik wirdiger thaaten beschreybung. Zürich

Darstellungen

AERNI, K., 1971: Die Passwege Gemmi, Lötschen und Grimsel. - Topographie, Teichographie und Geschichte der Weganlagen. Manuskript StAB, SLB und Geogr. Institut Universität Bern.

AERNI, K., 1975: Gemmi - Loetschen - Grimsel, Beiträge zur bernischen Passgeschichte. In: Jahrbuch der Geogr. Ges. Bern 51/1973-74: 23-61. Bern

AERNI, K., 1979: Die Entwicklung des Gemmipasses. Ergebnisse aus der Erforschung von Gelände und historischen Quellen. In: SZG 29/1979, Nr. 1: 53-83.

BORTER, L., 1964: Ein Strassenstreit am Lötschberg um die Wende zum 18. Jahrhundert. Festschrift Oskar Vasella: 385-402. Freiburg.

CHARRIÈRE de, L., 1868: Les sires de la Tours, mayors de Sion. In: Mém. Doc. Soc. Hist. Suisse Romande, 24/1868; ferner 26/1870 und 34/1877.

FELLER, R., 1974⁴: Geschichte Berns, Band I. Bern
GROSJEAN, G., 1973: Kanton Bern - Historische Planungs-
    Grundlagen. Hrsg. vom Kantonalen Planungsamt. Bern
NÜESCH, B. und VÖGELI Ch., 1977: Alpwirtschaft in den
    bernischen Gemeinden an der Kantonsgrenze zum Wallis.
    Manuskript Geogr. Institut Uni Bern. 74 S., 8 Karten.
    Bibl. XL 44.

DIE STRASSEN DER NORDWESTSCHWEIZ IM 17. UND 18. JAHRHUNDERT. VORBEMERKUNGEN ZU EINER REGIONALEN STRASSENGESCHICHTE

Peter Kaiser

Zum Forschungsstand

"Le problème de l'entretien des routes n'avait jamais été résolu par les ingenieurs du XIIIe siècle." Dieses Urteil stellte CAVAILLES an den Schluss seiner eingehenden Abhandlung über die Entwicklung des französischen Strassennetzes im Ancien Régime (CAVAILLES 1946: 172). Die beeindruckende Innovation im Strassenwesen des 18. Jahrhunderts, von der ARBELLOT 1974 eine neuere zusammenfassende Darstellung vorgelegt hat, wird damit auf ihre tatsächliche Wirkung befragt und gleichzeitig mit den Fortschritten der Strassentechnik nach 1800 in Beziehung gebracht. LEPETIT betont, dass es aus verschiedenen Gründen noch nicht möglich sei "de poser dans sa véritable dimension la question des conséquences de la mise en place du réseau routier préalablement à la construction des lignes férroviaires" (LEPETIT 1984: 11). Den besten methodischen Ansatz für die weitere Forschung sieht er in der Anlage einer Kartei mit systematischer Erfassung aller Quellen zu einzelnen, möglichst kurzen Strassenabschnitten. Die Daten müssten auf Karten darstellbar sein, die in gewissen zeitlichen Abständen den jeweiligen gleichzeitigen Zustand des ganzen Strassennetzes abbildeten (eda: 11f). Die französische Altstrassenforschung widmet sich vorwiegend dem System der grossen Strassen im Königreich und arbeitet meistens mit den Dokumenten der zentralen oder regionalen Verwaltungen. Geländeanalyse und archäologische Methoden sind vor allem im deutschsprachigen Bereich in die Untersuchungen einbezogen worden, wo die Auffassung von der historischen Strassenforschung als einer "übergeordneten, interdisziplinären Problemstellung" herrscht (DENECKE 1979: 470 f). Die Strassen der Nordwestschweiz sind in einer grösseren

Zahl von Einzelbeiträgen recht unterschiedlicher Qualität
(erwähnenswert: REBER 1970), im gesamten jedoch erst ungenügend untersucht.

Der Raum

Die Nordwestschweiz, im vorliegenden Beitrag verstanden als
die Landschaft, die ungefähr zwischen den Städten Basel,
Brugg, Bern und Yverdon liegt, gliedert sich geographisch
gesehen in vier Zonen. Vom Südosten nach Nordwesten folgt
auf die hügelige Molasseformation des Mittellandes mit ihren
leichten bis tiefen Flusseinschnitten das Seeland mit ausgedehnten Schwemmlandschaften. An diese schliesst das Juragebirge an, eine längliche Reihe von mittelhohen, wellenförmigen Bergen mit zahlreichen von Flüssen geschaffenen Querdurchbrüchen. Die Uebergänge in die jenseits des Jura gelegenen flacheren Regionen gehören mit dem sanften Hügelgebiet
um Pruntrut und bei der rheinischen Ebene nördlich von Basel
noch knapp in das Arbeitsgebiet.

Der besondere Charakter dieser Region besteht in ihrer Mannigfaltigkeit, die sich durch vielerlei politische, sprachliche, religiöse und im weiteren Sinne auch ethnische Grenzen manifestiert. Im kleinen wies das Fürstentum des Bischofs
von Basel alle diese internen Grenzen nochmals auf.

Den eidgenössischen Orten Basel, Solothurn und Bern - zu beachten ist ihre Lage an wichtigen Brücken - standen Zugewandte gegenüber: neben dem Bistum die Grafschaft Neuenburg
und die nominell bischöfliche, faktisch aber sehr selbständige Stadt Biel. Hinsichtlich Verfassung, Ausdehnung des
Territoriums und verkehrsgeographischer Lage waren diese Gestalten stark voneinander unterschieden. So bietet die Nordwestschweiz dem Historiker ein ausgezeichnetes Arbeitsfeld
für vergleichende landeskundliche Forschungen.

Der Zeitabschnitt

Der Zeitraum von 1600 bis 1800 bildet, besonders aus der
Sicht der Strassengeschichte, keine abgeschlossene histori-

sche Epoche (LEPETIT 1984: 11. Zum Problem der Periodisierung der Geschichte u.a. ESCH 1984: 319 ff). Er wurde hier aus methodischen Gründen so festgelegt, weil in ihm die Ueberlagerung einer traditionellen Infrastruktur durch ein modernes System exemplarisch und mitsamt den politischen, wirtschaftlichen und gesellschaftlichen Bezügen beobachtet werden kann. Zudem kommt den Quellen des 18. (und teilweise des 19.) Jahrhunderts eine zentrale Funktion in der Altstrassenforschung zu, da das für diese Zeit weitgehend rekonstruierbare Wegnetz Rückschlüsse auf frühere Verhältnisse erlaubt und andererseits die Grundlage für das Studium der jüngeren Strassengeschichte bildet.

Ein geschichtliches Hauptmotiv während dem Ancien Régime bedeutete für die Nordwestschweiz die Nachbarschaft zu Frankreich. Der Solddienst der Schweizer für den König, die Salzversorgung und die Ausdehnung des französischen Einflussbereiches prägten ihr politisches Leben.

Zustand der Strassen

Reisebeschreibungen und Dokumente aus staatlichen Archiven bezeugen die offenbar weit verbreitete und unvermeindliche Unzulänglichkeit der Strassenoberfläche. Schlaglöcher, Spurrillen, abgerutschte Erde und Steine, Schlamm, wucherndes Kraut und Gehölz, aber auch auf den Strassen verlorene Gegenstände und deponierte Waren, etwa auch Misthaufen, Barrieren und Gatter wurden immer wieder als Hindernisse für den Wagen- und Fussverkehr genannt. Es entspricht der allgemeinen Auffassung, dass schlechte und verwahrloste Strassen, Missachtung und mangelhafte Durchsetzung der obrigkeitlichen Wegebesserungsmandate, Unbefahrbarkeit der Wege in nassen Jahreszeiten und eine hohe Unfallgefahr der chronische Uebelstand im Strassenwesen vor dem 19. Jahrhundert gewesen sei. Als Anregung zur Revision dieser pauschalen Beurteilung kann darauf hingewiesen werden, dass im 17. und im 18. Jahrhundert architektonisch äusserst sorgfältig gestaltete Bauten errichtet wurden. Besonders zu den in höchster handwerklicher Qualität ausgeführten Brücken passt das Bild der völlig vernachlässigten Strassen schlecht. Für die Kategorie der Bergstrassen kann jedenfalls eine regelmässige Pflege belegt werden (StASO, Ratsmanual seit 1602). Die Vermutung ist zu überprüfen, dass die oft zitierten Schadenmeldungen - vergleichbar dem heutigen Informationsspektrum - eben die auffälligen Ausnahmeerscheinungen im sonst einigermassen gut benützbaren Strassennetz erfasst hätten.

Organisatorische Neuerungen

Die Staaten Europas schufen seit dem Ende des 17. Jahrhunderts neue institutionelle Voraussetzungen für die Planung, den Bau und den Unterhalt der Strassen.

Eine freie Auswahl wichtiger Massnahmen in der Region:

1668 erliess Bern die grundlegende Verordnung für eine Verbesserung der Strassen in der Umgebung der Stadt (BAUMANN 1925: 76).

1669 entstand in Frankreich unter Colbert die Verwaltungsabteilung der "Ponts et Chaussées" (CAVAILLES 1946: 53).

1697 organisierte Solothurn seine Strassenverwaltung neu (AMIET / SIGRIST 1976: 581).

1726 erliess der Fürstbischof von Basel die "Ordonnance pour la régie des affaires", mit der unter anderem die zentrale Leitung der Strassenarbeiten im Bistum geregelt wurden (BRAUN 1981: 168 Anm. 87).

1742 leitete Bern ein langfristiges Ausbauprogramm seiner wichtigeren mittelländischen Landstrassen ein. Erstmals wurden öffentliche Gelder direkt in den Strassenbau investiert (BAUMANN 1925: 105).

1749 bestimmte Solothurn die von der Obrigkeit zu unterhaltenden und die jeder Gemeinde zuzuweisenden Strassenstücke (StASO, Mandat 1749).

1787 bestellte Bern staatliche Wegmacher für den Strassenunterhalt (StABE, Mandatensammlung 16).

Andere Orte der schweizerischen Eidgenossenschaft und viele Staaten Europas erliessen im gleichen Zeitraum ähnliche Bestimmungen, deren vergleichende chronologische und inhaltliche Analyse einigen Aufschluss über kulturelle und geistesgeschichtliche Beziehungen im Ancien Régime verspricht (Vgl. die Literaturangaben bie BONACKER 1930 a und 1930 b, Quellen für das Fürstbistum Basel in AMWEG 1928: 21 ff).

Bauliche Neuerungen

Die technischen Innovationen im Strassenbau des 18. Jahrhunderts lassen sich in drei Bereiche unterteilen. Sie umfassen die Konstruktion des Strassenkörpers in Bezug auf Gestalt des Strassenbettes, Fundamentierung, Oberflächenbefestigung und Strassenrandsicherung, sodann die Linienführung der Strassen im Gelände und schliesslich die Bauweise der Brükken. In allen Bereichen sind Entlehnungen aus der römischen Architektur deutlich zu erkennen. Die Wirkung des römischen Beispieles auf die Bauweise des 18. Jahrhunderts wird belegt durch eine Inschrift an einem Felsen bei Court, wo die Vollendung der neuen Strasse im Birstal gerühmt wird: "IOSEPHUS GUILLIELMUS / EX RINGKIIS DE BALDENSTEIN / BASILIENSIUM EPISCOPUS PRINCEPS / VIAM VETERIBUS CLAUSAM / RUPIBUS ET CLAUSTRIS MONTIUM RUPTIS / BIRSA PONTIBUS STRATA / OPERE ROMANIS DIGNO / APERUIT / AN. MDCCLII": J. W. Rinck von Baldenstein, Fürstbischof von Basel, öffnete im Jahr 1752 eine neue Strasse durch die Gebirgsschluchten, mit Brücken über die Birs, wie ein Werk der Römer (BRAUN 1981: 176 f, ABPLANALP 1971: 143). In der Schweiz scheinen eigentliche Chausseen nur im Mittelland angelegt worden zu sein. Ein besonders schönes Beispiel einer Chaussee aus dem 18. Jahrhundert bildet die ehemalige Bernstrasse unmittelbar südlich von Solothurn. Die Anpassung der Strassenlinie an die Geländeform ist hier gut ersichtlich. Die ursprüngliche Landstrasse überwand den Höhenunterschied der Moränenterrasse am Buchrain (Koordinaten 607.3 / 226.8) im direkten Anstieg und bestand daher aus einem ausgedehnten Feld von parallelen Hohlwegen. Die neue Strasse aus der Mitte des 18. Jahrhunderts vermeidet die steilste Passage und führt in einer langgezogenen Kurve mit geringer Steigung auf das Plateau der Oberwaldes. Die Anlage der Serpentinen zur Umgehung

steiler Strassenstücke erleichterte seit dem 18. Jahrhundert
den Wagenverkehr erheblich (DENECKE 1979: 449). Eine bernische Notiz aus dem Jahr 1740 illustriert die praktische Konsequenz dieser Einrichtung:

"Denne, dass die ... tiefen, krummen, engen und gähen hohlen
strassen, welche wegen dess ... darinnen zusahmenfliessenden
wassers beständig ausgefressen, also niemahlen sicher und
währschaft gemacht ... werden können, wo immer müglich aussgewichen und den höhenen ... nach neuwe strasse gezogen, die
alten hohlen strassen dann den neuwen zu wassergräben dienen
solten." (StABE, Polizeibuch 12: 351).

Die Konstruktion der Strassen im Gebirge scheint sich in
technischer Hinsicht im 18. Jahrhundert nicht grundlegend
geändert zu haben. Sprengarbeiten an Felspassagen und die
Errichtung talseitiger Stützmauern, seit jeher Hauptmerkmale des Bergstrassenbaues, wurden allerdings in grösserem Ausmass vorgenommen, um die für neuere Verkehrsmittel erforderliche Breite der Strassen zu erreichen. So konnte der Bischof von Basel das Verbot der Gabelfuhrwerke (Gespann der
Zugtiere in einer Kolonne, was die konzentrierte Belastung
der Strassenmitte bewirkte) und damit den Gebrauch von Deichselfahrzeugen erst nach dem Ausbau der Birstalstrasse durchsetzen (BRAUN 1981: 173). Vom Oberen Hauenstein vermerkt ein
Protokollbuch des französischen Ambassadors aus der Mitte
des 18. Jahrhunderts, dass die Reisewagen den Aufstieg von
Norden jetzt mit Hilfe zusätzlichen Vorspannes bewältigten,
während sie früher zerlegt und auf Karren mit bis zu 30 Zugtieren transportiert werden mussten (ZETTER-COLLIN 1913: 27).

Die Brücken

Die Brückenstellen beanspruchen in der Strassengeschichte zu
Recht eine bevorzugte Behandlung. Sie bilden in den historischen Verkehrsnetzen oft markante und sogar dominierende
Punkte, indem sie die Ausrichtung ganzer Strassenzüge beeinflussen (CAVAILLES 1946: 66, DENECKE 1979: 456). Die architektonische Ausgestaltung der Brückenbauten und der sie be-

gleitenden Einrichtungen (Zollstätten, Befestigungen) widerspiegeln die verkehrmässige Bedeutung und die politische und strategische Gewichtung der Brücken.

Zu dieser Betrachtungsweise steht der aktuelle Forschungsstand in einem seltsamen Missverhältnis. Es besteht kein hinreichendes architektur- und wirtschaftsgeschichtliches Instrument, das beispielsweise eine typologische Einordnung der Brückenformen erlauben würde. Die Forschungslücke ist, allerdings für eine andere als die hier besprochene Zeit, klar formuliert worden:

"Leider sind die mittelalterlichen Belege für Brückenbauten sowie ihre baugeschichtlichen Entwicklungen noch für kein grösseres geschlossenes Gebiet Mitteleuropas zusammengetragen worden" (DENECKE 1979: 449. Ein Ansatz für die Schweiz bei GLAUSER 1978).

Das 18. Jahrhundert begründete durch eine planmässige Umsetzung der an römischen Konstruktionen beobachteten Gewölbeformen eine neue Phase des Brückenbaus in Naturstein, deren bedeutendste Monumente im späten 19. und teilweise im 20. Jahrhundert entstanden. Die grösste Formenvielfalt scheint nach 1800 bestanden zu haben, wo herkömmliche, in malerisch-improvisierter Art errichtete Stege und Brücken neben den modernen, zunehmend auch in Eisen erstellten Werken bestanden. Eine beliebte Bauform war die Kombination von nahe nebeneinander stehenden Pfeilern mit einfachen Trägerbalken für die Fahrbahn. Besondere Beachtung verdient die mancherorts bis ins 19. Jahrhundert beibehaltene Technik der Fallbrücken. Ohne wesentliche Veränderung wurde die im Mittelalter optimierte Ketten- und Gewindemechanik auch in neuzeitliche Festungswerke integriert. Die Zugbrücken dienten vor allem der Verkehrskontrolle. An Flüssen mit niedrigem Ufer lag ihre Aufgabe zudem im Oeffnen der Durchfahrt für Handelsschiffe. Zum Sperren der Flusspassage benutzte man Ketten und Grendel (Zihlbrücke, Nidau).

Der Strassenverkehr: Warentransport

Am Beispiel des Salzhandels soll der Einfluss der Wirtschaftsverhältnisse auf die Strassen gezeigt werden (vgl. BERGIER 1982). Für die Handelsgeschichte der Nordwestschweiz ist das Salz unter den Lebensmitteln das bedeutendste Studienobjekt, weil die organisatorischen und politischen Aspekte der Salzbeschaffung in besonders hohem Grad aktenkundig wurden. Die westlichen Orte der Eidgenossenschaft bezogen ihr Salz vorwiegend aus der Freigrafschaft und aus Lothringen. Das wichtigste Salzwerk befand sich in Salins, von wo aus die beste Strasse in die Schweiz durch das Val de Travers nach Neuenburg führte. Die Offenhaltung dieser Strasse bewog denn auch die eidgenössischen Orte mehrmals zu vorsorglichen Intervention. So sandte Freiburg 1636 anlässlich französicher Feldzüge in der Freigrafschaft Truppen in das Val de Travers (MAAG 1891: 76).

Die Organisation des Salzimportes war um 1600 noch nicht fest institutionalisiert. Die Pächter der Salinen schlossen von Fall zu Fall Verträge mit ihren Kunden ab, wobei manchmal einzelne Orte, oft aber auch Privatpersonen als Käufer auftraten. Kurz nach 1620 führten die Orte der Nordwestschweiz indes das staatliche Salzmonopol ein (BODMER 1951: 576, DE CHAMBRIER 1840: 439). Die daraufhin einsetzende Verwaltungstätigkeit gibt einen guten Einblick in die Transportverhältnisse der Zeit. Es lässt sich beispielsweise feststellen, dass Bern gegen Ende des 18. Jahrhunderts jährlich etwa 70 000 Zentner Salz einführte (GUGGISBERG 1933: 50), was einigen Lastzügen pro Tag entspricht. Die Salzberechnungen dokumentieren mit aller Deutlichkeit die Preisunterschiede verschiedener Transportmittel. So betrugen im Jahr 1635/36 die Frachtkosten für ein Fass mit Salz aus Salins in die solothurnische Vogtei Falkenstein: 40 Batzen von Pontarlier nach Neuenburg, 6 1/2 Batzen Schifflohn von Neuenburg nach Solothurn (ohne Zollabgaben an der Zihlbrücke und in Nidau), 20 Batzen Fuhrlohn von Solothurn nach Mümliswil (GRUETTER 1931: 85). Die Beziehungen der verschiedenen Verkehrsarten untereinander sind noch wenig erforscht. BERGIER betont ihren Zusammenhang mit Grundelementen der allgemeinen Wirtschaftsgeschichte (BERGIER 1978).

Die Salzpolitik hatte tiefgreifende Wirkung auf die Bautätigkeit an den Jurastrassen. Die Nachfrage nach lothringischem Salz war zu Beginn des 18. Jahrhunderts gestiegen, worauf Basler Kaufleute den Zwischenhandel allein beherrschen wolltenund ihre Stadt eine Zollverdoppelung auf das Salz legte. Während Bern den Zolltarif für seine Salzlieferungen auf diplomatischem Wege wieder zu mindern vermochte, entschloss sich Solothurn zum Bau einer neuen Strasse, auf welcher Basel umfahren werden konnte. Zwischen 1729 und 1733 liess Solothurn die Passwangstrasse zu einer guten Fahrstrasse ausbauen; gleichzeitige Verhandlungen mit Lothringen und mit dem Bischof von Basel ermöglichten den direkten Verkehr der Salzfuhren aus dem Elsass in das solothurnische Gebiet. Als Reaktion verbesserte Basel seit 1738 die obere Hauensteinstrasse, was sich unter anderem in der oben zitierten Stelle aus dem Protokoll des Ambassodors niederschlug (BAUR 1903: 90 ff, GRUETTER 1931: 92).

Der Strassenverkehr: Personen
───────────────────────────

Die Bedeutung des Reiseverkers für die Strassengeschichte liegt vor allem in den schriftlich festgehaltenen Aussagen der Reisenden über die Strassenverhältnisse. Das Zeitalter des Tourismus begann im 18. Jahrhundert. BRIDEL und HENTZY beschrieben die Route von Basel nach Biel, so wie sie sie am Ende des 18. Jahrhunderts erlebten, und erwähnten auch Details zu der Bauweise der erst wenige Jahrzehnte alten Strasse des Bischofs (ABPLANALP 1971: 144). MEINERS, der Gelehrte aus Göttingen, bereiste kurz nach 1770 zweimal die Schweiz. Seine Reiseberichte kommentieren die politischen, sozialen und materiellen Lebensumstände der Schweizer. MEINERS äussert sich mehrmals lobend über die besonders guten Strassen im Kanton Bern (MEINERS 1784: I 95, II 3f, II 131, II 148 f) und beurteilte auch weitere Strassen sehr genau.

Ein Beispiel: Die Strasse von Neuenburg nach Le Locle und nach La Chaux-de-Fonds - im Jahr 1784 noch "ausgefahrner und holperichter" (eda: I 301) - nannte er 1790 als ganz fertiggestellt (eda: IV 254). In Nidau schrieb er: "Der Weg nach Solothurn ist der einzige ungemachte, den ich bisher in der Schweiz gefunden habe, weil von Nidau und Biel aus keine grosse und sehr besuchte Strasse nach Solothurn führt" (eda: I 241). Im weiteren rühmt er die zentrale Lage des Städtchens in der Nordwestschweiz, das eine gleiche Distanz von Neuenburg, Bern, Murten und Solothurn, und wiederum eine gleiche von Basel und Lausanne trenne (eda: I 241). Der Verfasser gibt sogar technische Erklärungen für den schlechten Zustand der Strassen an: zwischen Bern und Lausanne bemängelt er das Fehlen von Wassergräben auf beiden Seiten der Chaussee, wodurch die Strasse immer wieder überschwemmt werde (eda: IV 84).

Die Anwohner der Landstrasse

Auch die auf dem Lande wohnenden und neben der Strasse anzutreffenden Menschen sind in eine Abhandlung über die Geschichte der Strassen miteinzubeziehen. Das erwähnte Protokollheft des Ambassodors führt in einer detaillierten Liste die Geldspenden auf, deren Verteilung die als Ehrengarde aufgestellten Bauern der Dörfer an der Hauensteinstrasse vom vorbeifahrenden Botschafter erwarteten (ZETTER-COLLIN 1913: 30).

Die Landbewohner treten in den Quellen zur Strassengeschichte fast immer als Gruppe und meistens bei Bauarbeiten auf. Ihre traditionelle Verpflichtung zum Unterhalt der Strassen im Umkreis ihres Wohnortes wurde oft wiederholt und in staatlichen Dokumenten betont. Das Ausmass solcher Leistungen konnte sehr gross sein. In Bittbriefen beklagten sich einzelne Dorfschaften manchmal über die als unzumutbar empfundene Last. 1765 weigerten sich Vauffelin und Plagne, zwei bischöfliche Dörfer nordöstlich von Biel, zusätzlich zu den sechs Strassen, die sie bereits instand zu halten hatten, noch für einen Abschnitt der neuen, abseits von ihren Dörfern liegenden Strasse nach Biel sorgen zu müssen (fürstbischöfl. Archiv 232,6). In Einzelfällen werden die Bedingungen der Strassenarbeit genannt. 1729 erhielten die beim Bau der Passwangstrasse beschäftigten Tagwenner im Tag einen Plappart für Brot (BAUR 1903: 95). 1746/47 arbeiteten im bernischen Strassenbauprogramm fast gleich viele Frauen wie Männer gegen Bezahlung im Taglohn (StABE, BX 103, 1746/47, BAUMANN 1925: 118 f).

Das feinmaschige Netz der Neben- und Feldwege hatte umfangmässig ein grösseres Gewicht als die Durchgangsstrassen (vgl. den Beitrag von BARRAUD oben S. 41ff). Urbariale Quellen erlauben die Rekonstruktion von Flurwegsystemen seit dem späten Mittelalter. Ein Konflikt entstand zwischen der lokalen Landnutzung und dem Transitverkehr, wenn in Gebieten mit Weidewirtschaft eine Parzelle mit Wiesland sich auf beide Seiten der Strasse erstreckte und zum Abschliessen der Grenze Tore quer über die Strasse angebracht werden mussten. Im 18. Jahrhundert vermehrte sich die Zahl dieser "Gatter und Thürlein" entsprechend der Realteilung der Fluren. Eine bernische Bestandesaufnahme ergab im Jahr 1766, dass zum Beispiel bei Walperswil auf der Landstrasse nach Neuenburg "in allem 16 thürlin, nemlich gegen Bern 9 und biss aussen an Siselen 7 .. und zwar in einem District von 2 Stunden" sich befanden (StABE, Aemterbuch Nidau 3: 415 f).

Dramatische soziale Verhältnisse an den Strassen werden ab und zu von den Quellen grell beleuchtet: Zur Ueberwachung und Verjagung von fremden Gesindel, Landstreichern, Schmugglern wurden Sonderdetachemente von Landjägern, Zollbeamten und Bauern eingesetzt. Bettelnde Kinder scheinen an den Landstrassen des 18. Jahrhunderts keine Seltenheit zu sein (BRIDEL 1793: 8).

Ein grosses Ereignis

Am Ende des 18. Jahrhunderts erfolgte über die Strassen der Nordwestschweiz der Angriff der französischen Armee auf die

Eidgenossenschaft. 1792 wurde das Fürstbistum Basel in seinen nördlichen Teilen besetzt, womit Frankreich die ersten wichtigen Jurapässe in seine Hand brachte (JORIO 1981: 34). 1798 marschierten zwei Armeen durch die Waadt bzw. vom ehemaligen Fürstbistum her in das Aaretal und weiter in die Schweiz.

Die Kriegsgeschichte ist von sekundärer Bedeutung für die Strassengeschichte. Allgemein lässt sich sagen, dass einzelne Feldzüge - abgesehen von der Zerstörung von Brücken und Objekten an der Strasse und von der Lähmung der regionalen Infrastruktur - wenig Wirkung auf die Strassenverhältnisse ausübten. Die Heere benützten jeweils die vorgefundenen Verkehrswege und brachten nur ausnahmsweise bauliche Veränderungen an denselben an. Selten sind Strassen vorwiegend aus militärisch-strategischen Gründen angelegt worden. Befestigungswerke entlang bedeutender Verkehrswege bezeichnen hingegen deren Stellenwert im politischen Denken der Staaten. So baute Bern den südlich des Unteren Hauenstein in der Nähe der Brückenstadt Olten gelegenen Flecken Aarburg zur starken Festung aus. In diesem Rahmen passt auch das misstrauische Beobachten von Strassenbauten benachbarter Stände. So befürchteten die reformierten Orte beim Bau der Passwangstrasse durch Solothurn, auf diese Weise wolle sich der französiche König eine Anmarschstrasse in die Schweiz einrichten (BAUR 1903: 100).

Die Invasion von 1798 ist durch eine grössere Zahl von erhalten gebliebenen Dokumenten aus dem Umkreis der beiden führenden französischen Generäle authentisch nachvollziehbar (ACTENSTUECKE 1858). Nach einigen vorbereitenden Anordnungen erhielt General Schauenburg am 28. Januar 1798 den Befehl des Direktoriums in Paris:

"Il est instant que vou fassiez mettre en marche dans le plus court délai possible ce corps de troupes sur Bienne, point central ..." (eda: 256). Die Lage der Stadt Biel ist hier im militärischen Sinn ähnlich gedeutet wie jene des benachbarten Nidau durch Meiners in verkehrsmässiger Hinsicht für den Touristen.

Ein Revolutionär aus Rolle vermittelte dem aus Südwesten angreifenden General Brun am 7. Februar eine ausführliche Beschreibung aller Hauptstrassen zwischen Genf und Bern. Sehr präzise nannte er die Eigenheiten der einzelnen Landstrassen, die Anzahl der Brücken und wichtige Schlüsselstellen (eda: 291 ff). Kundschafter- und Informantenberichte ergänzen die Sammlung (eda: 305 ff, 373). Diese Quellen vermitteln einen guten Ueberblick über die Verkehrsgeographie der Westschweiz um 1800 und runden das von den Archivdokumenten und der Reiseliteratur geschaffene Bild ab, in das sich die Strassengeschichte des beginnenden 19. Jahrhunderts (zunächst) nahtlos einfügt.

Schluss

Aus der frühen Neuzeit sind Materialien und Ueberreste als Quellen zur Strassengeschichte in grosser Menge erhalten. Die vorliegenden Kapitel haben einige thematische Aspekte der Strassengeschichte anhand von Einzelbeispielen aus einer grösseren Region angesprochen. Dieses Vorgehen erleichtert die allgemeine Einführung in das Sachgebiet. Die vollständige Berücksichtigung aller Quellenarten und geschichtlichen Faktoren wird erst bei der umfassenden Abhandlung vorausgesetzt. Wichtige Bereiche, wie die Siedlungs- und die Industriegeschichte, bleiben noch zu bearbeiten. Die älteren topographischen Karten und Zehntpläne, dann auch die seit dem 17. Jahrhundert häufigen Landschafts- und Städteansichten, sind von unschätzbarem Wert für die Lokalgeschichte, die der Strassenforschung immer wieder wesentliche Unterstützung gibt.

Der Forschungsbereich der Strassengeschichte steht mit vielen Teilen der Kulturgeschichte in enger Beziehung. Es sind viele gewinnversprechende Ansätze für die Bearbeitung vorgeschlagen und erprobt worden. Noch immer fehlt indessen die Gesamtschau. Man wird sich fragen müssen, wie weit sich die historische Strassenforschung als selbständiger Zweig der Geschichte entfalten soll und ob ihr nicht allenfalls die Rolle einer historischen Hilfswissenschaft im Sinne einer Dienstleistung für andere Fragestellungen zukommt.

Literatur

ABPLANALP, F., 1971: Zur Wirtschaftspolitik des Fürstbistums Basel im Zeitalter des Absolutismus, Bern Stuttgart.

ACTENSTUECKE zur Geschichte der französischen Invasion in die Schweiz im Jahre 1798, in: Archiv für Schweizerische Geschichte 12/1858 ff.

AMIET, B. u. SIGRIST, H., 1976: Solothurnische Geschichte, Band 2, Solothurn.

AMWEG, G., 1928: Bibliographie du Jura bernois. Ancien Evêché de Bâle, Porrentruy.

ARBELLOT, G., 1974: La grande mutation des routes de France au milieu du XVIIIe siècle, in: Annales E.S.C. Nr. 28: 765-791.

BAUMANN, G., 1925: Das bernische Strassenwesen bis 1798, Bern.

BAUR, F., 1903: Der Passwang, in: Basler Jahrbuch, Nr. 23: 88-109.

BERGIER, J.F., 1978: Wachstum, Energie, Verkehr vor der industriellen Revolution im Raume der heutigen Schweiz und der Zentralalpen, in: KELLENBENZ, H., 1978: Wirtschaftswachstum, Energie und Verkehr vom Mittelalter bis ins 19. Jahrhundert, Stuttgart, New York: 15-28.

BERGIER, J.F., 1982: Une Histoire du sel, Fribourg, Paris.

BONACKER, W., 1962 a: Strassenbrückenbau bis zum Jahre 1830, in: Bibliographien über Einzelgebiete des Strassenbaus und der Verkehrstechnik, Nr. 28, Köln.

BONACKER, W., 1962 b: Strassenbau bis zum Jahre 1830, eda. Nr. 29, Köln.

BRAUN, P., 1981: Joseph Wilhelm Rinck von Baldenstein (1704-1762). Das Wirken eines Basler Fürstbischofes in der Zeit der Aufklärung, Freiburg.

BRIDEL, Ph.S., 1789: Course de Bâle à Bienne par les vallées du Jura, Basel.

BRIDEL, Ph.S., 1793: Ueber das Betteln der Kinder in der Schweiz, Solothurn.

CAVAILLES, H., 1946: La route française, son histoire, sa fonction, Paris.

DE CHAMBRIER, F., 1840: Histoire de Neuchâtel et Valangin jusqu'à l'avènement de la maison de Prusse, Neuchâtel.

DENECKE, D., 1979: Methoden und Ergebnisse der historisch-geographischen und archäologischen Untersuchung und Rekonstruktion mittelalterlicher Verkehrswege, in: Vorträge und Forschungen, Nr. 22: 433-483.

ESCH, A., 1984: Zeitalter und Menschenalter. Die Perspektiven historischer Periodisierung, in: Historische Zeitschrift, Nr. 239: 309-351.

GLAUSER, F., 1978: Stadt und Fluss zwischen Rhein und Alpen, in: Stadt in der Geschichte, Bd. 4: Die Stadt am Fluss, Sigmaringen, 62-99.

GRUETTER, O., 1931: Das Salzwesen des Kantons Solothurn seit dem 17. Jahrhundert, Solothurn.

GUGGISBERG, P., 1933: Der bernische Salzhandel, in: Archiv des historischen Vereins des Kantons Bern, Nr. 32: 1-72.

HENTZY, R., 1980[2]: Promenade pittoresque dans l'Evêché de Bâle aux bords de la Birse, de la Sorne et de la Suze, Amsterdam.

JORIO, M., 1981: Der Untergang des Fürstbistums Basel (1792-1815). Der Kampf der letzten beiden Fürstbischöfe Joseph Sigismund von Roggenbach und Franz Xaver von Neveu gegen die Säkularisation, Freiburg.

LEPETIT, B., 1984: Chemins de terre et voies d'eau. Réseaux de transports et organisation de l'espace en France 1740-1840, Paris.

MAAG, R., 1891: Die Freigrafschaft Burgund und ihre Beziehungen zu der schweizerischen Eidgenossenschaft vom Tode Karls des Kühnen bis zum Frieden von Nymwegen (1427-1678), Zürich.

MEINERS, C., 1784-1790: Briefe über die Schweiz, 4 Bände, Berlin.

REBER, W., 1970: Die Verkehrsgeographie und Geschichte der Pässe im östlichen Jura, Liestal.

WEBER, W., 1981: Probleme des Technologietransfers in Europa im 18. Jahrhundert. Reisen und technologischer Transfer, in: TROITZSCH, U., Technologischer Wandel im 18. Jahrhundert, Wolfenbüttel.

ZETTER-COLLIN, F.A., 1913: Ein handschriftliches Ceremonial für die französischen Ambassadoren in Solothurn aus der Mitte des XVIII. Jahrhunderts, Solothurn.

"Schön - aber ein Skandal"
Bernische Strassenpolitik im 19. Jahrhundert

Franziska Rogger

Die Strasse kommt nicht nur in der Landschaft von irgendwoher, führt irgendwohin und hat ihre Abzweigungen. Als wissenschaftlicher Gegenstand führt die Strasse durch Geographie, Geschichte und Technik und hat ihre Abzweigungen in die Partei-, Verkehrs- und Finanzpolitik, in die Wirtschafts- und Sozialwissenschaft, ja sogar in die Kulturgeschichte, die Hygienelehre, die Literatur usw. Dieser Beitrag möchte einigen Abzweigungen folgen, somit keine Aufzählung der Berner Strassen des 19. Jahrhunderts oder eine in sich geschlossene Geschichte bieten. Er soll vielmehr darstellen, welche Gegebenheiten oder Ueberlegungen den Strassenbau beeinflussten, was sich die Bevölkerung von den Strassen erhoffte oder was sie befürchtete, was Strassen bewirkten oder welche Streitigkeiten sich an ihnen entzündeten, kurz: welchen Gesprächsstoff die bernischen Strassen des 19. Jahrhunderts lieferten.

1831 musste das Berner Patriziat politisch abdanken und den liberalen Bürgerlichen den Platz räumen. Die neue Verfassung betonte die Souveränität des Volkes und dies bedeutete, dass die jeweils regierende Partei Rechenschaft über ihre Politik ablegen musste. Erst 1854 gab es in Bern die bis heute übliche, aus verschiedenen Parteien zusammengesetzte Fusionsregierung, ab 1831 regierten die Liberalen, ab 1846 die Radikalen und ab 1850 die Konservativen. In der politischen Aufbruchstimmung von 1831, in der Siegeseuphorie und im Rausch der Erneuerung setzten die Liberalen eine Reihe von Werken in Gang, die den Fortschritt ebnen, die Wirtschaft fördern, den bürgerlichen Nachwuchs schulen und die eigene Legitimation sichern sollten. 1833/34 wurden die Kantonalbank, das erste staatliche Lehrerseminar und die Universität gegründet sowie das Primarschulwesen neu geordnet. Die neue Regierung förderte Leistungen der Baukunst und Technik. 1841 wurde ein

Gaswerk in der Matte in Betrieb genommen, das unter anderem die Laternen speiste und die Strassen in einem ganz neuen Licht erstrahlen liess (Abb. 1). Und erstmals wurde der Strassenbau grundsätzlich und gesetzlich verankert als Sache des Staates Bern betrachtet.

Im Bestreben, einerseits die Staatskasse zu äufnen und andererseits dem wirtschaftlichen Fortkommen der Bevölkerung zu dienen, engagierten sich die Liberalen nach ihrem Machtan-

Abb. 1 "Mittwoch den 30ten December siegte in Bern das Licht über die Dunkelheit." Die Oellämpchen haben ausgedient, die Gasbeleuchtung kommt. (GUKKASTEN 1841)

tritt mit "republikanischer Begeisterung" (Tagbl. GR, 6.3. 1839: 4, Obrecht) und "in einem heiligen Fieber" (Tagbl. GR, 6.3.1839: 6, Tscharner) für den Strassenbau. Zum politischen Programmpunkt erhoben, sollte die Strassenpolitik mit zum Leistungsausweis liberaler Politik werden. Die Regierung der dreissiger Jahre baute denn aus finanzpolitischen, wirtschafts- und sozialpolitischen Gründen sowie aus Legitimationszwang ihre Strassen.

1. Finanzpolitische Abzweigung: das Interesse an Zolleinnahmen

Staatliche und städtische Organe hatten bis 1853 - bis zur Aufhebung des Zollrechts durch die Bundesverfassung - ein handfestes finanzielles Interesse an Zolleinnahmen und Weggeldern. Schweizerische und ausländische Regierungen wetteiferten denn mit möglichst attraktiven Strassen um fette Zolleinnahmen. Um die Konkurrenz zu schlagen, mussten den Fuhrleuten entweder kürzere Wegverbindungen oder Strassen mit geringeren Steigungen, die ohne Vorspann befahren werden konnten und deshalb eine merkliche Zeiteinsparung versprachen, angeboten werden. Mit der Ende der dreissiger Jahre gebauten Lyss-Hindelbankstrasse beispielsweise, versuchte Bern den Kantonen Aargau und Solothurn den Verkehr wegzuschnappen, den Ostverkehr über die Strasse Herzogenbuchsee-Hindelbank-Lyss-Aarberg oder Murten zu ziehen und ihn so länger auf Berner Boden zu halten. Von Süden her kommend, konnte die sehr steile und nicht ohne Vorspann zu befahrende Strasse Aarberg-Bern vermieden werden. Wenn man offiziell auch vorgab, dass die Lyss-Hindelbankstrasse den Aargau und das Emmental besser mit dem Jura und dem Seeland verbinden wolle, erklärte doch Regierungsrat Jaggi am 10. März 1841 (Tagbl. GR: 4) unumwunden, diese sei eine Spekulationsstrasse des Staates Bern, angelegt, um die Einnahmen des Staates zu erhöhen. Ist die Lyss-Hindelbankstrasse ein Beispiel einer Verbindung, die wegen ihrer geringen Steigung attraktiv wurde, so wirkte die Mitte der dreissiger Jahren gebaute Bielerseestrasse wegen ihrer Kürze anziehend. Fuhren die Fuhrleute statt auf der

Transitstrecke Solothurn-Aarberg-Waadtland auf der neuen Strasse Biel-Neuenstadt, so gewannen sie mehrere Stunden und den ausserordentlichen Vorspann, hielten sich aber viel weniger lang auf bernischem Boden auf. Als sich Grossrat Stauffer 1839 darüber beschwerte, dass von St. Gallen bis Genf ausser Bern alle Kantone von der Bielerseestrasse profitierten, wurde ihm entgegnet, Bern sei gezwungen, verbesserte und verkürzte Transitstrecken anzubieten, um überhaupt den Transport im Kanton halten zu können. (Tagbl. GR, 6.3. 1839: 3). Frankreich nämlich bringe grosse Opfer, um ihn wegzulocken (Tagbl. GR, 5.3.1841: 6, RR Schneider).

Die Konkurrenz zwischen Ländern und Kantonen war hart und die Beziehungen nicht immer freundeidgenössisch, wenn finanzielle Vorteile winkten. Als sich beispielsweise Solothurn und Neuenburg darüber empörten, dass auf der Bielerseestrasse ein Weggeld eingezogen wurde, schikanierte Bern seine Nachbarn, indem es den Anschlussbau bis zur Grenze und die Verbreiterung des Neuenstadt-Tors verzögerte. In einer Karikatur gar wurde festgehalten, wie Fribourg im Januar 1841 mit einem Detachement Landjäger die Berner Messagerie aufhielt (Abb. 2). Fribourg missfiel, dass Bern und die Waadt den Messageriedienst gegen seinen Willen über Murten fortführten (Verw.B. 1840: 134/5). Dem Nachbarkanton keine Zugeständnisse zu machen, gehörte zur Staatsräson und 1840 mahnte der Berner Verwaltungsbericht angesichts der scharfen Konkurrenz, es seien keine "pecuniaren Opfer" zu scheuen, wenn "nicht eine momentane Sparsamkeit bei der Thätigkeit der Nachbarcantone mit der nächsten Zeit den grössten Schaden zufügen soll" (S. 221).

2. Wirtschafts- und sozialpolitische Abzweigung: Investition und Armenhilfe

Am Ausbau der Strassen nicht zu sparen, geboten allerdings auch wirtschaftliche Gründe. Dass Strassen dem "Comercio, dem Handel, Wandel und Verkehr zu Nutzen" sein könnten, hatte man bereits im 18. Jahrhundert betont (BAUMANN 1924: 84).

Freundnachbarliche Wegsperrung.
1841.

Abb. 2   "Freundnachbarliche Wegsperrung. 1841."
Da Bern und die Waadt gegen den Willen Fribourgs
den Messageriedienst über Murten fortführten,
blockierte Fribourg im Januar 1841 mit einem Detachement Soldaten den Durchgang. (GUKKASTEN 1841)

Im 19. Jahrhundert herrschte offenbar Einmütigkeit in der Auffassung, dass der Strassenbau dem Gemeinwohl förderlich, eine "unversiegbare Quelle des Wohlstandes" und ein bedeutender "Hebel zur Förderung der öffentlichen Interessen" sei (Tagbl. GR, 14.5.1835: 5, Tscharner; 14.3.1865: 203, Meyer).

Welchen Aufschwung ein durch eine Strasse berührtes Städtchen nehmen konnte, beschrieb J.A. Heiniger 1873 am Beispiele Neuenstadts (HEINIGER 1873: 20f): "Bis in die Dreissiger-Jahre war Neuenstadt ein stiller, isolirter, wahrhaft idillischer Ort. Nur nach Landeron und nach Westen führte ein fahrbarer Weg. Nach Biel konnte man nur zu Schiff oder auf mühsamen Fusspfaden gelangen, indem es keine Strasse gab ... Weinbau, Französisch lernende Pensionäre und der Burgernutzen waren die einzigen Nahrungs- und Erwerbsquellen ...

(Dem alten Neuenstadter-Burger) war seine Stadt der Mittelpunkt der Welt und darüber hinaus ging der blaue Himmel und jenseits der Berge waren die Weinkäufer, die das Geld brachten ... Endlich in der zweiten Hälfte der Dreissiger Jahre drückte Alt-Schultheiss Neuhaus mit seiner bekannten Energie die Erbauung der Seestrasse durch und mit Eröffnung derselben kam Neuenstadt an den Grossverkehr zwischen deutschen und welschen Landen, der sich jetzt am Fusse des Jura hinzog und einen völligen Umschwung, an Platz der bisherigen Todtenstille Leben und Verkehr mitbrachte. Neuenstadt selbst wurde jetzt Haltestation für die grossen Fuhren, Umspannstation für die Posten und endlich Absteigequartier für die Touristen. Damit entwickelte sich in erster Linie die Gasthofindustrie und das Wirthschaftswesen, aber auch Gewerbe aller Art nahmen einen bisher nicht gesehenen Aufschwung. Eine neue Zeit pochte an die Thore der Stadt der klassischen Ruhe."

Mit dem Bau von Strassen in abgelegene und arme Regionen suchte die Berner Regierung regionale Wirtschaftsförderung zu betreiben und Armut und Arbeitslosigkeit zu begegnen (Abb. 3). Die Verbindung Schwarzenburg-Seftigen beispielsweise sollte die Region Schwarzenburg aus ihrer bisherigen Abgeschnittenheit erlösen und einer bedrängten, von Misswachs und Hagelschlag heimgesuchten Gegend neue Arbeitsmöglichkeiten eröffnen: "einer mit so grosser Armuth ringenden Landesgegend" emporhelfen (Tagbl. GR, 23.11.1836: 3, Rst Kohli). Die Thun-Zweisimmenstrasse, in den Hunger- und Teuerungsjahren 1816/17 begonnen, diente in noch direkterer Weise der Armenunterstützung. Arbeitslose wurden als Bauarbeiter angestellt und erhielten ihren Lohn in Naturalien, in Brot und anderen Lebensmitteln. Auch nach dem Unwetterjahr 1846 wurden Strassenbauarbeiten als Notstandsarbeiten organisiert und die Arbeitslosenfrage spielte stets auch eine Rolle, wenn der Weiterbau eines Weges diskutiert wurde. 1849 stellte Regierungsrat Stockmar einen direkten Bezug her zwischen den Armen, deren Arbeit am Strassenbau beendet war -

Abb. 3   Für den Bau der Strassen und Eisenbahnen wurden oft
        Arbeitslose eingestellt, die Arbeiten als Notstands-
        arbeiten und Armenunterstützung vergeben.
        (Oben: POSTHEIRI 1853, Nr. 23; unten: POSTHEIRI 24.2.
         1855, 30)

und die nun arbeitslos in der Umgegend von Bern herumstanden - und der Zunahme der Verbrechen in der Stadt (Tagbl. GR, 5.2.1849: 231).

Eine besondere Art von Fürsorge und ein spezielles Kapitel der Sozialgeschichte bildet die Strassenreinigung. Dass nämlich Johann Wolfgang von Goethe auf seiner Schweizerreise 1779 und Antoine Laurent Lavoisier in seinem Werk von 1844 Bern voller Bewunderung als saubere Stadt rühmen konnten, hatte seinen Grund in der speziellen Art bernischer Strassenreinigung. Lavoisier schrieb: An die Deichseln angekettete Zuchthäusler "ziehen jeden Morgen grosse, vierrädrige Wagen durch die Strassen (...) weibliche Sträflinge sind mit längeren und leichteren Ketten an die Wagen angebunden (...), teils um die Strassen zu fegen, teils um den Unrat aufzuladen" (CORBIN 1982: 126, vgl. Abb. 4). Frauen reinigten übrigens bernische Strassen bis 1921. Dann fielen sie - ein frühes Beispiel der Wegrationalisierung weiblicher Arbeits-

Abb. 4 "Strassenreinigende Sträflinge." Bis 1826 reinigten Bis 1821 reinigten männliche und weibliche Sträflinge die Berner Strassen (TUERLER 1896, 86/7)

kräfte - den Hydranten zum Opfer. Erst jetzt wurde die Strassenreinigung von der Polizeidirektion abgetrennt und dem Tiefbauamt unterstellt ("BUND" 4.4.1921).

Der Staat Bern strebte aber nicht nur Fürsorge und direkte Arbeitsbeschaffung an, sondern auch eine neue Konzeption der Rolle des Staatshaushaltes. Er sollte Investitionsanstösse und Infrastrukturvorleistungen erbringen, auf denen sich private Investitions- und Erwerbstätigkeit aufschwingen konnte. Neu war zu jener Zeit also nicht nur das direkte Steuersystem, sondern vor allem die staatliche Wirtschaftsförderung, die gebieterisch nach einem neuen Finanzgebaren rief. Sollten nämlich die Vorstellungen über eine Investitionspolitik via Strassenbau durchgesetzt werden, durften bernische Staatsgelder nicht mehr wie früher in der Staatskasse gehortet oder im Ausland ausgeliehen, sondern mussten in Bern investiert werden. "Man häufte früher lieber das Geld auf; hätte man, anstatt dieser Aufhäufung, es zu gemeinnützigen Unternehmungen verwendet, so hätten es im Jahr 1798 die Franzosen nicht wegführen können", meinte Regierungsstatthalter Kohli 1836 (Tagbl. GR, 23.11.1836: 2) und fand damit wohl das anschaulichste Argument für die neue Finanzpolitik. Die Direktion der öffentlichen Bauten gab 1849 zu bedenken, dass die Gesellschaft ärmer werde, wenn ihr das Geld - sei es durch Einschliessung in die Kassen, sei es durch Ausführung ausser Landes - entzogen werde. Das Horten sei also im Widerspruch zu "gesunden Regierungsgrundsätzen", welche vorschrieben, "dem Volke Alles, was es an Abgaben bezahlt, in nützlichen Auslagen zurückzugeben" (Bericht 19.1.1849, Tagbl. GR, 1849: 11).

Abb. 5 Die soziale Frage, dargestellt in der Karikatur. Auf dem schnellen Vierspänner werden die Hunde und Kälber der Reichen transportiert, die über die Grenze gewiesenen Heimat- und Arbeitslosen müssen mit einem selbstgezogenen Handwägelchen reisen. (POSTHEIRI 19.9.1857, 151)

3. Legitimationspolitische Abzweigung: die schönen Skandalstrassen

Da nun einmal die Wohltaten der Strassen für die Allgemeinheit erkannt waren, suchten die Regierungen mit dem Bau guter Verbindungen ihre Politik in ein günstiges Licht zu rücken und zu legitimieren. Mit der Strassenbaupolitik sollte nach zeitgenössischem Sprachgebrauch "die Liebe des Volkes" gewonnen und "die Ehre der Republik" vergrössert werden (Tagbl. GR, 1.7.1836: 6, Fellenberg; S. 5, RR Koch). Die ersten grossen Bauprojekte der liberalen Regierung drohten allerdings eher zur Schmach der Regierung denn zu ihrer Ehre zu werden. Noch ungeübt in der Vergabe öffentlicher Aufgaben in privatwirtschaftlicher Umgebung, zahlten Exekutive, Legislative und Verwaltung vor allem mit der Strecke Biel - Neuenstadt schmerzliches Lehrgeld. Die Geschichte dieses Wegbaus ist die Geschichte einer Regierung, die versuchen muss, trotz aller Widrigkeit die Liebe des Volkes nicht zu verscherzen, den politischen Schaden gering und sich an der Macht zu halten. Vom Grossen Rat 1834 bewilligt, waren die Arbeiten für die Seestrasse Biel - Neuenstadt an den meistbietenden Unternehmer übergeben worden. In der bereits geschilderten republikanischen Begeisterung und dem heiligen Fieber der liberalen Aufbruchstimmung konnte der Augenblick des Baubeginns nicht erwartet werden und das Baudepartement begann, vor Beendigung der nötigen Vorarbeiten überstürzt "zu graben und zu schaufeln und Felsen zu sprengen" (Tagbl. GR, 6.3.1839: 4, RR Koch). Die Beamten, die zugleich Ingenieure, Finanzchefs und Juristen hätten sein müssen, sassen sechs bis acht Stunden vom Schauplatz entfernt und wechselten ständig. Schliesslich war es auch kein Geheimnis mehr, dass einer der Beamten persönliche Interessen verfolgte. Seltsamerweise verschwand auch das cahier des charges, das die vertraglichen Abmachungen mit dem Unternehmer enthielt, und tauchte erst kurz vor Abschluss der Arbeiten auf. Die Unternehmer erstellten zusätzliche und dehalb speziell verrechnete Mauern und Gräben, und in diesem Gewurstel von unkundigen Ingenieuren und selbstsüchtigen Unternehmern wurde auch die Linienführung öfters geändert. Die Trasseeverschiebungen wiederum erbosten die Bodenbesitzer und Rebbauern. Anwohner wehrten sich und verlangten Schadenersatz. Als schliesslich der Regierungsstatthalter von Nidau alle Augenblicke den Weibel im Haus hatte, der mit Pfandnahmen drohte, langte der Regierungsrat in Ueberschreitung seiner Kompetenz in die Staatskasse. Er tat dies bezeichnenderweise um die "Ehre der Republik" zu retten und zu verhindern, dass eine "Leibhaft auf die ganze Republik" genommen werde (Tagbl. GR, 1.7.1836: 5, RR Koch). Und ebenso bezeichnend ist, dass ihn Grossrat Fellenberg für sein Verhalten lobte, weil er damit die "Schmach der Republik" vermindert habe (Tagbl. GR, 1.7.1836: 6, Fellenberg).

Verursachte dies alles Mehrkosten, so war die Ueberschreitung der budgetierten Ausgaben doch am drastischsten bei den Landentschädigungen. Als die Strasse einmal begonnen war, konnten die Landbesitzer den Staat erpressen und den Quadratmeter dreimal teurer verkaufen als vorausberechnet. Bei den unklaren Entschädigungs- und Expropriationsvorschriften würden so gute Unternehmungen, welche die Liebe des Volkes gewinnen sollten, der Regierung das Gegenteil einbringen, klagte Grossrat Fellenberg am 1. Juli 1836 und fuhr fort: "So wie man der Willkür sich überlässt und den Spekulanten das Feld räumt, so kaufen solche ... das Land auf, um es nachher der Republik recht theuer anzuhängen. Auf diese Weise wird ein sonst rechtliches Volk ein wucherisches Volk, das den Krieg anhebt gegen das Eigenthum der Republik, während es im andern Falle dankbar gewesen wäre für Alles, was zum Besten seines Bezirkes geschieht" (Tagbl. GR, S. 6). Der Grosse Rat schluckte zähneknirschend und mit dem Hinweis auf die Arbeitsplätze und das bereits ausgegebene Geld Mal für Mal die zahlreichen Nachtragskredite. Auch zögerte man natürlich, einmal versprochene Strassenbauten nicht zu realisieren. Die Unzufriedenheit des Volkes über nicht erfüllte Strassenversprechen, meinte Obergerichtspräsident Koch am 11. März 1840, könnten die Feinde der gegenwärtigen - also der liberalen Ordnung -

benutzen, um die Leute aufzuhetzen, so dass mit dem Wohlwollen, welches die Beschlüsse eingebracht, gerade der entgegengesetzte Effekt hervorgebracht würde (Tagbl. GR, 11.3. 1840: 2).

Schliesslich wurde die Strasse Biel - Neuenstadt 1840 fertig, statt einmal erwähnten 80'000 Franken Baukosten hatte sie alles in allem 600'000 Franken gekostet. Grossrat von Sinner schlug deshalb vor, zur Warnung für künftige Zeiten ein Monument auf der Strasse zu errichten und darauf zu schreiben, was sie gekostet habe (Tagbl. GR, 6.3.1839: 3). Eine Untersuchung über die Angelegenheit lehnten Grosser Rat und Regierung ab. Dies hätte ihrer Meinung nach nicht nur bedeutet, "eine Gufe in einem Heuhaufen zu suchen" sondern "eine besondere Gufe in einem Fuder Gufen" (Tagbl. GR, 6.3.1839: 3, Stauffer und RR Jaggi). Im übrigen tröstete man sich über die Finanzmisere mit der Bemerkung, die Strasse sei zwar ein Skandal, aber sie sei schön. Das Argument wurde bei der Lyss-Hindelbankstrasse wiederverwendet. "So wie die Strasse angelegt worden, meinte Obergerichtspräsident Koch, ist sie ein Ungeschick, aber sie ist schön. Wenn sie einmal fertig ist, so ist sie für den Kanton ein Ehrenmonument, indessen ein theures" (Tagbl. GR, 11.3.1840: 2). Und gegenüber allen, die mit Fingern auf die Skandalstrasse Biel - Neuenstadt zeigten und die Liberalen anklagen wollten, legitimierte sich die Regierung mit dem Hinweis, dass diese Verbindung "abgesehen von ihrem Nutzen oder Schaden eines der schönsten Bauwerke (des) Cantons" (Verw.B. 1840: 232) sei.

Die Regierungen des Kantons Bern hatten sich also in mancherlei Hinsicht vorzusehen, wenn sie ihre Strassen bauen wollten. Sie hatten sich mit der Konkurrenz der andern Kantone, den gegensätzlichen Interessen der Unternehmer und Grundstückbesitzer, dem politischen Gegner und finanzpolitischen Schwierigkeiten herumzuschlagen. Zusätzlich hatten sie sich bei der Wahl der Linienführung mit den Interessen der Dorfschaften und einzelnen Personen auseinanderzusetzen. Etwas anders stellte sich der Strassenbau nämlich aus der Sicht einzelner Dörfer und Personen dar.

4. Gegensatz zwischen kantonalen und lokalen Strasseninteressen

Nachdem sich nach dem Regierungsantritt der Liberalen grundsätzlich der Staat um den Strassenbau kümmerte und die Allgemeinheit bezahlte, ersuchten natürlich alle Dörfer und Städte um neue Strassen. "Warum ist ... überhaupt in jener Gegend eine Strasse verlangt worden?" fragte Grossrat Obrecht am 6. März 1839 rhetorisch und antwortete: "Weil unmittelbar zuvor der Staat die Strassen übernommen hatte. Hat vorher Jemand eine Strasse verlangt? Niemand; aber sobald das geschehen war, kam durchgehends ein Fieber in die Leute, gleichsam eine Epidemie; jede Ortschaft wollte eine Strasse ... haben, damit ihre Wirtshäuser desto besser profitieren können" (Tagbl. GR, 26.3.1839: 4, Obrecht). Das Baudepartement sah sich 1835 schon veranlasst zu betonen, dass es unmöglich sei, den sich widerstreitenden Wünschen der verschiedenen Gemeinden samt und sonders Rechnung zu tragen und dass es Pflicht der Behörden sei, bei Anlage neuer Verbindungen nur "die höhern Landesinteressen, die möglichste Erleichterung für Handel und Gewerbe und den für einen Theil der Staatsbürger wie für das Aerar gleich wichtigen Transit zu berücksichtigen" (Tagbl. GR, 14.5.1835: 6). Mit ihren Wünschen, was die genaue Linienführung betraf, standen die Dörfer nicht selten in direktem Interessengegensatz zum Staate. Während der Staat Bern aus wirtschaftlichen Ueberlegungen und in der ersten Hälfte des Jahrhunderts auch aus zollpolitischen Gründen auf möglichst direkte und gerade Strassenführungen drängte, opponierten die abgelegeneren Dörfer und abgefahrenen Gehöfte. Grossräte und Dorfpotentaten suchten ihr Gewicht in die Waagschale zu werfen, um diese oder jene Kurve zu ihrem Hause herauszuschlagen oder sogar eine andere Linienführung zu erreichen. Der Streit um Wegverläufe ging in die Literatur ein.

5. Literaturhistorische Abzweigung: Kritik an den Grossräten

Nicht nur Gottfried Keller beschrieb in seinem berühmten, ab 1851 gedruckten Roman "Der Grüne Heinrich" das Seilziehen um die Richtung einer neuen Landstrasse (KELLER, Der Grüne Heinrich, 2. Teil, Kap. 15, Tischgespräche), auch Jeremias Gotthelf liess sich 1844 das Thema nicht entgehen. In seinem Werk "Herr Esau" nahm er den Vorwurf auf, einige "Heilige" und Mächtige des Grossen Rates wüssten alles zu ihrem persönlichen Nutzen durchzudrücken. Das Buch schildert ein Gespräch zwischen dem liberalen, regierungsfreundlichen Jakob und dem altgesinnten Sime Sämeli über den Strassenbau folgendermassen:

> "Er solle verzeihen, sagte Jakob, man mache nur die (Strassen), wo nötig seien für den Verkehr und für den Transit, und das bringe viel mehr Geld ins Land, als die Strassen kosteten. "Das ist e Donners Lugi", sagte Sime Sämeli; "so ring wie yche, so ring gehyts use, und, soviel Geld man uns ins Land bringt, um so mehr rösselt man damit zum Lande hinaus. Mit dem Machen, was nötig sei, soll man mir nicht kommen. Nit, wo sie nötig sind, macht man sie, sondern diesem oder jenem, wo wohl an ist oder obenan, zu Gefallen; so einem führt man, wenn er will, die Strasse über seine Kirschbäume, damit er die Leitern ersparen kann, und an andern Orten, wo ke Hung durchkommt, kann man brüllen, wie man will, es ist alles umsonst. ... je höher er oben ist, desto breiter macht man ihm die Strass, und wenn das fünfzig Jahr so fortgeht, so nähm es mich doch wunder, ob in fünfzig Jahren der Kanton nichts als Strasse wäre. Darum will man ja kein Strassennetz, damit man freie Hand habe, jedem zu strassen zum Haus, der zGnade chunnt." (GOTTHELF 1922: 93)

Sime Sämelis, bzw. Gotthelfs Vorwurf, dass kein zusammenhängendes Strassennetz geplant worden sei, sondern einzelne schöne Wege gebaut würden, erhoben auch die politischen Gegner der Liberalen, die Radikalen und Konservativen. Die liberale Regierung - beklagte sich die radikale Baudirektion 1849 - habe zwar im Strassenbau weder Mühe noch Geld gespart, unglücklicherweise sei sie aber ohne System vorgegangen. Mit der Anspielung auf die erwähnten Strassen sowie auf die 1844 vollendete Nydeggbrücke und die 1846 begonnene Tiefenaubrücke erklärte die Direktion, Bern dürfe nun nicht mehr teure, aber unwichtige Strassen bauen, nicht mehr nur einige grossartigen Brücken erstellen. Der Kanton müsse vielmehr danach trachten, ein bescheideneres, aber vollständiges Strassennetz aufzubauen (Bericht 19.1.1849, Tagbl. GR 1849: 12/13). In der Folge, vornehmlich in der Zeit der Fusionsregierungen, wurden dann von Zeit zu Zeit ein Strassenbauprogramm und ein Budget aufgestellt. Zu dieser Zeit waren die Strassen als Vorzeigeobjekte sowieso in den Hintergrund getreten.

6. Abzweigung in die Eisenbahnpolitik: neue Wahrnehmung

Der Eisenbahnbau hatte die Verkehrsverhältnisse auch in Bern radikal verändert. 1857 war die Strecke Olten - Burgdorf - Bern, 1859 die Bahn nach Thun und 1860 nach Fribourg gebaut worden. Nachdem übrigens 1826 zum ersten Mal ein Dampfschiff auf dem Bielersee gefahren war und man anfangs der fünfziger Jahre von einer schwimmenden Eisenbahn auf dem See geträumt hatte, wurde 1864 die Bahnstrecke Bern - Biel - Neuenstadt in Betrieb genommen. Beim Eisenbahnbau wiederholten sich die Schwierigkeiten des Strassenbaus in verschärfter Form. Linienführungen waren hier nicht minder umstritten, Finanzskandale jagten sich und schliesslich brach die Ost-Westbahn - im Volksmund nur noch O-wetsch-Bahn genannt - der Regierung 1877 das Genick. Der Berner Regierungsrat reichte seine - allerdings nicht akzeptierte - Demission ein, nachdem der Staat die Bahn mit grossen finanziellen Verlusten einer privaten Kapitalgesellschaft abkaufen musste. Eine Flut von Karikaturen zu den Skandalen und zum neuen Verkehrsmittel allgemein beweisen, wie sehr die Bahn die Bevölkerung in Atem hielt. Wolfgang Schivelbusch behauptet in seiner Geschichte der Eisenbahnreise, dass sich mit diesem Schienenfahrzeug die gesamte Wahrnehmung der damaligen Menschen verändert habe (SCHIVELBUSCH 1977: 60f). Im Verhältnis zu den Eisenbahnproblemen waren also die Strassenprobleme relativ klein.

Erstaunlicherweise wurde nach dem Bau der Eisenbahnlinien die Strasse nicht als unversöhnliche Konkurrenz zur Schiene betrachtet, sondern als Ergänzung. 1865 gingen der Grosse

Abb. 6 "Maschine zum Uebersetzen der Diligencen auf Eisenbahnwaggons." (Oben: ILLUSTRIRTE ZEITUNG 8.6.1844; unten: MOSER 1964, o.S.)

Rat und die Verwaltung davon aus, dass eisenbahnlose Gegenden dank verbesserten Strassen mit dem neuen Verkehrsmittel in Verbindung gesetzt werden sollten, um deren Vorteile mitgeniessen zu können. "Es ist doppelt notwendig, erklärte Oberst Meyer im Grossen Rat, dass der Staat bei seinen Strassenbauten hauptsächlich diejenigen Gegenden berücksichtigt, welche von den Eisenbahnen wenig oder nichts haben ... und Thalschaften, welche bis dahin von der Aussenwelt so gut wie abgeschlossen waren, in Beziehung mit der übrigen Welt treten" (Berichterstatter der Kommission zur Vervollständigung des Strassennetzes, Tagbl. GR, 14.3.1865: 203/4).

Wenn von der Funktion her die Schiene nicht unbedingt als Konkurrent der Strasse betrachtet wurde und man den Huckepackverlad schon im Droschkenzeitalter praktizierte (vgl. Abb. 6), so herrschte doch die Angst, wegen der finanziellen Eskapaden des Bahnbaus könnte dem Strassenbau das Geld entzogen werden. In Anspielung an die Bahnbauskandale erklärte Grossrat Bach 1865: "Der Grossrat begeht eine Ungerechtigkeit, wenn er die kleinste und ärmste Kirchgemeinde zwingt, den grössten und reichsten Gemeinden ihre Strassen und Eisenbahnen bauen zu helfen und dann ihr nicht auch zum Unentbehrlichsten hilft. Während die Begünstigsten Vergnügungsfahrten auf der Staatsbahn machen, müssen die Bewohner von Abläntschen ihre Kranken auf dem Rücken zum Arzt tragen. Solche Uebelstände sollten nicht mehr vorkommen zur Zeit, da man human heissen will und mit Millionen Staatsgeld leichtsinnig spielt" (Tagbl. GR, 14.3.1865: 20).

7. Verkehrspolitische Abzweigung: die Angst vor den Velos und die Trottoirs

Das gegenüber der Bahn verlorene Terrain holte sich die Strasse zum Teil mit dem verallgemeinerten Gebrauch von Velos und Autos zurück. Erstaunlicherweise bezeichnete die Berner satirische Zeitung "Der Postheiri" 1869 das Velo als typisches Vehikel des 19. Jahrhunderts und seiner Unrast (Abb. 7):

"Das Velozipède ist der verkörperte Zeitgeist der zweiten Hälfte des neunzehnten Jahrhunderts. Der Velozipède-Reiter kann nur im raschesten Laufe fahren und sich aufrecht halten; fährt er langsam oder will er still halten, so riskirt er, mit der ganzen Maschine im Strassenstaub, resp. Koth zu liegen. Gibt es ein treueres Bild der fieberhaft vorwärts treibenden Bestrebungen unserer Zeit?" (POSTHEIRI, 7.8.1869). Die Fahrsitten der Velofahrer erregten so grosses Aergernis, dass sie Gegenstand einer Motion und einer Grossratsdebatte wurden. Baudirektor Dinkelmann bekannte dabei im Dezember 1891, schon zweimal angefahren worden zu sein. Verurteilt wurde die Mode der Radfahrer, statt zu läuten oder ein Hornsignal zu geben, Knallbonbons auf den Weg zu werfen und da-

Abb. 7 "Papa lässt sich von Frau Gemahlin und Fräulein Töchtern im Velocipede-Fahren unterrichten." (POSTHEIRI 12.6.1869, 140)

mit die Droschkenpferde zu erschrecken. Und erzählt wurde auch der Fall eines erwiesenermassen sehr stark im Zickzack fahrenden Radlers, der eine Frau umrannte und wegen der veralteten Gesetze doch nicht bestraft werden konnte (Tagbl. GR 22.12.1891: 520/21, Motion Wyss). In der Folge wurde 1892 in Bern die "Verordnung betreffend das Fahren mit Velozipeden" erlassen und 1900 die "Verordnung über den Verkehr mit Motorwagen". Allerdings darf nicht vergessen werden, dass schon die Droschken Angst und Schrecken verbreitet hatten. Die älteste bernische Geschwindigkeitsbeschränkung stammt aus dem Jahre 1733 und bedeutete den Droschkenfahrern, sie sollten in engen Gassen und auf Kreuzungen nur im Schritt fahren. Mit zunehmendem Droschkenverkehr wurde die von den Römern praktizierte Erhöhung der Fussgängerbahn wieder Mode. Als in Bern die Grabenbrücke beim Murtentor einzustürzen drohte und durch eine steinerne ersetzt werden sollte, wurden 1792 ein bis zwei Trottoirs vorgeschlagen.

8. Abzweigung in die Hygienelehre: die Angst vor Miasmen
───

Georg Germann bringt die Bürgersteige vor allem mit der Sicherheit des Fussgängers und seiner Angst vor Droschken in Zusammenhang (Der kleine BUND, 4.8.1984). Der französische Historiker Alain Corbin zieht in seinem Buch "Pesthauch und Blütenduft" auch eine Verbindung zu den Hygienevorstellungen des Menschen im 17./18. Jahrhundert. Der damalige Mensch fürchtete die Miasmen, d.h. den Pesthauch oder allgemeiner: die krankheitserregenden Partikel und lokalisierte sie mit Vorliebe in sumpfigen, faulenden und feuchten Stellen, die Dünste und Gase absonderten. Mit der Trockenlegung der Strassen - und das hiess mit ihrer Pflästerung - suchte er der verderblichen Feuchte und den Dämpfen Herr zu werden. Steinplatten konnten mit grossen Wassermengen sauber gespült werden, ohne dass sie sich in gefährlichen Morast verwandelten. Nur mit einem Nebensatz soll hier das gegenteilige Problem - die ungeheure Staubentwicklung auf heissen Strassen - angetönt werden, die man anfangs des 20. Jahrhunderts mit der

damals noch umstrittenen Strassenteerung zu meistern suchte.
Wie weit nun die Pariser Untersuchungen Alain Corbins, der
die Entstehung der Bürgersteige mit hygienischen Wertungen
in Zusammenhang bringt, auf die Berner Verhältnisse im 18.
oder gar 19. Jahrhundert angewendet werden können, ist nicht
untersucht. So soll dahingestellt bleiben, ob Berns strassenreinigende Frauen nur aus ästhetischen Gründen die
Stadtstrassen geradezu fegen mussten. Und unbestimmt soll
bleiben, ob sich die vielen Paragraphen zur Trockenhaltung
der Wege nur aus praktischen Ueberlegungen durch die bernische Strassengesetzgebung ziehen oder ob sie in die Geschichte
der Hygiene eingebettet werden sollten. Wenn Corbin betont,
dass dem damaligen Menschen sogar die Nachbarschaft der Bäume Angst einflösste (S. 205), mag dies zwar an bernische
Vorschriften erinnern. Die Verordnung von 1744 führt allerdings nur praktische Gründe auf, wenn sie erklärte: "Damit
die Strassen von der Sonne und den Winden nach Regenwetter
möglichst schnell getrocknet werden können und hart bleiben,
sollen an den Stellen, wo die Strassen durch Wälder gehen,
alle Bäume und Sträucher je 25 Schuh vom Strassenrand entfernt werden. Auf den Feldern müssen die Bäume mindestens 12
Schuh vom Zaun an der Strasse wegstehen" (BAUMANN 1924: 142).
Minder harte Vorschriften enthält das Gesetz von 1834.

Auf jeden Fall konnten diese Gesetzesbestimmungen den präch-
tigen Alleen Berns keinen Abbruch tun, wenn auch ein im Jahre 1885 eingereichtes Postulat kritisierte, dass sie der An-
legung neuer Baumreihen hinderlich seien.

9. Kulturhistorische Abzweigung: die Berner Alleen

Die alten Alleen waren 1757 vom Kleinen Rat der Republik
Bern initiiert worden, der die Ausfallstrassen mit Ulmen,
Eschen und Rosskastanien beidseitig bepflanzt haben wollte.
Vorbild für Alleen und Promenaden waren die Versailler Hof-
sitten und der damit zusammenhängende Aufschwung des Garten-
baus. Vorerst waren die Alleen in der Schweiz als schatten-
spendende Zufahrten zu barocken Landsitzen, dann an städti-

schen Ausfallstrassen gepflanzt worden. In Bern hatte 1740 der Werkmeister Samuel Lutz den Auftrag erhalten, am Nordwestende des Kornhausplatzes die Grabenpromenade (Lindenhofpromenade) zu erbauen. Sie war nach der Münsterpromenade die zweite Berner Promenade, weitere folgten (MEYER 1980: 121-123).

Inwieweit die ästhetischen Bedürfnisse auf die praktischen und hygienischen Anforderungen Rücksicht nahmen und der gesetzlich vorgeschriebene Abstand eingehalten wurde, kann hier nicht entschieden werden. Immerhin beschwerte sich das erwähnte Postulat von 1885 über die ungenutzten Landstreifen entlang der Strassen, was darauf hinweist, dass einiger Abstand genommen wurde. Typisch ist es für das Ende des 19. Jahrhunderts, dass man sich über ungenutztes Land aufregte, und so mag es auch nicht erstaunen, dass das bürgerliche Bern nicht mehr daran dachte, zwar schöne, aber nutzlose Baumalleen zu pflanzen, sondern das Schöne mit dem Nützlichen zu verbinden suchte. Hatte schon das Kriegsratsdekret von 1757 Ulmen und Eschen als Alleebäume gefordert, weil deren Holz für die Erstellung von Kriegsfuhrwerken besser geeignet sei, so waren es jetzt nicht kriegswirtschaftliche, sondern landwirtschaftliche Ueberlegungen, die nach nützlichen und nutzbaren Obstbäumen für die Alleen verlangten. Die Berner Regierung ging auf den Vorschlag ein. Und 1895, anlässlich der schweizerischen landwirtschaftlichen Ausstellung in Bern, wies die Direktion der öffentlichen Bauten Berns in ihrem "Bericht über die Obstbaumpflanzungen längs der Staatsstrassen" auf stolze 27'044 Baumsetzlinge an 101 Orten des Kantons hin.

Kriegs- und landwirtschaftliche Ueberlegungen, hygienische und kulturelle Vorstellungen hinterliessen Spuren am Strassensaum. Auf die Strassen selbst wirkten direkt oder indirekt politische, wirtschaftliche und soziale Einflüsse. Genügend hinterfragt kann so anhand der Berner Strassen des 19. Jahrhunderts ein vielfältiges Panorama zeitgenössischer Ansichten, Probleme und Wertungen aufgefächert werden.

9. Literaturverzeichnis

Abkürzungen

GR	Grossrat
RR	Regierungsrat
Rst	Regierungsstatthalter
Tagbl. GR	Tagblatt des Grossen Rates
Verw.B.	Verwaltungsbericht

Quellen und Darstellungen

BAUMANN, G., 1924: Das bernische Strassenwesen bis 1798. Sumiswald

BUND, Der, Berner Tageszeitung

CORBIN, A., 1982/1984: Pesthauch und Blütenduft. Eine Geschichte des Geruchs. Paris/Berlin

GOTTHELF, J., 1922: Der Herr Esau, Erster Teil. In: Sämtliche Werke in 24 Bänden, Erster Ergänzungsband. Erlenbach/Zürich

GUKKASTEN, Der, 1841 (Staatsarchiv Bern)

HEINIGER, J.A., 1873: Geschäftlimacherei und Rechtspflege im Kanton Bern oder der Kronenhandel von Neuenstadt. Zürich

HEYER, H.R., 1980: Historische Gärten der Schweiz. Die Entwicklung vom Mittelalter bis zur Gegenwart. Bern (100 Jahre Gesellschaft für Schweizerische Kunstgeschichte 1880-1980)

ILLUSTRIRTE ZEITUNG, 1844. Leipzig (Stadt- und Universitätsbibliothek Bern)

KELLER, G., 1972: Der Grüne Heinrich. In: Werke. Zürich, ex libris

MOSER, F.Th., 1964: Lyss - 100 Jahre Eisenbahn 1864-1964. Die geschichtliche Grundlage zu seiner heutigen Entwicklung. Hrsg: Einwohnergemeinde Lyss. Lyss

POSTHEIRI, Der, 1853-1869: Illustrirte Blätter für Gegenwart, Oeffentlichkeit und Gefühl. Staatsarchiv Bern

SCHIVELBUSCH, W., 1977: Geschichte der Eisenbahnreise. Zur Industrialisierung von Raum und Zeit im 19. Jahrhundert. München/Wien

TAGBLATT DES GROSSEN RATHES des Kantons Bern, 1833 ff: Bern
(Staatsarchiv Bern)

TUERLER, H., 1896: Bern: Bilder aus Vergangenheit und Gegenwart. Bern

VERWALTUNGSBERICHT, 1831 ff: Bericht des Regierungsrathes der Republik Bern an den Grossen Rath über die Staatsverwaltung. Bern (Staatsarchiv Bern)

WARENTRANSPORT UEBER DIE ALPENPÄSSE IM 19. JH. *)

Pio Caroni

1. Einleitung

Warentransport über die Alpenpässe im 19. Jahrhundert. Warum diese einseitige Ausrichtung auf das letzte Jahrhundert? Gründe rein äusserlicher Art liessen sich zwar verschiedene anführen: Die unmittelbare zeitliche Nähe, mit all dem, was sie einem historisch denkenden Menschen vermittelt oder in die Hände spielt; die Fülle der Quellenüberlieferung und damit einhergehend die (oft bloss scheinbare) Erleichterung der Suche nach Belegen und Aussagen; oder die unmittelbare Betroffenheit, die bloss bei relativer zeitlicher Nähe der Ereignisse entsteht und dem historischen Interesse sofort andere Konturen verleiht: "Le passé d'hier, le seul passé qui nous touche vraiment et nous attire", nach der schönen Formulierung von Anatole France.

Diese Gründe waren für mich allerdings nicht primär von Belang. Eher ins Gewicht fielen Ueberlegungen, die ausschliesslich der darzustellenden Geschichte selbst angehören, bzw. aus ihr entnommen werden können. Denn in der Geschichte des Warentransportes über die Alpenpässe nimmt das 19. Jahrhundert eine besondere Stellung ein. Damals änderte sich nämlich die konkrete Organisation des Transportes, die seit Jahrhunderten praktisch unverändert bestanden hatte, radikal. Sie wurde durch eine Transportart abgelöst, die sich nach anderen Kadenzen abwickelte und auch anderen Interessen diente. Durch eine Transportart allerdings, die kurzlebig war und ihrerseits bald weichen musste, als durch den Bau der Eisenbahntunnel ganz andere und bisher ungeahnte Transportmöglichkeit Wirklichkeit wurden.

Lässt man zuerst auch diese Entwicklung noch unbeachtet, bleibt eine wichtige Zwischenepoche darzustellen, die noch ganz zur Geschichte des Strassentransportes gehört. Jene, die ungefähr zwei Generationen dauerte und eine neue Organisation des Warenverkehrs verwirklichte, die sich von der bisherigen, jahrhundertealten Praxis radikal und umfassend unterschied.

Durch diese einleitenden Bemerkungen sollen auch die Hauptfragen angedeutet werden, denen ich mich widme, und die ich so formulieren möchte: zuerst soll die alte Organisation des Transportes, mindestens in ihren Grundzügen, dargestellt werden (2). Sodann wird es gelten, den Uebergang von diesem zum neuen System des Warentransportes im Einzelnen zu schildern (3). In einem Schlussabschnitt soll zudem versucht werden, die stattgefundene Entwicklung nicht mehr als für sich stehende und isolierte Erscheinung, sondern gleichsam als Kapitel jener globalen wirtschaftlichen, sozialen und politischen Umwälzung zu verstehen, die im 19. Jahrhundert das Antlitz der Erde, und damit auch das Leben der Menschen, von Grund auf und wirklich nicht mehr zum Guten, radikal verändert hat (4).

2. Bis zum 19. Jahrhundert: Das Transportmonopol der Gemeinde

Seit dem mächtigen Aufschwung des Handels, der im 12./13. Jh. als Folge der Erschliessung neuer Märkte und Produktionsgegenden im Osten eingetreten war, nehmen immer regelmässiger Handelswaren den Weg vom oberitalienischen Raum nach Norden, wo sie an nun neu errichteten, städtischen Märkten umgesetzt wurden. Wie und von wem wurden diese Handelswaren transportiert? Darauf kann man nicht einheitlich antworten. In der Ebene, wo früh fahrbare Strassen angelegt worden waren, oblag dem Kaufmann selbst die Organisation des Transportes. Im Gebirge komplizierte sich die Sache: geomorphologische Hindernisse und klimatische Verhältnisse überforderten hier die Kaufleute und liessen bald die ausschliessliche Besorgung des Transportes durch die lokale und ortskundige Bevölkerung als einzig praktikable Lösung erscheinen. Wo die Hänge steiler wurden und der schmale Saumweg die bequemere Strasse ersetzte, wurden die ankommenden Waren auf Saumtiere (Pferde und Maulesel vor allem) umgeladen und traten so, begleitet vom lokalen Säumer und lange auch noch vom Kaufmann, ihren Weg über den Gebirgskamm an.

Nicht menschliche Planung und noch weniger die Wünsche der Kaufleute, sondern das "zwingende Gebot der örtlichen Verhältnisse" hatte im Gebirge eine Transportsituation entstehen lassen, die im wesentlichen (also weder ausnahms- noch rückschlagslos) während Jahrhunderten dauerte und erst im 19. Jh. definitiv überwunden werden sollte. Man kann diese Situation durchaus als faktisches Transportmonopol lokaler Gemeinden oder Genossenschaften (auf die konkrete und von Gegend zu Gegend stark variierende Bezeichnung kommt es hier nicht an) bezeichnen. Danach beanspruchte die lokale Korporation das ausschliessliche Transportrecht über ein bestimmtes, Gemeindegrenze mit Gemeindegrenze, oder eher Sust mit Sust verbindendes Strassenstück. Womit gleich gesagt sein soll, dass sich der Warentransport derart als Etappenverkehr abwickelte, was auch den lokalen Teilnehmern am gelegensten gewesen sein dürfte. Genauere Kenntnisse über die organisatorische Gestaltung dieses Monopols sowie über den Stellenwert, der ihm im örtlichen sozialen und wirtschaftlichen Bereiche zukam, lassen sich aus der Betrachtung jener Verbände ziehen, denen der Transport effektiv oblag und die man deswegen als Säumergenossenschaften bezeichnen darf. Drei kennzeichnende Merkmale sollen hervorgehoben werden.

2.1. Die Ausschliesslich

Das Transportrecht (Saumrecht) des Einzelnen wurde stets als Ausfluss der Gemeindezugehörigkeit verstanden. Es stand nur vollberechtigten Mitgliedern der politischen und wirtschaftlichen Gemeinde zu, genau wie alle übrigen durch die Gemeinde vermittelten Nutzungsmöglichkeiten (Allmende, Gemeinatzung usf.) auch. Es teilte infolgedessen die Ausschliesslichkeit die dem Gemeinderecht anhaftete: es war unveräusserlich und konnte nur durch Erbgang erlangt werden. Einer unwillkommenen Ausbreitung wusste die Gemeinde durch altbewährte Mittel zu begegnen: z.B. durch das Verbot der Aufnahme neuer Teilhaber oder durch die Beschränkung der weiblichen Erbfolge.

2.2. Wirtschaftsdemokratische Ausrichtung

Säumergenossenschaften haben stets wirtschaftsdemokratische Ziele verfolgt. Das bedeutet: Sie begnügen sich nicht mit der Zuweisung einer formellen Transportberechtigung, sondern schufen zugleich - durch eine ausführliche interventionistische Gesetzgebung, die als Seitenstück bzw. als alpine Variante der städtischen Zunftgesetzgebung gelten darf - jene Voraussetzungen, die jedem Teilhaber auch die effektive Ausübung des verliehenen Saumrechts ermöglichen sollten. Um einige Beispiele zu erwähnen: Sie verhinderten die Häufung mehrerer Saumrechte in derselben Hand; sie schrieben eine Höchstzahl von Pferden vor, mit denen der Saumberechtigte seinem Gewerbe nachgehen konnte; vor allem aber zwangen sie den Teilhabern die Einhaltung einer Kehrordnung auf, nach der Ladung in der Sust zum Abtransport bezogen werden konnte. Diese stets streng gehandhabte Massnahme liess das Aufkommen konkurrenzähnlicher Verhältnisse unter den Säumern nicht zu. Dadurch wird auch konkret sichtbar, in welchem Sinne die entsprechende Statutargesetzgebung als demokratisch gelten konnte: Weder beseitigte, noch lockerte sie jene wirtschaftlichen Ungleichheiten, die bestimmt unter den Teilhabern bestanden. Aber sie verhinderte erfolgreich, dass bestehende wirtschaftliche Ungleichheiten sich in der so begehrten Transporttätigkeit auswirken konnten. Hier gab es daher kaum eine faktische Selektion, eine Verwertung oder auch nur Ermunterung der Einzelinitiative.

2.3. Die Autarkie

Was schliesslich die wirtschaftliche Ausrichtung anbelangt, so lässt sich folgendes beobachten. Die Saumtätigkeit entfaltete sich bloss in jenem Rahmen und nach jenem Umfang, die eine streng autarke landwirtschaftliche Organisation zuliess. Jeder Säumer hatte daher Bauer zu sein, bzw. erst als Bauer konnte er sich dem Transport widmen. Eine irgendwie geartete landwirtschaftliche Tätigkeit (Viehzucht, Feldbau usf.) war daher natürliche und nötige Voraussetzung der Säumer. Diese Abhängigkeit wurde während Jahrhunderten akzeptiert; weil sie nicht blosse Tradition, sondern eigentlich regelrechte Existenzbedingung des Transportrechts war. Ohne sie wäre jedenfalls eine gemeinschaftliche Ausübung der Säumerei im historisch belegbaren Rahmen nicht mehr denkbar gewesen. Sie zwang beispielsweise die Säumer, nur mit Pferden anzutreten, die mit eigenem Heu und Hafer gefüttert werden konnten. Dadurch beugte sie indirekt der Verteuerung der Transportkosten vor, was im Hinblick auf die grosse Konkurrenz, die zwischen den verschiedenen Pässen herrschte und die von den Kaufleuten bewusst geschürt wurde, von grosser praktischer Bedeutung war. Hinzu trat als wichtiges Moment noch die soziale Sicherheit, die sie den Säumern vermittelte. Wenn nämlich von aussen wirkende Ursachen politischer, militärischer oder wirtschaftlicher Art den Warenfluss zeitweise von der bisher befolgten Routen ablenkten, konnte sich nur derjenige Säumer retten, der auch Bauer geblieben war. Die beibehaltene landwirtschaftliche Tätigkeit - der er sich nun ausschliesslich widmen konnte - ermöglichte ihm das Ueberleben trotz unberechenbarer und von ihm nicht lenkbarer Schwankungen des Verkehrs.

Die hier in ihren Grundzügen geschilderte Organisation des Transportes entsprach ganz den Interessen und Bedürfnissen der örtlichen Bevölkerung. Sie bot ihr lange eine willkommene Ergänzung des oft bescheidenen landwirtschaftlichen Ertrages. Sie entsprach allerdings nicht den Erwartungen der Kaufleute. Diese drängten daher ab dem 14./15. Jahrhundert immer entschiedener auf Lockerung, wenn nicht gerade Beseitigung, des örtlichen Monopols und Zulassung direkter Fuhren, etwa von Chur nach Bellinzona, von Flüelen nach Magadino, von Sion nach Domodossola usf. Mindestens zum Teil sind diese Wünsche schliesslich - aber meist erst durch die Intervention des Landesherrn - in Erfüllung gegangen. So kam seit dem 15. Jh. die direkte Fuhr (Strackfuhr) auf. Sie stand im Zeichen einer Spezialisierung der Speditions- und Transporttechnik und führte teilweise auch zu einer Professionalisierung des Gewerbes. Diese wichtigen Aspekte einer umfassenden Umwälzung sollen hier aber nicht weiter verfolgt werden. Zu genügen hat eher der abschliessende Hinweis darauf, dass die Strackfuhr im Laufe der Neuzeit weder ausschliessliche, noch primäre Transportart werden konnte. Neben ihr wurden immer auch Waren etappenweise und ausschliesslich durch Gemeindesäumer befördert. Noch zu Beginn des 19. Jahrhunderts galt diese altüberlieferte Modalität des Transportes als Regel, die am Gotthard zwei Drittel aller Transportgüter erfasste. Daher darf die bisherige Entwicklung als solche bezeichnet werden, die weitgehend durch das Transportmonopol lokaler Verbände geprägt war.

3. Im 19. Jahrhundert: Der Sieg der freien Konkurrenz

Im 19. Jahrhundert ändert sich schlagartig zuerst das rechtlich-politische Bild. Liberale Verfassungen ersetzten Ordnungen einer überwundenen Welt, in der Zünfte, Monopole, Privilegien allerlei Art tonangebend gewesen waren. Ich rufe einige Beispiele in Erinnerung, die hier von Bedeutung sind:

Die Helvetik bekannte sich mit einem Gesetz vom 19. Oktober 1798 ausdrücklich zum Prinzip der Handels- und Gewerbefreiheit, was die gleichzeitige Aufhebung des Zunftzwanges involvierte; die Mediationsakte von 1803 gewährleistete im ganzen Lande "den freien Verkehr mit Lebensmitteln, Vieh und Handelswaren", bekannte sich damit zur Zirkulationsfreiheit; kantonale Verfassungen der Restauration beseitigten durchwegs alle Vorrechte der Orte, der Geburt, der Personen und Familien. Alle diese Bestimmungen betrafen direkt oder indirekt auch das Transportmonopol örtlicher Gemeinschaften und liessen seine entschädigungslose Aufhebung als Gebot der Stunde erscheinen. Aber dennoch vermochte keine von ihnen, dies zu bewirken, wie folgende Beispiele gleich belegen.

Beginnen wir mit der Helvetik:
In Anwendung der erwähnten Prinzipien betrachtete sie das Fuhrwesen als "kein ausschliessliches Provilegium gewisser Gemeinden oder Gemeindsbürger", so dass Kaufleute das Recht haben sollten, "ihre Waren durch beliebige vertraute Leute zu versenden". Diesen Prinzipien folgend schützte sie zu-

nächst die Klage von einigen Niedergelassenen aus Airolo, die das Transportrecht beanspruchten, obwohl sie nicht zu den alteingesessenen Bürgern gehörten. Aber bereits einige Monate später erfolgte die Kehrtwendung: Der Gemeinde Airolo, die gegen den soeben erwähnten Beschluss Beschwerde eingelegt hatte, wurde eiligst attestiert, sie werde "vorläufig bei den bisherigen Uebungen und Rechten geschützt". Und gleich darauf wurde, in offener Leugnung eigener Aussagen und obschon Gemeindemonopole "als dem freien Erwerb und der guten Oekonomie zuwider, gesetzlich aufgehoben" sind, das bisherige System für die Winterszeit doch beibehalten, solange die Gemeinden Schneeräumungs- und sonstige Unterhaltspflichten erfüllten.

Dieselbe Beobachtung wiederholt sich später, unter den verschiedensten politischen Systemen. Die Urner Säumer wollten immer wieder den Warentransit zu Wasser und zu Land von der Zirkulationsfreiheit der Mediationsverfassung ausnehmen; sie hielten prinzipiell am Teil- und Sustzwang fest, und befreiten einzig jene Kaufleute davon, die eigene Waren mit eigenen Pferden beförderten. Und den Bündner Portensgenossen gelang gar noch in den dreissiger Jahren - als die Regeneration allmählich um sich griff und auch im Transportwesen immer lauter freie Konkurrenz verlangt wurde - die Rettung des ausschliesslichen Verladungsrechts für alle auf der oberen oder unteren Strasse beförderten Kaufmannsgüter.

Aus diesen Belegen lässt sich unschwer folgender Schluss ableiten: Die Verkündung neuer politischer und wirtschaftlicher Prinzipien allein hat kaum den Durchbruch einer neuen Organisation des Transportes ermöglicht. Dazu musste etwas Weiteres und Wirksameres hinzukommen, etwas, das noch vor der Errichtung des Bundesstaates die endgültige Beseitigung aller Transportvorrechte der Gemeindesäumer nicht nur als denkbare und vollziehbare, sondern sogar als unaufschiebbare wirtschaftspolitische Massnahme erscheinen liess.

Dieser entscheidende Umstand war der zwischen 1823 und 1840 erfolgte Bau von Kunststrassen, bzw. die damit erreichte

Fahrbarmachung der wichtigsten Alpenübergänge. Ihr werde ich mich daher im Folgenden widmen.

Die Fahrbarmachung der Passwege war ein Unternehmen, das vielfältigen überlokalen Interessen militärischer, politischer und wirtschaftlicher Art entgegenkam. Sie verschlang Summen bisher unvorstellbaren Ausmasses, fand aber mühelos, eben dank ihrer nationalen und internationalen Tragweite, Geldgeber und sonstige Förderer. Deren Einwirkung, bzw. deren Druck, gelang es auch, lokale Widerstände gegen die Ausführung des Planes zu überwinden. Da sowohl die Finanzierung, als auch die konkrete Durchführung des Werkes die wirtschaftlichen und organisatorischen Möglichkeiten der lokalen Gemeinschaften weit überstiegen und eine straffe, einheitliche Leitung erforderten, führte die Fahrbarmachung bisheriger Saumwege einen entscheidenden Kompetenzübergang herbei. Was bisher die Gemeinden wohl oder übel besorgt hatten, wurde zur kantonalen Aufgabe: die Strasse. Die Kantone leiteten nun deren Erschliessung, übernahmen den regelmässigen und nun aufwendigeren Unterhalt und verpflichteten sich auch zur Winteröffnung. Man könnte auch sagen: Allmählich aber unwiderruflich entzog sich die Strasse den Zwängen der dörflichen Oekonomie und öffnete sich neuen, verschiedenartigen aber allesamt ortsübergreifenden Erwartungen.

Die Entlastung der Gemeinden war folgenschwer. Sie liess nämlich das bisherige Transportmonopol in neuem Licht erscheinen. Bisher hatte es nämlich als die funktionelle Kehrseite der den Gemeinden obliegenden Strassenbau- und Unterhaltspflicht gegolten; nun zerstörte die stattgefundene Entwicklung eine jahrhundertealte Korrelation. Das Monopol erschien jetzt als einseitige Privilegierung, damit als Zustand, dem jede wirtschaftspolitische Berechtigung abging. Es konnte nicht mehr verteidigt werden und fiel denn auch im Zuge weniger Jahre den Angriffen zum Opfer, die Speditoren und Kaufleute dagegen richteten. Diese hatten lauthals eine "angemessene und freisinnige Gesetzgebung" verlangt, womit unmissverständlich die Konkurrenzfreiheit im Tansportwesen gemeint war. Nur sie entsprach - wie Basler Kaufleute den noch skeptischen Urnern darlegten - "den Ansichten der ausgezeichnetsten Lehrer der Nationalökonomie, die die freie Entwicklung der Talente als eine Grundbedingung des Wohlstandes fordern". Und tatsächlich gelang zwischen 1830 und 1840 das Kunststück. Die drei wichtigen Passkantone Tessin, Uri und Graubünden lenkten ein und anerkannten nacheinander die Konkurrenzfreiheit am Pass.

Damit begann ein neues, wenn auch nur kurzes Kapitel in der Geschichte der Landtransporte. Es war dadurch charakterisiert, dass der Warenfluss stieg, die Zahl der Leute, die sich dem Transport widmete, sich verkleinerte und Transportkosten fielen.

Die Zunahme des Transportvolumens war eine leicht vorauszusehende und auch immer erhoffte Folge der Fahrbarmachung der Strasse gewesen. Diese ermöglichte, bzw. erzwang, den Einsatz von Wagen und Zugpferden im Sommer, Stangenschlitten und Ochsen im Winter, womit unvergleichlich mehr Ware als bisher mit Saumrossen transportiert werden konnte. Diese Umstellung von Saum- auf Wagentransport weckte nun ein gesteigertes Kapitalbedürfnis, das viele Teilnehmer zur Aufgabe der bisherigen Tätigkeit bewog. Denn einerseits zwang sie auch denjenigen, der immer noch mit seinem einzigen Pferd transportieren wollte, zum Ankauf von Wagen und Geschirr; andererseits ermöglichte sie (und vielleicht förderte sie sogar) die Konzentration des Fuhrwesens in wenigen Händen, weil sie nach Abschaffung aller Schutzvorschriften die Möglichkeit eines beliebigen Einsatzes von Pferden und Wagen eröffnete. Wer nützte diese Möglichkeit aus? Weniger als man zuerst annehmen könnte kapitalkräftige Unternehmer; viel eher dagegen die bisherigen Direktsäumer (Stracksäumer), die zwar nicht kapitalkräftig waren, aber auch nicht mehr über die Möglichkeit verfügten, sich wieder ausschliesslich der Landwirtschaft widmen zu können. Ihnen als längst dem eigentlichen Dorfleben sozial Entwurzelten blieb mit anderen Worten nichts anderes übrig, als Kredit aufzunehmen, um in der neuen, ungemütlichen Situation irgendwie mithalten zu können. In dieser neuen Situation waren aber nicht ihre Wünsche, sondern jene der Kaufleute und Speditoren tonangebend. Und dass diese Wünsche dem Spiel von Angebot und Nachfrage auch bei der Bestimmung der Transportkosten freien Lauf lassen wollten, war wohl selbstverständlich. Fazit: In wenigen Jahren sanken die Fuhrlöhne um 50 % in Graubünden, um 35 % am Gotthard.

Die Konkurrenzfreiheit zeigte bald ihre ersten Früchte. Aus der früheren Nebenbeschäftigung, die ganz in den Rahmen der lokalen Oekonomie passte, wurde nun ein Beruf des tertiären Sektors, dessen Konturen einseitig von jenen Leuten bestimmt wurde, denen die noch nicht abgeschlossene Transportrevolution als Rationalisierung, scil. progressive Hindernisbeseitigung, vorkam. Diese setzten sich freilich für eine weitere Beschleunigung des Transportes ein und kamen auch mit dem Bau der Eisenbahntunnel zum gewünschten Ziele. Als der Gotthardtunnel eröffnet wurde (1882), war es soweit: Der Warenfluss verschwand von der Bergstrasse, Hunderte von Menschen wurden arbeitslos und mussten auswandern. Andere Menschen begannen dafür, in ganz neuen Massstäben zu planen, rechnen, zählen und verwerten. Wie oft und immer im Leben: Was dem Einen als Katastrophe erschien, war den Anderen gleichsam Offenbarung und Ermunterung.

4. Deutung und Zusammenfassung

Am Schluss möchte ich versuchen, durch zusammenfassende Gegenüberstellung der beiden hier hauptsächlich behandelten Entwicklungsmomente einige Deutungsmöglichkeiten aufzuzeigen.

1. Den beiden Momenten lagen nicht bloss zweierlei Säumermodelle, sondern vielmehr auch zweierlei Gesellschaften, Kulturen, Weltanschauungen, Welten überhaupt, zugrunde. Vergleichen wir sie miteinander, so vergessen wir meist, dass auch wir zu einer dieser beiden Welten gehören und von deren Ideologie geprägt sind. Dann sehen auch wir in der frü-

heren Gesellschaft nichts als Rückständigkeit, in derjenigen des vorigen Jahrhunderts dafür nichts als Freiheit und Fortschritt. Dann erscheint uns die Transportgeschichte als mühsame, langwierige Beseitigung von Hindernissen, die längst überholte gemeinschaftliche Strukturen in den Weg gelegt und lange genug das Aufkommen einer raschen, billigen und sicheren Transportart verhindert hatten. Dadurch - wie ich sagte - teilen wir die Beurteilungskriterien des siegenden Bürgertums. Sie sind real, jene Kriterien, aber auch einseitig. Wenn wir als Historiker über diese Entwicklung nachdenken, dürfen wir nicht bei dieser Beurteilung bleiben, wir haben sie vielmehr mit dem Hinweis darauf zu ergänzen, dass auch die überwundene und verlierende Welt ihre Logik, ihre Rationalität, ihre Werte hatte. Sie hat nämlich lokale Bedürfnisse in einem Ausmasse berücksichtigt, das uns heute noch - vielleicht schon wieder vor Neid - sprachlos werden lässt.

2. Die in meinem Vortrag überblicksartig dargestellte Entwicklung wurde oft so zusammengefasst: vom Gemeindemonopol zu Konkurrenzfreiheit. Das heisst im Klartext: von einem System, das der Verwertung von Energien und Initiativen eher abhold war, zu einem solchen, in dem erst Befreiung/Entfesselung erlebt und praktiziert werden konnte. Begnügt man sich aber nicht mit dieser Formulierung - auch sie könnte eine Schablone sein - und prüft man darüber hinaus (oder dennoch) das, was sich historisch belegen lässt, so erscheint die Wirklichkeit mit anderen Tönen und Akzenten. Denn eigentlich werden beide Perioden durch monopolartige Situationen charakterisiert. Das Monopol der Gemeindesäumer wurde immer als solches bezeichnet, weil es sich auch in Gestalt der oft erwähnten interventionistischen Gesetzgebung als solches erkennen liess. Das Monopol der Speditoren aber war aus der Handels- und Gewerbefreiheit hervorgegangen und konnte nun dank der Konnivenz des gesetzgeberischen Vakuums gedeihen.

3. Auch in den sozialen Auswirkungen der beiden Monopolsituationen bestanden Unterschiede, die uns in der historischen Würdigung vorsichtig werden lassen. Das Monopol der lokalen Säumerverbände wies genossenschaftliche Züge auf, es schützte die Teilhaber, ohne die Kaufleute in die Knie zu zwingen. Waren diese nämlich mit den angebotenen Transportbedingungen nicht zufrieden, so blieb ihnen die Möglichkeit, andere Uebergänge zu benutzen. Und oft genügte allein schon diese Drohung, um die Verhandlungsbereitschaft der Säumer wiederherzustellen. Das faktische Monopol der Speditoren war aber eine ganz andere Sache: Es involvierte deren Macht, Transportbedingungen einseitig zu diktieren und ausschliesslich jene Fuhrleute zu beschäftigen, die sich diesen Bedingungen widerstandslos fügten. Was die Urner Transitordnung noch 1804 im Interesse der Säumer verbieten konnte, nämlich die "Verakkordierung der Fuhren" an einzelne Speditoren, wurde nun zur gängigen Praxis. Die Beziehung war zwar eine vertragliche, daraus erwuchs jedoch eine absolute (weil ausweglose) Abhängigkeit der Fuhrleute. Im vorigen Jahrhundert verglich man diese Abhängigkeit mit "einem beinahe lehenspflichtigen Verhältnis". Heute spricht man gelegentlich von einer daraus entstandenen Proletarisierung der Fuhrleute. Vielleicht gefallen uns diese Bezeichnungen nicht, weil sie etwa zu plakativ scheinen, oder aus anderen Gründen. Aber sie erinnern dennoch unmissverständlich daran, zu welchen Situationen die Konkurrenzfreiheit führen konnte. Und da jene Situation wohl als herbeigewünschte Konkretisierung der Handels- und Gewerbefreiheit zu gelten hat, lässt sich meine Darstellung vielleicht mit folgender Ueberlegung schliessen: Wie oft in der Geschichte des Ueberganges vom Ancien régime zum modernen, bürgerlichen Staat, so wurde auch hier die wunschgemäss eingetretene Liberalisierung von vielen nicht als Befreiung und Ermunterung, sondern als blosse Verlegung der Fesseln erlebt.

Anmerkungen und Literaturverzeichnis

*) Dieser Text, der einen blossen Ueberblick über eine komplexe und noch nicht im Détail erforschte Entwicklung vermitteln möchte, übernimmt und ergänzt teilweise auch einige Betrachtungen, die ich unter dem Titel "Dal contadino-somiere al carrettiere salariato" bereits an der 14. Studienwoche des Instituto internazionale di storia economica "Francesco Datini" in Prato/Firenze im April 1982 präsentiert habe. Da der damalige Bericht vor der Drucklegung noch einer umfassenden Umarbeitung unterzogen werden soll, wird vorliegend auf Belege und sonst dokumentarische Angaben verzichtet. Bloss die wichtigste neuere Bibliographie sei hier zusammengefasst:

PFISTER, H., 1913: Das Transportwesen der internationalen Handelswege von Graubünden im Mittelalter und in der Neuzeit, Chur.

DOMENIG, R., 1919: Zur Geschichte der Kommerzialstrassen in Graubünden, Ein Beitrag zur Verkehrspolitik Graubündens, Chur.

SIMONETT, J., 1978: Transitverkehr und sozialer Wandel am Beispiel der Bündner Täler Schams und Rheinwald in der ersten Hälfte des 19. Jahrhunderts, Zürcher Lizentiatsarbeit 1978 (eine gekürzte Fassung im Jahresbericht der Historisch-antiquarischen Gesellschaft von Graubünden 1981: 7-76).

SIMONETT, J., 1983: Transitverkehr und sozialer Wandel: der Gotthard und die Bündner Pässe, in: Il San Gottardo e l'Europa, Atti del convegno di Studi Bellinzona maggio 1982, Bellinzona: 115-130.

BAUMANN, W., 1954: Der Güterverkehr über den St. Gotthardpass vor Eröffnung der Gotthardbahn, unter bes. Berücksichtigung der Verhältnisse im frühen 19. Jahrhundert, Diss. rer. pol. Zürich.

BIELMANN, J., 1972: Die Lebensverhältnisse im Urnerland während des 18. und zu Beginn des 19. Jahrhunderts, Basler Beiträge zur Geschichtswissenschaft 126, Basel-Stuttgart.

STADLER, H., 1977/78: Die urnerische Sust- und Passordnung vom 19. Dezember 1802, Historisches Neujahrsblatt des Kt. Uri: 155-180.

CARONI, P., 1978: Dorfgemeinschaften und Säumergenossenschaften in der mittelalterlichen und neuzeitlichen Schweiz, in: Nur Oekonomie ist keine Oekonomie, Festgabe zum 70. Geburtstag von B.M. Biucchi, Bern-Stuttgart: 79-127.

CARONI, P., 1979: Zur Bedeutung des Warentransportes für die Bevölkerung der Passgebiete, in: Schweizerische Zeitschrift für Geschichte 29: 84-100.

Die "Industrie" Graubündens: Vom Transit- zum Fremdenverkehr

Jürg Simonett

1. Grundsätzliches

In einem Jahresrückblick des "FREIEN RAETIERS" war Ende 1880 folgende Beobachtung zu lesen (RAETIER 1880: 232):

"Der Fremdenverkehr hat für unser Gebirgsland ganz die nämliche Bedeutung erlangt, wie für andere Kantone die Maschinenindustrie. Was den fast ganz verlorenen Transit ersetzt und zwar vielfach, das ist der Fremdenverkehr, was Geld ins Land bringt, das ist der Fremdenverkehr."

Tatsächlich sind Transit- wie Fremdenverkehr zu ihren jeweils besten Zeiten in Graubünden als Industrien bezeichnet worden, Industrien im älteren, wörtlichen Sinne von "Fleiss, Betriebsamkeit"! Tatsächlich sind einige Gemeinsamkeiten mit der eigentlichen Fabrikindustrie festzustellen; auch im Strassentransitverkehr und im Fremdenverkehr war der Kapitaleinsatz stark, wurde grosskaufmännisch kalkuliert und arbeiteten viele Hände.

So hatte bereits 1868 der "FREIE RAETIER" behaupten können (RAETIER 1868: 81):

"Was Industrie in Graubünden! wird wohl mancher geehrte Leser denken; ja Industrie! und diese besteht - im Fremdenverkehr!"

Historisch gesehen hat allerdings der Transitverkehr über die Bündner Pässe sehr viel ältere Wurzeln und wäre im obigen Sinne als die erste spezifisch bündnerische Industrie anzusprechen. Diese Eigenschaft als Durchgangsland hatte für politische Verhältnisse und Erwerbsmöglichkeiten so grosse Bedeutung, dass P.C. von PLANTA 1866 nicht ganz zu unrecht schrieb (zitiert nach JOST 1952: 122): "Die Geschichte Graubündens ist im Kern und Wesen eine Geschichte seiner Pässe."

Es geht im folgenden also um zwei Erwerbszweige, die neben der mindestens bis 1900 vorherrschenden Landwirtschaft manchen Bündner Tälern Arbeit und Brot verschafften, um zwei Arten von Verkehr:

- den Warentransitverkehr über Splügen und Bernhardin, Septimer und Julier, der während Jahrhunderten auf Saumpferden erfolgt war, nach 1820 mit den "Kunststrassen" einen letzten Aufschwung erlebte, mit den ersten grossen Alpenbahnen in eine Krise geriet und spätestens mit Eröffnung der Gotthardlinie 1882 für lange Zeit aufhörte.

- den Fremdenverkehr, der auswärtige Gäste zu einem kürzeren oder längeren Aufenthalt in die Alpentäler brachte und auf mannigfaltige Art den Einheimischen Verdienst verschaffte. Den Beginn dieser Entwicklung kann man für Graubünden frühestens 1850 ansetzen.

2. Der Transitverkehr und sein Zusammenbruch

Seit jeher war für manche Bündner Täler der Durchgangsverkehr über die Alpenpässe eine Möglichkeit, der vorherrschenden Landwirtschaft einen Nebenerwerb zur Seite zu stellen. Archäologische Forschungen haben ergeben, dass bereits zu urgeschichtlicher Zeit ein bescheidener Warenaustausch zwischen Nord und Süd über Routen durch das heutige Graubünden stattgefunden haben muss. Für die römische Zeit treten denn neben die Grabungsfunde zwei Strassenkarten mit Durchgangswegen in der Rätia Prima wie auch noch gut sichtbare Strassenreste im Gelände, so zum Beispiel am Julier. Die nachrömische, stark naturalwirtschaftlich geprägte Epoche scheint vorerst dem Warenaustausch und Personenverkehr einen Rückgang beschert zu haben. Immer aber waren die Bewohner an den einzelnen Alpenübergängen erstaunlich gut im Bild darüber, was bei der Konkurrenz an technischer oder organisatorischer Verbesserung geschah und schlimmstenfalls den eigenen Durchgangsverkehr "abzugraben" drohte, wie es in zeitgenössischen Quellen heisst. Eine solche weitherum verspürte Neuerung stellte im 13. Jahrhundert die Eröffnung der direkten Gotthardroute dar, die andere Uebergänge ins Hintertreffen brachte. Die wichtigsten Verbesserungen in Graubünden waren im späten Mittelalter der Bau eines Fahrsträsschens über den Septimer an der sogenannten "Oberen Strasse" im Jahre 1387, sowie der Ausbau der gefürchteten Viamala-Schlucht südlich von Thusis an der "Unteren Strasse" zum Splügen und Bernhardin im Jahre 1473.

Der Fahrweg über den Septimer scheint aber bald wieder verfallen zu sein, unter anderem wahrscheinlich darum, weil Säumer und Kaufleute trotz wiederholten Weisungen des mächtigen Churer Bischofs die "Untere Strasse" mit den geringeren Abgaben zu bevorzugen begannen. So sah es denn hier in Bezug auf die Befahrbarkeit der Passstrecken ähnlich aus wie im ganzen Alpenraum: Viel eher als der Frachtwagen war das Saumpferd die Regel, das auf schmalen Wegen 100 - 150 Kilo Handelsware tragen konnte. Je nach Geländebeschaffenheit und Witterung kamen auch Karren zum Einsatz, meist solche mit nur zwei Rädern.

Träger des stark angewachsenen Verkehrs waren die Porten, lokale Vereinigungen von Bürgern eines Talabschnittes, die nach Kräften versuchten, den Transport in ihrem Gebiet zu monopolisieren und nach dem bekannten Muster der mittelalterlichen Subsistenzwirtschaft exklusiv allen ihren Mitgliedern gleichmässig Arbeit zu verschaffen. Als Gegenleistung für ihr weitgehendes Fuhrmonopol waren sie verpflichtet, Weg und Steg in Ordnung zu halten, im Gebirge eine nicht zu unterschätzende Aufgabe.

Bei den sechs Porten auf der "Unteren Strasse" bedeutete diese Regelung, dass das Frachtgut zwischen Chur und Bellinzona oder Chiavenna sechsmal ab- und wieder aufgeladen wurde, dass es jeweils in der Talsust von einem Säumer an den nächsten überging, der "nach der Rod" seiner Port eben an die Reihe kam. Diese Säumer waren in aller Regel Landwirte, die im Nebenerwerb Waren führten. Sie konnten dies tun, weil sie nur in ihrem Talabschnitt tätig waren, spätestens am Abend also wieder nach Hause zurückkehrten. Auslagen für Uebernachtungen hatten sie keine, das eigene Pferd war im landwirtschaftlichen Betrieb integrierbar.

Dieses System der genossenschaftlich organisierten Säumerbauern stellte keineswegs eine bündnerische Exklusivität dar; solche Transportverbände gab es auch in der übrigen Schweiz, in Bayern oder im Tirol. Bekannt sind die Teilergenossenschaften am Gotthard. Gegenpart der Säumer waren

gewissermassen die Speditoren in den städtischen Zentren am
Fusse der Alpenübergänge, also etwa in Chur, Bellinzona oder
Luzern. Sie legten vor allem Wert auf eine schnelle, sichere und preiswerte Beförderung der Handelsgüter und sahen
diese Anliegen oft durch die Säumer nicht genügend gewährleistet, die im Gegenteil an einem hohen Fuhrlohn interessiert waren und die Schnelligkeit von den Ernteterminen in
der Landwirtschaft abhängig machten. CARONI misst dem Grad
der politischen Dezentralisierung eine grosse Bedeutung für
Herausbildung, Bestehen und erfolgreiche jahrhundertlange
Verteidigung des genossenschaftlich organisierten Etappentransportes bei (CARONI 1982: 17 f, vgl. auch oben S. 125ff).
Wo Säumergemeinschaften quasi gleichzeitig Inhaber der politischen Macht waren, konnten sie erfolgreich ihre Bedingungen diktieren, wie in Graubünden, im Wallis, oder etwas weniger deutlich am Gotthard. In einem zentralistischen Territorialstaat wie dem österreichischen Kaiserreich kam es charakteristischerweise sehr viel früher zur Einführung der von
den Kaufleuten und Speditoren geforderten Direktfuhr.

Das liberale 19. Jahrhundert bringt hier auch in Graubünden
eine Aenderung. Entscheidend ist der Bau von "Kunststrassen"
über die Pässe und der Machtgewinn des Zentrums Chur auf Kosten der vorher sehr autonomen Talgemeinschaften. 1818-1823
wurden die Alpenstrassen über Splügen und Bernhardin erbaut.
Fracht und Personen konnten jetzt schneller, billiger und
sicherer transportiert werden. Sowohl beim Strassenbau wie
auch beim - gegen erbitterte Konkurrenz - bald allgemein
freigegebenen Frachtbetrieb reichten die Geldmittel sowohl
der Strassengemeinden wie auch der einzelnen Säumerbauern
nicht aus.

Hier findet ein erster Bruch statt: Die Beschleunigung des
Verkehrs vom Saumweg zur Strasse kommt vor allem den Städten
am Alpenfuss zugute. Die Säumerbauern in den Tälern sind
nicht in der Lage, zwei, drei, vier Pferde zu halten, einen
oder mehrere Brückenwagen zu kaufen. Sie müssen sich entscheiden zwischen Landwirtschaft und einer Existenz als

lohnabhängige Fuhrleute. Es gibt keine Portenorganisation mehr, die ein Monopol der Anwohner aufrechterhält. Jetzt gilt das liberale Credo der freien Konkurrenz, das mit dem starken Anwachsen der transportierten Fracht und Personen zwar einen Bevölkerungszuwachs auch in den Passtälern bewirkt, gleichzeitig aber ihnen einen erheblichen Autonomieverlust beschert. Diesen Wechsel vom Saumweg zur Fahrstrasse möchte ich als Verkehrserneuerung bezeichnen, als eine Aenderung also am Ort.

Ich möchte aber betonen, dass auch Mitte des 19. Jahrhunderts der Transitverkehr ein höchst labiles Gewerbe war. Politische Ereignisse, die ausserhalb aller Beeinflussungsmöglichkeit etwa Graubündens lagen, konnten innert kürzester Zeit die Warenmenge anschwellen oder auch fast versiegen lassen. Jeder grössere europäische Krieg schaltete manche Uebergänge zugunsten anderer praktisch aus. Das in der Literatur zum Bündner Transitverkehr des 19. Jahrhunderts oft beschworene Goldene Zeitalter hatte auch seine Schattenseiten. 1848/49 zum Beispiel wanderte im Schams eine überaus grosse Personenzahl genau in dem Zeitpunkt aus, wo das Transitgewerbe in einem vorübergehenden Tief steckte, im Gegensatz zu anderen, rein agrarischen Gebieten, deren grösste Emigrantenzahlen im Zeitraum 1846/47 zu verzeichnen sind, in welchem schlechte Jahre in der Landwirtschaft registriert wurden. Auch die Zahl der Armengenössigen in den Strassengemeinden war keineswegs kleiner als anderswo. Die deutliche Scheidung in Landwirte einerseits und Verkehrsberufe andererseits hatte dazu geführt, dass Fuhrleute, Taglöhner usw. sehr viel weniger als früher in Krisenzeiten einigermassen elastisch auf das Bauern umstellen konnten.

Noch drastischer allerdings wirkte sich für die Bewohner mancher Bündner Alpentäler der zweite Bruch im Transitverkehr des 19. Jahrhunderts aus: die Verkehrsverlagerung von den Alpenstrassen zu den Alpenbahnen, beginnend mit dem Brenner 1867 über den Mont Cenis 1872 bis zum Gotthard 1882.

Die Eröffnung der Gotthardbahn bewirkte den endgültigen Zusammenbruch des Bündner Transitverkehrs. Zwar hatten bereits Bahnen in Ost und West eine grosse Einbusse bewirkt. Die Gotthardlinie raubte den Bündner Pässen aber auch das engere Einzugsgebiet, und, was beinahe noch wichtiger war, brachte Institutionen und Arbeitsplätze endgültig zum Verschwinden, die sich unter zunehmenden Druck noch hatten halten können.

Im Jahre 1882 waren in der Bündner Presse unzählige Meldungen zu finden, die sich auf das Ausbleiben des Transitverkehrs bezogen, seien dies regelmässige Frachtkurse oder Gelegenheitsfuhren aller Art. Selbstverständlich nahmen Kaufleute und Speditoren das billigere und schnellere Angebot der Bahn zur Kenntnis und sistierten ihre Aufträge über die Bündner Passstrassen, wie im folgenden Beispiel (RAETIER 1882: 7):

"Seit Eröffnung der Gotthardbahn am letzten Sonntag ist die schon seit Jahrhunderten bestandene Seidenfuhr über den Splügen nach Chur eingestellt, indem die letzten Wägen der sogenannten "Schelleri" am letzten Dienstag zum letzten Male durch Chur fuhren. Was wird uns der Gotthard noch weiter für Früchte bringen?"

Es ist gar nicht verwunderlich, dass die Schilderungen der Zeitungskorrespondenten unmittelbar nach dem Transitverlust fast durchwegs negative, ja zuweilen geradezu depressive Lageberichte enthalten, besonders natürlich aus den Gemeinden die sich besonders stark dem Durchgangsverkehr verschrieben hatten, wie zum Beispiel im Rheinwald am nördlichen Fuss von Splügen und Bernhardin (TAGBLATT 1883: 104):

"Von hier ist wenig Erfreuliches mitzuteilen; die Gotthardbahn hat, wie vorauszusehen war, den hiesigen Verkehr gänzlich lahm gelegt und deshalb ist die Stimmung hiesiger Bevölkerung eine gedrückte und düstere. Eine Anzahl junger Männer hat ihr Heil in der Auswanderung gesucht und höchst wahrscheinlich werden auch Andere zum Wanderstabe greifen."

Allerdings entsteht beim Lesen der Presse da und dort auch der Eindruck, dass der Verlust des Transitverkehrs nun für jede einzelne wirtschaftliche Schwierigkeit herhalten müsse. Starke und dramatische Worte werden bemüht, um die aktuelle

Lage als eine gänzlich hoffnungslose darzustellen, solange nicht eine durchgehende Alpenbahn - und etwas Bescheideneres kam noch für lange Jahre für breite Kreise nicht in Frage - die Erlösung bringen werde.

Tatsächlich waren die Möglichkeiten für einen Berufswechsel in den meisten Tälern äusserst begrenzt. Eine vollständige Abstützung auf die Landwirtschaft war nicht der ganzen, stark angewachsenen Bevölkerung möglich. Tendenziell glückte dies eher den Fuhrleuten und den im Orte Verwurzelten, weniger den Hilfskräften wie Taglöhnern und den zugewanderten Landlosen. Alles in allem machten viele der ehemaligen Durchgangstäler eine veritable Re-Agrarisierung durch, das heisst: die lokale Volkswirtschaft, die vorher auf den zwei Säulen Transitverkehr und Landwirtschaft ruhte, musste sich mangels anderer Erwerbsmöglichkeiten voll auf Viehzucht konzentrieren. Eine Ankurbelung des Fremdenverkehrs als Ersatz hatte in den meisten Fällen wenig Erfolg. Die schon immer vorhandene Abwanderung stieg nach dem Transitverlust überdurchschnittlich an und führte zu einem Bevölkerungsverlust, der zu den höchsten im ganzen Alpenraum zählte.

Die Geschichte der Alpenübergänge ist mindestens in jüngerer Zeit immer mehr von den Zentren aus gemacht worden. Vorher hatten, bis ins 19. Jahrhundert hinein, lokale Vereinigungen von Säumerbauern die Geschicke des Warentransportes massgebend mitbestimmt, vor allem dort, wo der Grad der politischen Dezentralisierung noch hoch war. Der Sprung vom Saumpfad zur Fahrstrasse wurde im Falle Graubündens dann entscheidend gefördert von der Kantonshauptstadt Chur. Finanzierung und Bau der Gotthardbahn, die manche Passstrasse veröden liess, galt schon als nationale und internationale Angelegenheit. Dementsprechend noch weiter auseinander lagen die Entscheidungszentren.

Aus dem Blickwinkel der Peripherie rücken bei Verkehrserneuerung und Verkehrsverlagerung vermehrt die Verlierer ins Blickfeld. Bereits die Umstellung vom Saumweg zur Fahrstrasse brachte zusammen mit der Einführung der freien Konkurrenz im Fuhrwesen einen Autonomieverlust der Durchgangstäler mit ihren Porten und einen Machtgewinn der regionalen Zentren, in Graubünden ebenso wie am Gotthard (BAUMANN 1954: 46 ff) oder Mont Cenis (BLANCHARD 1920: 257 ff). Der Verlust des bündnerischen Transits ist dann aus dieser Sicht weder der einzige Bruch in der regionalen Passgeschichte, noch steht er im alpinen Vergleich allein da. Auch die Fuhrleute am Gotthard (BAVIER 1925: 74), Arlberg (STOLZ 1953: 289) oder Mont Cenis (FOLLIASSON 1916: 43 ff) litten unter dem jeweiligen Bahntunnel; dass er durch ihr Gebiet führte, nützte ihnen wenig, wie das Beispiel der Furhhalterfamilie Motta aus Airolo zeigt (CELIO 1957: 24). Das Dorf am südlichen Ende des Gotthardtunnels wies um 1900 weniger Einwohner auf als vierzig Jahre vorher. Die Pferdezahl war von 1866 bis 1896 von 114 auf ganze 8 gesunken (VOLKS- UND VIEHZAELUNGEN).

3. Der Tourismus

Fremde Vergnügungsreisende hat es in Graubünden in kleiner Zahl schon früh gegeben. Einzelne Alpenwanderer, die die Schönheit der Gebirgswelt, die unverfälschten einfachen Sitten der Bewohner und deren urdemokratische Gesinnung enthusiastisch priesen, fanden sich auch und ganz besonders schon im 18. Jahrhundert. Es handelt sich hier aber fast ausschliesslich um allein oder mit einem Führer reisende, begüterte Männer, die auch Strapazen und Unannehmlichkeiten auf sich zu nehmen bereit waren, wie es im alten Bünden bei den schlechten Wegen und den mehr als bescheidenen Unterkünften gar nicht anders möglich schien. In aller Regel ging es hier um Passanten, um Reisende also, die nur kurz an einem Ort verweilten, um dann die pittoreske Alpenreise fortzusetzen, nach 1823 wenn möglich auf den neuerbauten Fahrstrassen, sitzend in der Kutsche und vertrauend auf die neuerschienenen Reisehandbücher mit den empfohlenen Gasthöfen und Aussichtspunkten. Neben dem damals vor seiner letzten Blütezeit stehenden Warentransit machte aber dieser Personenverkehr nur einen marginalen Anteil aus.

Fast der einzige hinreichende Grund für einen längerdauernden Aufenthalt bildete bis ins 19. Jahrhundert hinein ein Besuch in einem der einschlägigen Bündner Badeorte. Hier reicht allerdings die Tradition bis ins Mittelalter, ja bis in die Urgeschichte zurück, will man etwa die bronzezeitliche Quellfassung von St. Moritz in Betracht ziehen.

Der grosse Zustrom von Fremden setzte erst ein, als sich allgemein die Ansicht von der guten Einwirkung des Gebirgsklimas auf die Gesundheit der Menschen durchzusetzen begann. Hier war im wissenschaftsgläubigen 19. Jahrhundert entscheidend die Begründung und Sicherung der Heilkraft des Höhenklimas durch entsprechende Koryphäen. Der Aufstieg von Davos zum Beispiel steht in Verbindung mit der Niederlassung von Dr. Alexander Spengler als neuem Landschaftsarzt. Für St. Moritz, das anfänglich klar an der Spitze lag, wird allgemein die Ersteigerung der Pension "Faller" durch Johannes Badrutt im Jahre 1855 als Schlüsselereignis gewertet.

Eine entscheidende Rolle für die Attraktivität der Alpenregion spielten ohne Zweifel die unzähligen Naturschönheiten. Nun, da mehr und bequeme Strassen dazuführten, da Alpenclubs und naturforschende Gesellschaften diese Wunder überall propagierten und priesen, traute sich ein breites Publikum in Gegenden, die hundert oder zweihundert Jahre früher in weiten Kreisen noch als schreckenerregende Täler voller barbarischer Einwohner gegolten hatten.

BERNHARD betont die grosse Rolle des Alpinismus (BERNARD 1978: 43), weniger wegen dessen ökonomischer Bedeutung, als wegen dem "grand drama", das sich vor den Augen der weniger wagemutigen Zuschauer abspielte. Diese "not-quite-mountaineers", die ihrem öden städtischen Leben in den Ferien die Nähe des Abenteuers bei garantierter Mahlzeit und weichem Bett entgegensetzten, machten nach ihm einen guten Teil der Kundschaft aus.

Schon 1872 zog der "FREIE RAETIER" in einer Artikelserie Zwischenbilanz zur Entwicklung des Bündnerischen Tourismus (RAETIER 1872: 210, 214, 217):

"Als erste eigentliche innere Industrie ist der Fremdenverkehr wie aus dem Boden gewachsen, in wenigen Jahren, in Dimensionen, deren Voraussage noch vor einem Jahrzehnt als Tollheit bezeichnet worden wäre, die aber noch keineswegs die Grenzen des Umfanges bezeichnet, welche der Fremdenverkehr noch erreichen wird (...) Das Land ist durch diese neuerschaffene Einnahmequelle von Post und Telegraph und durch den Fremdenverkehr reichlich für den abnehmenden Transit entschädigt und es ist ihm damit die erste Grundlage seiner ökonomischen Selbständigkeit geschaffen."

Als die "Quelle und der Angelpunkt" der Bündner Fremdenindustrie wird das Bad St. Moritz bezeichnet. Dazu kommen die Bäder von Tarasp-Schuls, Fideris, Seneus, Alvaneu, Rothenbrunnen und San Bernardino. Für die Luftkurorte sei "der Vorgang, die Initiative" Davos zu verdanken, "welches sich von Jahr zu Jahr erweitert und im Sommer, ja selbst im Winter einem Badeort gleicht". Hier finden weiter Erwähnung Churwalden, Seewis, Klosters und Flims.

In gesamtbündnerischer Schau mochten diese Jubelmeldungen zutreffen; der Tourismus beschränkte sich aber auf einige wenige Orte. Diejenigen Täler und Gemeinden, die am meisten unter dem Niedergang des Transitverkehrs litten, konnten zu einem grossen Teil wenig von Feriengästen profitieren. Eine Einsendung aus Splügen von 1872 belegt, dass die Orte an der "Unteren Strasse" im Bewusstsein des Reise- und Ferienpublikums fest als reine Zwischenstationen verankert waren (RAETIER 1872: Ende Juli):

"Die Hotels in Engadin und Davos sind schon sehr besucht und täglich langen neue Gäste an. Andere Gegenden sind, auffallender Weise, von Besuchern nur schwach frequentiert wie z.B. das an der Strasse nach Italien liegende Splügen. Vielleicht wird mancher gerade dadurch von einem längeren Aufenthalt abgeschreckt, dass täglich 10 Postwägen und ebenso viele andere Gefährte durch Splügen fahren."

So konnte man denn im letzten Viertel des 19. Jahrhunderts füglich zwei verschiedene Graubünden unterscheiden, deren ökonomische Entwicklung diametral verlief. Die Täler des absterbenden Transitverkehrs sahen mit Bangen ihrer Zukunft entgegen. "Wir sind eben dahinten geblieben", klagte 1882 ein anderer Zeitungskorrespondent (RAETIER 1882: 76), und sein Rheinwaldner Kollege hielt wenig später fest (RAETIER

1887: 20):

"Die Stille unseres Thales hängt mit den Verkehrsverhältnissen zusammen. Die besseren Zeiten sind für das Rheinwald verrauscht. Einst herrschte hier ein munteres fröhliches Leben. Jetzt ist es stille geworden, die Stunden schleichen mit trägen Schritten dahin. Unser Thal ist vom Verkehr wie abgeschnitten."

Auch die immer noch vorherrschende Landwirtschaft steckte in einer Krise; zwischen ca. 1860 und 1890 standen die Agrarpreise so tief (MEULI 1940: 10), dass eine langandauernde ökonomische Depression mit allen ihren Auswirkungen die Folge war.

Dem gegenüber stand als "einziger aufsteigender autochtoner Wirtschaftszweig" (BERNHARD/KOLLER/CAFLISCH 1928: 277) der Fremdenverkehr. 1885 etwa frohlockte die Bündner Presse, er gestalte sich "so grossartig, wie vielleicht noch nie" (RAETIER 1885: 183). Für diese Jahre ist ganz deutlich zu bemerken, in welche Richtung sich das ökonomische Gewicht innerhalb des Kantons verschob. Dem Jammern und Wehklagen über den Verlust des Transitverkehrs standen immer wieder neue Erfolgsmeldungen über Rekordzahlen im Tourismus gegenüber. Dem beinahe geflügelten Wort vom vergessenen und benachteiligten "Land dahinten" setzte der "FREIE RAETIER" 1892 stolz den Titel "Graubünden davorne" entgegen, als er das neue schweizerische Hotel-Addressbuch kommentierte (RAETIER 1892: 227).

Diese grundlegende Veränderung ist auch quantitativ fassbar. Der Bündner Transitverkehr wies seine höchste Frequenz im Jahre 1856 auf. Gewissermassen analog dazu verzeichnete das Rheinwald an den Uebergängen Splügen und Bernhardin bei der Volkszählung von 1860 mit 1294 Einwohnern die grösste Einwohnerzahl seiner Geschichte überhaupt auf. Vierzig Jahre später, als der transalpine Verkehr längst die anderwärtigen Alpenbahnen benützte, wohnten im gleichen Tal noch 933 Seelen, ein Verlust also von über einem Viertel. Zwar nahm im gleichen Zeitraum auch in rein landwirtschaftlichen Gegenden die Bevölkerung ab, im Ganzen aber nicht so drastisch und durchgehend, weil dort die doppelte Kausalität von Agrarkrise und Transitverlust fehlte.

Die gesamtbündnerische Einwohnerzahl nahm in diesen vierzig Jahren um über 15 % zu. Dieser Anstieg ging fast ausschliesslich auf das Konto der Bezirke Plessur, Oberlandquart und Maloja, Gegenden also mit Tourismusorten sowie dem Zentrum Chur. Den eklatantesten Zuwachs erlebte dabei Arosa: 1860 ernährten sich 56 Einwohner praktisch ausschliesslich von der kargen Berglandwirtschaft, um 1900 hatte sich die Bevölkerung, die einen neuen Erwerb im Fremdenverkehr gefunden hatte, v.a. durch Zuwanderung mit 1071 Seelen fast verzwanzigfacht (VOLKSZAEHLUNGEN).

Anhand von zwei zeitgenössischen Aufstellungen (RAETIER 1872: 77, 1901: 33) kann das Steueraufkommen von 1871 und 1900 nach Spuren dieser Umschichtung untersucht werden. Die höchste Zuwachs-Raten im pro Kopf-Einkommen erzielten innerhalb der drei Jahrzehnte ganz eindeutig die Gegenden mit starkem, zunehmendem Fremdenverkehr, nämlich eine Vervierfachung für das bereits auf hohem Niveau stehende Oberengadin und den Kreis Alvaschein mit der Lenzerheide, wo eventuell auch der Einfluss des Albulabahnbaus spürbar ist. Das Schanfigg mit dem spät, aber umso stärker aufkommenden Arosa verzeichnete gar mehr als eine Verfünfzigfachung; vom 39. und letzten Rang aller Kreise kletterte es auf den siebenten. Chur verlor relativ zum Oberengadin eine Stelle, auch dies ein Hinweis darauf, welche "Industrie" in Graubünden mehr und mehr den ersten Rang einnahm. Die Durchgangstäler Schams und Rheinwald standen noch 1871 weit vorne, das an und für sich äusserst karge Rheinwald an erstaunlicher vierter Stelle. Bis 1900 verdoppelte sie zwar das versteuerte pro Kopf-Einkommen, fiel aber im kantonalen Vergleich erheblich zurück.

Im Gegensatz zum Erwerb mussten auch die Landwirte dem Kanton Vermögenssteuer bezahlen. Dadurch sieht hier das Bild etwas anders aus. Insbesondere wird am Beispiel des Schanfigg klar, dass ein hoher Anteil von Landwirten keineswegs automatisch einen niedrigen Vermögensstand bedeuten musste, wie auch umgekehrt ein bedeutender Fremdenverkehr den durchschnittlichen Besitz nicht von vornherein in alle Höhen trieb. Auffallend ist, dass z.B. im Schams und Rheinwald der Vermögensstand erheblich zunahm, beide Kreise verbesserten ihre Position innerhalb des Kantons. Dies scheint darauf hinzudeuten, dass die nach dem Transitverlust verbliebenen Bauern die Konzentration auf die Landwirtschaft einigermassen erfolgreich hatten durchführen können.

Der Tourismus hat sich in Graubünden vorerst abseits der grossen Durchgangswege entwickelt: Davos und noch mehr Arosa waren zu Beginn ihres Aufstiegs nur auf schlecht ausgebauten Strassen zu erreichen, die keinen Vergleich mit den beiden "Kunststrassen" aushielten. St. Moritz an der "Oberen Strasse" verfügte diesbezüglich zwar über bessere Verhältnisse, lag dafür aber im fernen Engadin weit weg von jedem benachbarten Bahnanschluss.

In den ehemaligen Durchgangstälern, wie dem Schams und dem Rheinwald, mussten diejenigen Frauen und Männer, denen eine Rückkehr in die Landwirtschaft - etwa wegen fehlendem Grundbesitz - nicht gelang, sich nach anderen Lösungsmöglichkeiten umsehen. Weil der lokale Tourismus in den meisten Fällen hier nicht recht Fuss fassen konnte, blieb für die "überschüssige" Bevölkerung oft nur die Emigration, sei dies nun eine solche nach Uebersee oder - mehr und mehr - eine Binnenwanderung, meistens innerhalb des Kantons.

Und hier schliesst sich der Kreis zwischen absteigendem Transit- und aufsteigenden Fremdenverkehr: kam der Tourismus trotz manchen Anstrengungen nicht in die ehemalige Transittäler, so mussten deren Einwohner ihn halt dort aufsuchen, wo er etabliert war und saisonalen oder auch dauernden Verdienst versprach. Die Umgewichtung der Bevölkerungszahlen ist in diesem Sinne zu einem guten Teil eine innerkantonale; Agrarkrise und Transitverlust stiessen oder zogen viele Bündner in den Erwerbszweig, der als einziger der Zeit einen wahren Boom erlebte. Der ungeheure Bedeutungsgewinn des Tourismus sollte aber auch weitere Folgen haben: Mehr und mehr forderten die an ökonomischem und politischem Einfluss gewinnenden Kurorte, die kantonale Politik habe jetzt von ihrer Fixierung auf den Transitverkehr abzugehen und die diesbezüglichen Bedürfnisse desjenigen Sektors zu berücksichtigen, der tatsächlich Arbeit und Verdienst verschaffe.

4. Kantonale Schmalspurbahn statt internationale Ostalpenbahn

Bereits in den Jahrzehnten nach 1820 sind erste Projekte zur Ueberschienung der Bündner Alpen entstanden. Manche dieser frühen Vorhaben muten recht illusorisch an, sind aber doch ein Zeichen dafür, dass die technische Entwicklung im internationalen Verkehrswesen sehr aufmerksam beobachtet wurde. Bei der dauernden Rivalität der Passübergänge galt es, der Konkurrenz in jeder Beziehung eine Nasenlänge voraus zu sein, um möglichst viel Verkehr an sich zu ziehen. Wer wusste schon, ob nicht vielleicht auch die neumodischen Eisenbahnen einen solchen Vorsprung sichern konnten?

1852 schlug der Tessiner Oberingenieur Pasquale Lucchini erstmals in ernstzunehmender Form die bisher als zu gefährlich geltende Gotthardroute vor, für die sich im Jahr darauf auch neun deutschschweizerische Kantone aussprachen. 1863 beschloss der Bund, wohl aus staatspolitischen Erwägungen, nur Alpenbahnlinien zu subventionieren, die das Tessin berührten, womit dem Splügen und dem Septimer wenig Hoffnung übrigblieb. Im gleichen Jahr teilte Italien mit, es werde seine Finanzhilfe allein dem Gotthard zukommen lassen, was die Chancen des Lukmaniers entscheidend minderte. Als ebenfalls 1863 der mächtige Alfred Escher in Zürich seine Unterstützung dem Gotthard zuwandte, war eine Vorentscheidung gefallen. Nach einer Bauzeit von zehn Jahren begann schliesslich im Juni 1882 der reguläre Eisenbahnverkehr auf der Strecke Basel-Mailand durch den Gotthardtunnel (CAIZZI 1982).

In Graubünden gehörte der Politiker Peter Conradin von Planta zu den eifrigsten Förderern verschiedenster Ostalpenbahn-Projekte. Als letztes und ebenfalls erfolgloses Vorhaben projektierte er eine internationale Septimerlinie. Eine Passage aus der Begründung dazu kann als gutes Beispiel gelten, wie über Jahrzehnte hinweg in weiten Kreisen einzig und allein die Wiedergewinnung des internationalen Transits als Heilmittel für die durch den Gotthard geschädigte Bündner Volkswirtschaft in Erwägung gezogen wurde (zitiert nach PIETH 1945: 469):

"Internationale Linien müsser wir Bündner haben, weil Lage, Geschichte und Lebensart unseres Landes darauf hinweisen. Bünden ohne Verbindung mit Italien ist nicht mehr Bünden, sondern ein in seinen Verkehrsadern unterbundenes Land, das kein rechtes Leben mehr entwickeln kann."

Für Alternativlösungen war weitherum noch wenig Platz und Verständnis. Erstes Anliegen war weiterhin, die Bahn, die schon 1858 Chur erreicht hatte, endlich bis nach Italien oder ins Tessin zu führen. Dass aber auch Bahnprojekte mit anderen Zwecken als dem des internationalen Transits denkbar waren, stellte der Ingenieur und spätere Bundesrat Simon Bavier erstmals klar, als er 1873 einen Schienenweg zwischen den Oberengadiner Kurorten plante und dafür sogar ein Konzessionsgesuch einreichte. Eisenbahnen sollten hier - im kleinen Rahmen - also für die Zwecke des Fremdenverkehrs zum Zuge kommen. Dass ein internes Schienennetz, neben dem Axiom der Alpenbahn selbstverständlich, von grosser Wichtigkeit sei, betonte Bavier ein Jahr später in einer kleinen Broschüre. Ein ganzes Netz von kantonalen Sekundärbahnen schlug 1875 der Thusner Sebastian HUNGER vor: "Eisenbahnen in Graubünden, neue Wege zur Volkswohlfahrt".

Erste Subventionsversuche auf staatlicher Ebene blieben im Grossen Rat ohne Erfolg, vor allem weil die Gegner betonten, es könne Graubünden nur um eine "durchgehende Bahn", um den "Weltverkehr" gehen (RAETIER 1883: 127), alles andere müsse hintenanstehen. Ein Präjudiz im Zielkonflikt zwischen Durchgangs- und Zubringerverkehr vor allem zugunsten des Tourismus kam dann von privater Seite: Tatsächlich ausgeführt wurde 1888 die schmalspurige Strecke Landquart-Klosters, der ein Jahr später die Fortsetzung nach Davos folgte. Es ist bezeichnend, dass dieser Durchbruch wesentlich von einem in

Davos ansässigen Hoteldirektor ausging. Willem Jan Holsboer (1834-1898) war nicht geprägt von der historischen Hypothek des internationalen Transitlandes Graubünden. Unter Mithilfe von Banken, der Anliegergemeinden und lokaler Politiker entstand hier eine Eisenbahnlinie, die hauptsächlich der Förderung eines neuen Dienstleistungsgewerbes dienen sollte: nicht mehr dem Transit-, sondern dem Fremdenverkehr. In einem Artikel in der gesamten Bündner Presse anfangs 1889 sprach Holsboer deutliche Worte (RAETIER 1889: 47):

"Als grösstes Gut dachte man sich jahrelang den Besitz einer Splügenbahn. Anstatt nach dem Bau der Gotthardbahn den Verlust des Splügens als Thatsache zu betrachten und sich rasch nach etwas anderem umzusehen, was als Ersatz des verlorenen Transitverkehrs dienen könnte, bemühte man sich auf alle Weise, weil hunderte von Jahren die Güter über diesen Berg geführt worden waren, diesen verlorenen Verkehr wieder herzustellen.
(...)
Es war nicht genug, dass alle Ländertheile, welche mit diesem Splügenverkehr zu tun gehabt haben, sich mit diesem unfruchtbaren Gedanken beschäftigten und dadurch Schaden litten, sogar jede weitere Entwicklung des Verkehrs musste an dieser unglücklichen Splügenkrankheit scheitern."

Holsboer forderte also den Verzicht auf die aussichtslose Splügenbahn. Es stellte dieser vergeblichen Hoffnung die Macht des Faktischen entgegen, die gebauten Linien durch den Gotthard und nach Davos, und hielt trocken fest:

"Hier liegt also der Verkehr, hier ist der Beweis, dass der Weg des alten Römers nicht derjenige des modernen Tourismus ist; das Kapital, wie bekannt, irrt nicht!"

Zwar tönt diese Aeusserung etwas gar vollmundig, Tatsache ist aber, dass in der Folge eine internationale normalspurige Alpenbahn durch Graubünden bis heute nicht zustande gekommen ist. Hingegen hat das schmalspurige Bahnnetz einen weitgespannten Ausbau erfahren. 1896 wurde die Strecke Chur-Thusis eröffnet, der eine ganze Reihe von weiteren Abschnitten folgte, die schliesslich zusammengefasst die "Rhätische Bahn" bildeten, deren Aufgabe nicht mehr im internationalen Transit liegen sollte, sondern in der Vermittlung des Lokalverkehrs und vor allem in Zubringerdiensten für den Bündner

Fremdenverkehr. Mit dem Beginn des Ersten Weltkrieges sollte sich allerdings zeigen, dass auch die touristische Industrie vor umfassenden Einbrüchen nicht gefeit war.

5. Zusammenfassung

1870 waren 70% der erwerbstätigen Bündner Bevölkerung in der Landwirtschaft tätig, 1900 immer noch 51%. Neben der bis in unser Jahrhundert überwiegenden Landwirtschaft gab es aber immer bedeutende andere Erwerbszweige, die allein oder in Verbindung mit ihr ebenfalls Arbeit und Verdienst verschaffen konnten. Zwei davon sind der Transit- und der Fremdenverkehr.

Hier fällt eine gewisse zeitliche Koinzidenz in gesamtbündnerischer Sicht auf. Der langsame und dann immer schnellere Abstieg des Transitverkehrs findet sein Gegenbild im zuerst zögernden und dann immer schnelleren Aufschwung des Fremdenverkehrs. Allerdings waren diese Erscheinungen meist örtlich getrennt. Manche ehemaligen Transittäler sahen einer langdauernden Krise entgegen, während vorher verschlafene Dörfer vor einem rasanten touristischen Aufstieg standen.

Wie die jeweiligen Bezeichnungen ja zeigen, handelt es sich beide Male um Verkehr; die Ausprägungen sind allerdings unterschiedlich. Beim Transit über die Alpenpässe bot die Bewältigung des passierenden Verkehrs selbst die Hauptbeschäftigung. Beim Tourismus hingegen waren gute Wege zu den Kurorten hin gewissermassen Randbedingungen für möglichst zahlreiche und langanhaltende Aufenthalte der fremden Gäste, Folge der Entwicklung viel eher als Ursache.

Bei der abnehmenden Bedeutung des Passtransits und dem steigenden Stellenwert des Tourismus musste es damit zu einem Zielkonflikt kommen zwischen einerseits der traditionellen Ausrichtung Graubündens auf den grossräumigen Nord-Süd-Verkehr und andererseits der vermehrten Verbesserung der internen Zubringerwege, einem Zielkonflikt in den Worten AERNIS zwischen Alpentransversale und inneralpiner Erschliessung (AERNI 1984: 456). Diese langandauernde, umstrittene und für manche Täler schmerzliche Auseinandersetzung ist ein guter Teil der Bündner Geschichte des ausgehenden 19. Jahrhunderts. Faktisch ist sie mit der Eröffnung der Gotthardbahn bereits 1882 entschieden worden. Mit der immer wieder angefachten Diskussion um eine Ostalpenbahn hat sie eine gewisse Fortsetzung bis heute gefunden. Ob allerdings der um ein Vielfaches schneller gewordene Durchgangsverkehr heute den Alpentälern andere Früchte als nur Immissionen bringen kann, erscheint zunehmend zweifelhaft.

6. Literaturverzeichnis

AERNI, K., 1984: Alpentransversale und inneralpine Erschliessung. In: Brugger/Furrer/Messerli B./ Messerli P., 1984: Umbruch im Berggebiet, Bern: 453-478.

BAUMANN, W., 1954: Der Güterverkehr über den St. Gotthardpass vor Eröffnung der Gotthardbahn, Zürich.

BAVIER, S., 1925: Lebenserinnerungen von Bundesrat Simon Bavier (1825-1896), Chur.

BERNARD, P., 1978: Rush to the Alps, the Evolution of Vacationing in Switzerland, New York.

BERNHARD, H., KOLLER, A. und CAFLISCH, CH., 1928: Studien zur Gebirgsentvölkerung, hg. von Bernhard H., Bern.

BLANCHARD, M., 1920: Les Routes des Alpes Occindentales à l'Epoque Napoléonienne (1796-1815), Grenoble.

CAIZZI, B., CESCHI, R. und RISSONE, E., 1982: I cento anni della ferrovia del San Gottardo 1882 - 1982, Bellinzona.

CARONI, P., 1982: Dal contadino-somiere al carettiere salariato, Msc., Prato.

CELIO, E., 1957: Un Esempio di Vita: Giuseppe Motta, Bellinzona.

FOLLIASSON, M., 1916: Mouvement de la population en Maurienne en XIXe siècle, Grenoble.

JOST, C., 1952: Der Einfluss des Fremdenverkehrs auf Wirtschaft und Bevölkerung in der Landschaft Davos, Diss. Bern.

MEULI, R., 1940: Le tourisme Grison en son rôle dans l'économie cantonale des Grisons, Genève.

PIETH, F., 1945: Bündnergeschichte, Chur.

DER FREIE RAETIER, Chur.

SIMONETT, J., 1982: Transitverkehr und sozialer Wandel am Beispiel der beiden Bündner Täler Schams und Rheinwald in der ersten Hälfte des 19. Jahrhunderts. In: Jb. der Hist.-ant. Ges. von Graubünden, 111. Jg. Chur: 7 - 76.

STOLZ, O., 1953: Geschichte des Zollwesens, Verkehr und Handel in Tirol und Vorarlberg von den Anfängen bis ins XX. Jahrhundert, Innsbruck.

BUENDNER TAGBLATT, Chur.

EIDGENOESSISCHE VOLKSZAEHLUNGEN 1850 ff, Bern.

EIDGENOESSISCHE VIEHZAEHLUNGEN 1866 ff, Bern.

ALPENTRANSVERSALE UND INNERALPINE ERSCHLIESSUNG

Klaus Aerni

Der Vortrag wurde publiziert in "Umbruch im Berggebiet - Die Entwicklung des schweizerischen Berggebietes zwischen Eigenständigkeit und Abhängigkeit aus ökonomischer und ökologischer Sicht", 1984, Hrsg. Ernst A. Brugger, G. Furrer, B. Messerli, P. Messerli. Bern: Haupt. S. 453-478.

Um dem Leser einen Eindruck zu vermitteln, werden Zusammenfassung und Figuren abgedruckt.

Zusammenfassung

Die Verkehrslinien durch die Alpen verbinden seit Jahrhunderten die Wirtschaftszentren Mitteleuropas und Italiens. Während sich in früheren Jahrhunderten der Verkehr auf viele Transitrouten verteilte, konzentrierte er sich seit dem 19. Jahrhundert auf die Fahrstrassen und Eisenbahnen. Die Autobahnen der letzten Jahrzehnte haben eine Verlagerung des Verkehrs auf die Strasse und gleichzeitig eine Konzentration auf wenige Alpentransversalen bewirkt. Die Schweiz hat im Zuge dieser Umstrukturierung als Folge von Kapazitätsengpässen, hohem Frankenkurs und der Gewichtsbeschränkung für Lastwagen ihre traditionelle Spitzenposition im Alpentransit verloren.

Innerhalb der Schweiz wirkt der 1980 eröffnete Gotthard-Strassentunnel als Magnet für den Güter- und Reiseverkehr.

Volkswirtschaftlich brachte der Transitverkehr in früheren Jahrhunderten der Bergbevölkerung einen einträglichen Nebenverdienst, wogegen er heute durch die Verkürzung der Reisezeiten einseitig die von ihm verbundenen Agglomerationen und Wirtschaftsräume fördert. Der Ausbau des Verkehrsnetzes zwischen Ballungsräumen und dem Berggebiet im Sinne der inneralpinen Erschliessung ist daher kein geeignetes regionalpolitisches Instrument zur Förderung der Berggebiete.

Fig. 1

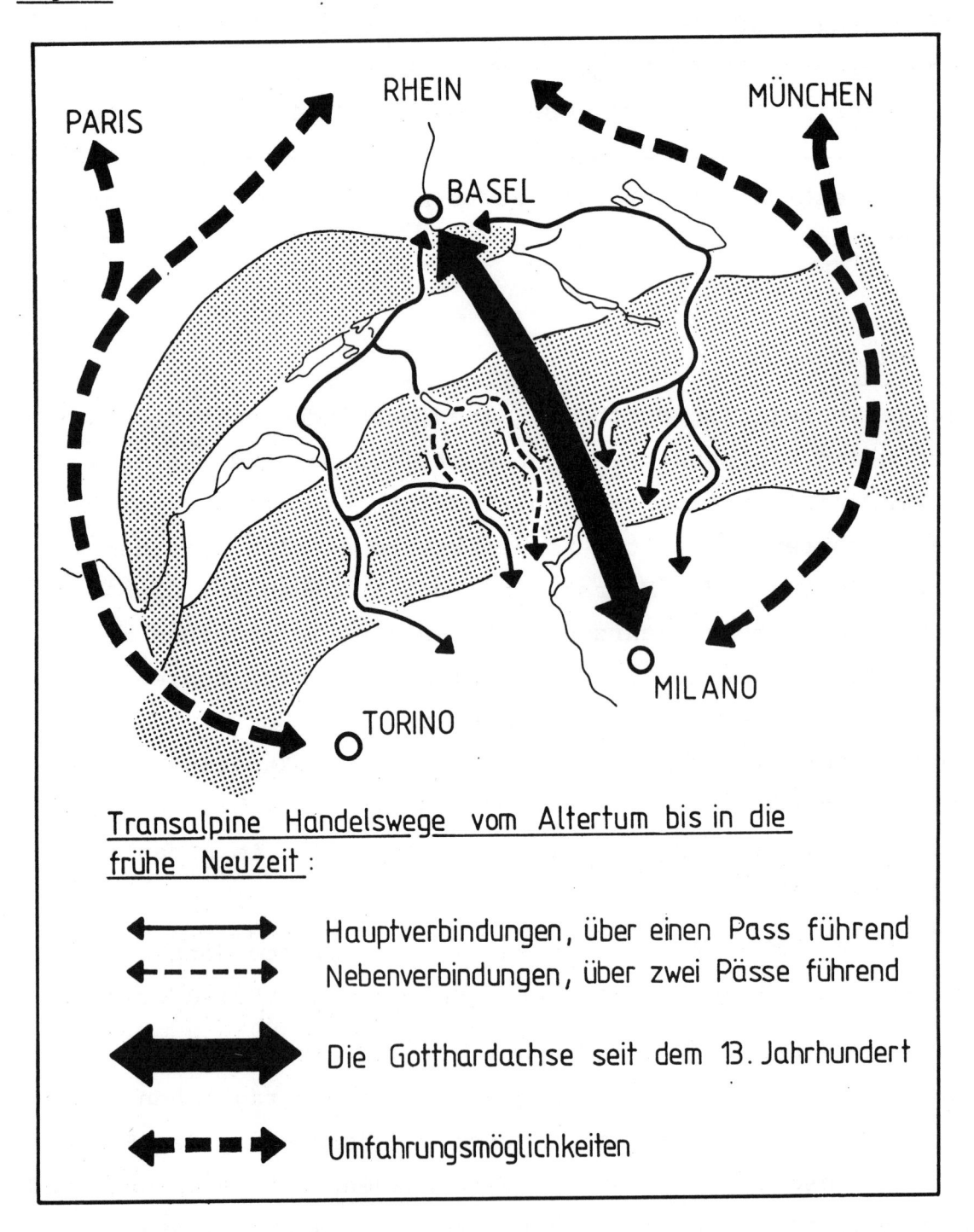

Transalpine Handelswege vom Altertum bis in die frühe Neuzeit:

⟷ Hauptverbindungen, über einen Pass führend
⟵----⟶ Nebenverbindungen, über zwei Pässe führend
⟺ Die Gotthardachse seit dem 13. Jahrhundert
⟸----⟹ Umfahrungsmöglichkeiten

Fig. 2: Güterverkehr zwischen Italien und Nordeuropa nach Verkehrsträgern

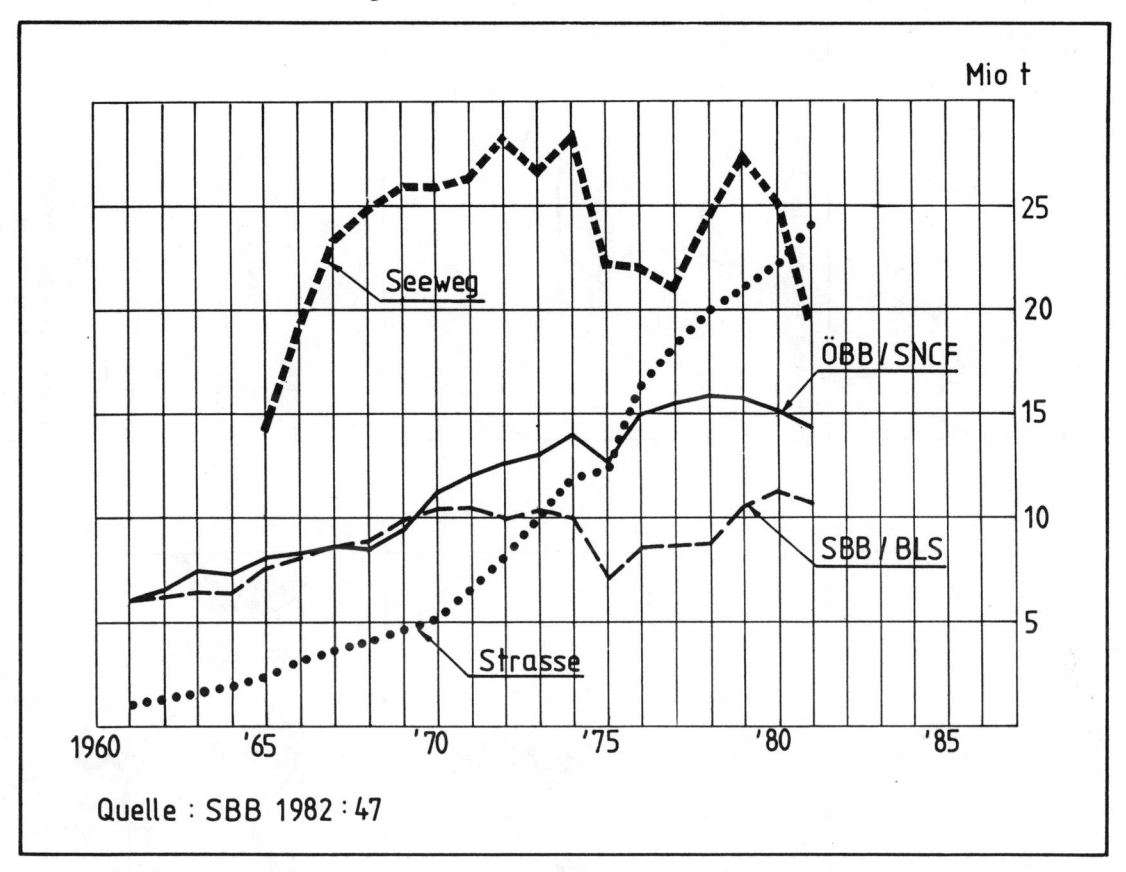

Quelle: SBB 1982:47

Fig. 3: Der transalpine Güterverkehr 1970/1979/1981, gegliedert nach Verkehrsträgern und Nationen

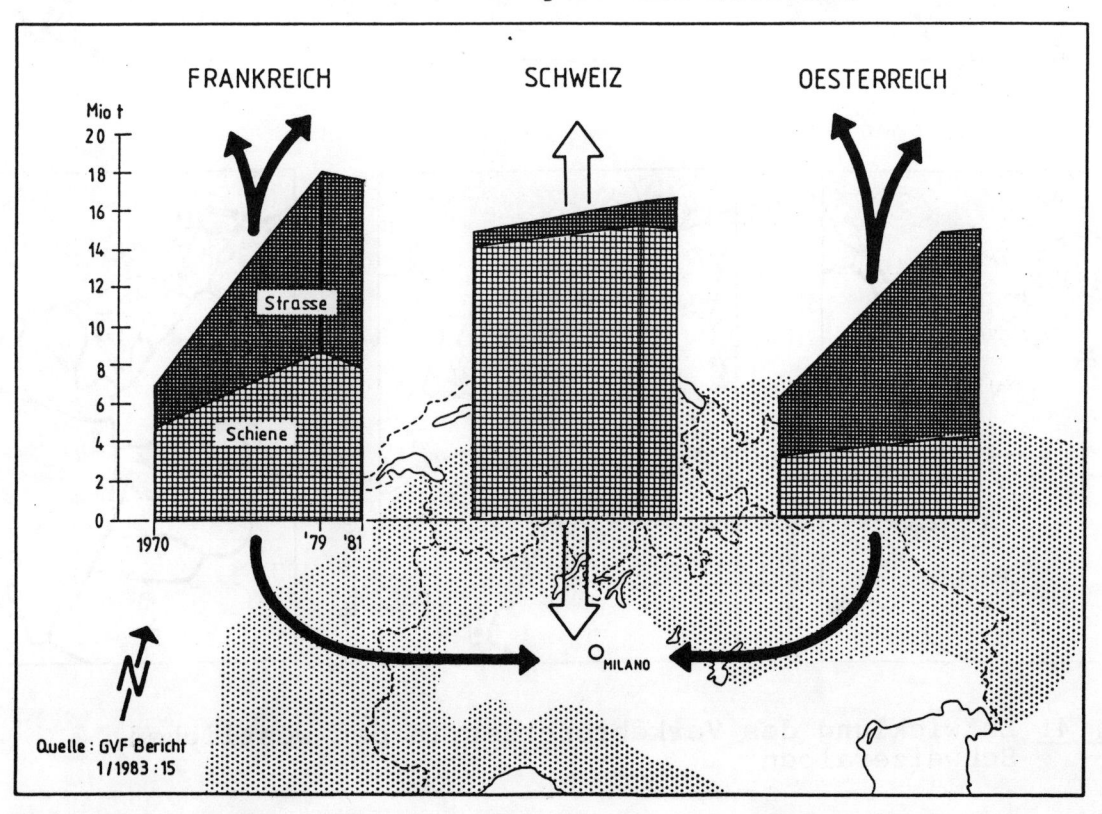

Quelle: GVF Bericht 1/1983:15

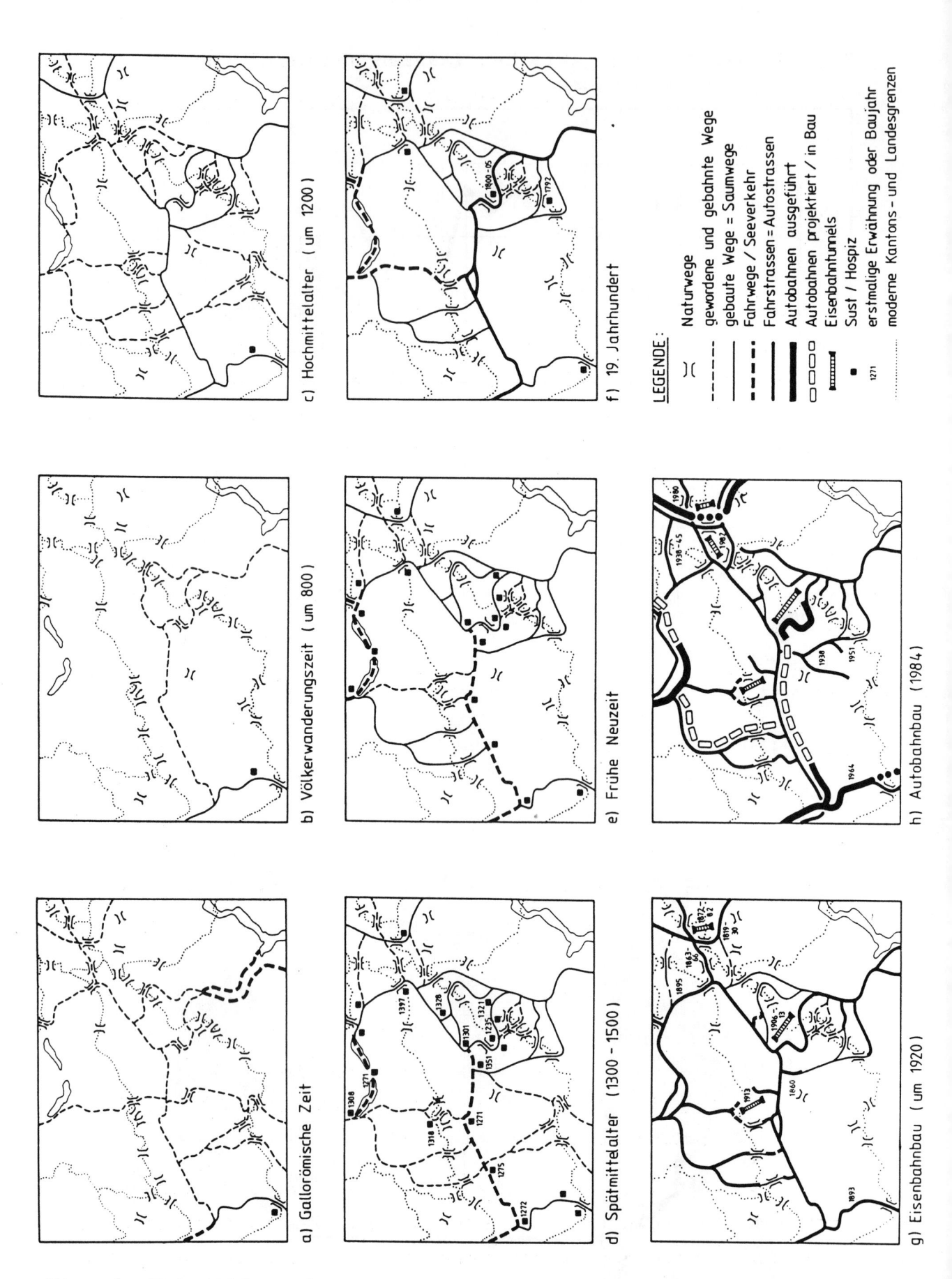

Fig. 4: Entwicklung des Verkehrsnetzes in den westlichen Schweizeralpen

DIE SCHWEIZERISCHE GESAMTVERKEHRSKONZEPTION:
VORGESCHICHTE UND PROBLEMSTELLUNG - KONZEPT UND REALISIERUNG

Jörg Oetterli, Stab für Gesamtverkehrsfragen, EVED

Im Dezember 1982 hat der Bundesrat die Botschaft über die Grundlagen einer koordinierten Verkehrspolitik zuhanden der eidgenössischen Räte verabschiedet. Im wesentlichen geht es bei dieser Botschaft darum, durch die Teilrevision der Artikel 36 und 37 der Bundesverfassung, die verfassungsmässigen Voraussetzungen für die Verwirklichung der Zielsetzungen der Gesamtverkehrskonzeption (GVK-CH) zu schaffen. Im vorliegenden Beitrag soll versucht werden, einen Ueberblick über die Vorgeschichte, das methodische Vorgehen und die Hauptergebnisse dieses verkehrspolitischen Konzepts zu vermitteln sowie auf einige aktuelle Probleme bei der Realisierung der GVK-CH hinzuweisen.

1. Vorgeschichte und Problemstellung der GVK-CH

Man kann davon ausgehen, dass bis anfangs der 50er Jahre das verkehrspolitische Weltbild der Schweiz noch einigermassen in Ordnung war. Die Wachstumsraten des Verkehrs waren bescheiden; Schiene und Strasse entwickelten sich im Gleichschritt. Trotzdem gehen die politischen Forderungen nach einer besseren Verkehrskoordination bereits auf die 30er Jahre zurück. Als Folge der Wirtschaftskrise wollte die Industrie im sogenannten "Verkehrsteilungsgesetz" eine Arbeitsteilung zwischen Schiene und Strasse im Güterverkehr durchsetzen mit dem Ziel, den Fernverkehr der Schiene, den Nahverkehr der Strasse zu übertragen. Dieses Gesetz wurde vom Volk 1935 in einer Referendumsabstimmung verworfen.

Ebenfalls verworfen wurde 1946 der Koordinationsartikel 23ter der Bundesverfassung, welcher dem Bund die Ordnungsbefugnis über alle damals bekannten Verkehrsmittel übertragen wollte. Einen gewissen Schutz des öffentlichen Verkehrs vor der Strassenkonkurrenz brachte zwischen 1940 und 1951 immerhin die auf Bundesbeschlüssen beruhende Autotransportordnung durch ihre Konzessionspflicht für das Strassentransportgewerbe. Sie wurde 1951 mittels Referendum ausser Kraft gesetzt.

Im Verlaufe der 50er und 60er Jahre setzte dann wie eine Flutwelle die Massenmotorisierung ein. Die Strassenbauprogramme wurden auf dieses Wachstum ausgerichtet. Immer mehr mussten die Bahnen sich damit begnügen, wenigstens ihren Bestand halten zu können.

Dieser Siegeszug des Autos steht selbstverständlich in einem engen Zusammenhang mit dem allgemeinen Wirtschaftsaufschwung der Nachkriegszeit - verbunden mit dem Glauben an das unbegrenzte Wirtschaftswachstum, an die Möglichkeiten des technischen Fortschritts und an die Lösbarkeit aller Probleme der Umwelt und der begrenzten Ressourcen.

Deshalb ist auch leicht verständlich, dass die Verkehrspolitik in dieser Phase ihre Prioritäten nicht in einer vorausschauenden, entwicklungssteuernden Gesamtkoordination sah. Es war eine reaktive Politik, die dem Anpassungsdruck der sprunghaft anwachsenden Verkehrsbedürfnisse nachhinkte. Die Verkehrspolitik der letzten 25 Jahre war somit auch eine typische Verkehrsträgerpolitik, eine sektorale Politik also, bei der jeder Verkehrsträger sich nur um seine eigenen Probleme kümmerte, ohne Rücksicht auf die Konsequenzen für das gesamte Verkehrssystem und die Umwelt.

Die ungleichen Entwicklungschancen von Schiene und Strasse wurden entscheidend geprägt durch die relativ einfache Regelung der Kompetenzen und der Finanzierung über zweckgebundene Mittel aus den Treibstoffabgaben beim Strassenbau und -unterhalt. So bildete insbesondere die 1958 in der Volksabstimmung angenommene Revision der Artikel 36 und 37 der Bundesverfassung die Grundlage für den Bau des Nationalstrassennetzes, aber auch für den Ausbau des Hauptstrassennetzes. Im Gegensatz dazu verfügt der öffentliche Verkehr über keine vergleichbare klare Aufgabenteilung zwischen Bund und Kantonen und über keine Finanzierungssicherung. Die wachsenden Defizite werden aus dem allgemeinen Haushalt der öffentlichen Hand gedeckt und es besteht wenig Spielraum für längst notwendige Neuinvestitionen. Die folgende Abb. 1 zeigt diese ungleiche Entwicklung der Investitionen in die Verkehrsinfrastruktur.

Abb. 1:   Infrastrukturinvestitionen der öffentlichen
           Hand für Schiene und Strasse
           (Neubau, Verbesserungen, Ausbau)

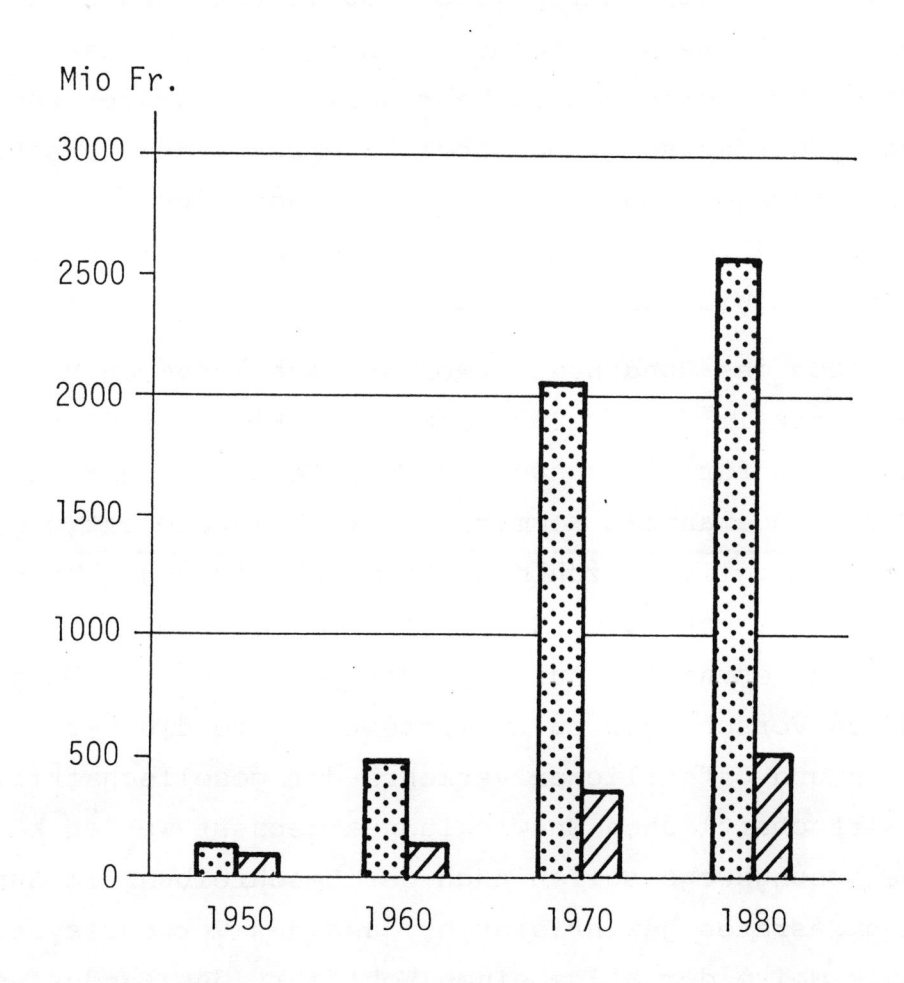

[Bar chart: Mio Fr. on y-axis (0–3000), years 1950, 1960, 1970, 1980 on x-axis, showing investments in road (STRASSE) and rail (SCHIENE).]

▦ STRASSE (Bund, Kantone, Gemeinde)

▨ SCHIENE (SBB, Privatbahnen)

Im Verlaufe der 60er Jahre begannen sich die negativen Konsequenzen der bestehenden verkehrspolitischen Rahmenbedingungen immer deutlicher abzuzeichnen. Der PW-Bestand hatte sich zwischen 1950 und 1965 bereits versechsfacht, der Anteil der Bahn an den gesamten Verkehrsleistungen im Personenverkehr war von 51% auf 22% gesunken. Diese Entwicklung veranlasste Ende 1967 den damaligen Vorsteher des EVED, Bundesrat Gnägi, zur Feststellung, dass die in der Verkehrswirtschaft investierten und noch zu investierenden Milliardenbeträge im Hinblick auf eine wirtschaftliche Gesamtbetrachtung zu neu überdachten Lösungen zwingen. In der Folge davon nahm der Bundesrat in seine Richtlinien für die Regierungspolitik der Legislaturperiode 1968-71 den entscheidenden Passus auf, "dass die bedeutsame Aufgabe eine Gesamtkonzeption der schweizerischen Verkehrspolitik zu erarbeiten, unabwendbar geworden sei". Da dabei Interessen der verschiedenen Verkehrsträger gegeneinander abzuwägen sind, hätten diese an dieser Aufgabe mitzuwirken, ebenso die Wirtschaftsverbände und die Wissenschaft.

Diese Absichten des Bundesrates wurden nach längeren Vorbereitungsarbeiten im Januar 1972 durch die Einsetzung der Eidg. Kommission für die schweizerische Gesamtverkehrskonzeption - der sogenannten Kommission GVK - in die Tat umgesetzt. Die 62 Mitglieder zählende Mammutkommission, unter Leitung des damaligen Zuger Nationalrates Alois Hürlimann, erhielt vom Bundesrat den Auftrag, den politischen Behörden Varianten von Vorschlägen zu unterbreiten, wie die Bereiche des privaten und öffentlichen Verkehrs der gesellschaftlichen und wirtschaftlichen Entwicklung angepasst werden können. Diese Lösungswege sollen nach der Umschreibung im Auftrag des Bundesrates gewährleisten, dass das Verkehrssystem auf optimale Weise der allgemeinen Wohlfahrt des Landes und den daraus abzuleitenden nationalen Aufgaben dient. Es sind u.a. folgende Ziele anzustreben:
- Befriedigung der Verkehrsbedürfnisse mit einem möglichst geringen zeitlichen und finanziellen Aufwand und einem Optimum an Sicherheit und Komfort
- Gewährleistung der freien Wahl des Wohn-, Arbeits-, Einkaufs- und Erholungsortes im Rahmen einer geordneten Siedlungsentwicklung

- Sicherstellung eines Spielraums für den unverfälschten Wettbewerb und Vermeidung von Fehlinvestitionen
- Koordination des Verkehrssystems mit der Raumplanung und Verminderung der Umweltbelastungen
- Möglichkeit der etappenweisen Verwirklichung nach festzulegenden Prioritäten.

Nach 6-jähriger Arbeit hat die Kommission GVK-CH Ende 1977 ihren Schlussbericht dem Bundesrat übergeben.

2. Methodisches Vorgehen und wichtigste Arbeitsphase der GVK-CH

Die Kommission GVK hatte einen politischen Auftrag zu erfüllen; ihre Vorschläge beziehen sich also auf eine Neuordnung der künftigen nationalen Verkehrspolitik. Es geht somit bei der GVK nicht um ein fixes Bauprogramm, sondern allenfalls um die Kriterien und Prioritäten für die künftige Ausgestaltung der Verkehrsinfrastruktur.

Die Formulierung dieser neuen Grundsätze der künftigen Verkehrspolitik setzte selbstverständlich die systematische Erarbeitung der entsprechenden sachlichen und planerischen Grundlagen voraus. Die Arbeiten der Kommission GVK-CH wurden oft als Beispiel einer integrierten Planung bezeichnet. Dieser Begriff der integrierten Planung bezieht sich vor allem auf vier Aspekte, nämlich:
- auf die Interdisziplinarität der Sachbearbeitung und des methodischen Vorgehens
- auf die systemanalytische Erfassung des Verkehrssystems als Ganzes, mit allen Querbezügen zwischen den Teilsystemen
- auf die Organisation des Planungsablaufs als ein dauernden iterativen Prozesses zwischen wissenschaftlicher Sachbearbeitung und politischer Diskussion
- auf den praktisch nahtlosen Uebergang zwischen den Phasen: Auftrag des Bundesrates - Konzepterarbeitung - öffentliche Meinungsbildung - politischer Realisierungsentscheid.

Es kann hier nicht darum gehen, die einzelnen Phasen der GVK-Erarbeitung im Detail darzustellen. Ein sehr summarischer Ueberblick soll jedoch die Brücke zum Nachvollzug der Schlussempfehlungen der Kommission ermöglichen. Die folgende Gliederung (siehe Abb. 2) in vier Hauptarbeitsphasen entspricht in etwa dem gewählten systemanalytischen Vorgehen.

Abb. 2:   Hauptphasen der GVK-Arbeiten

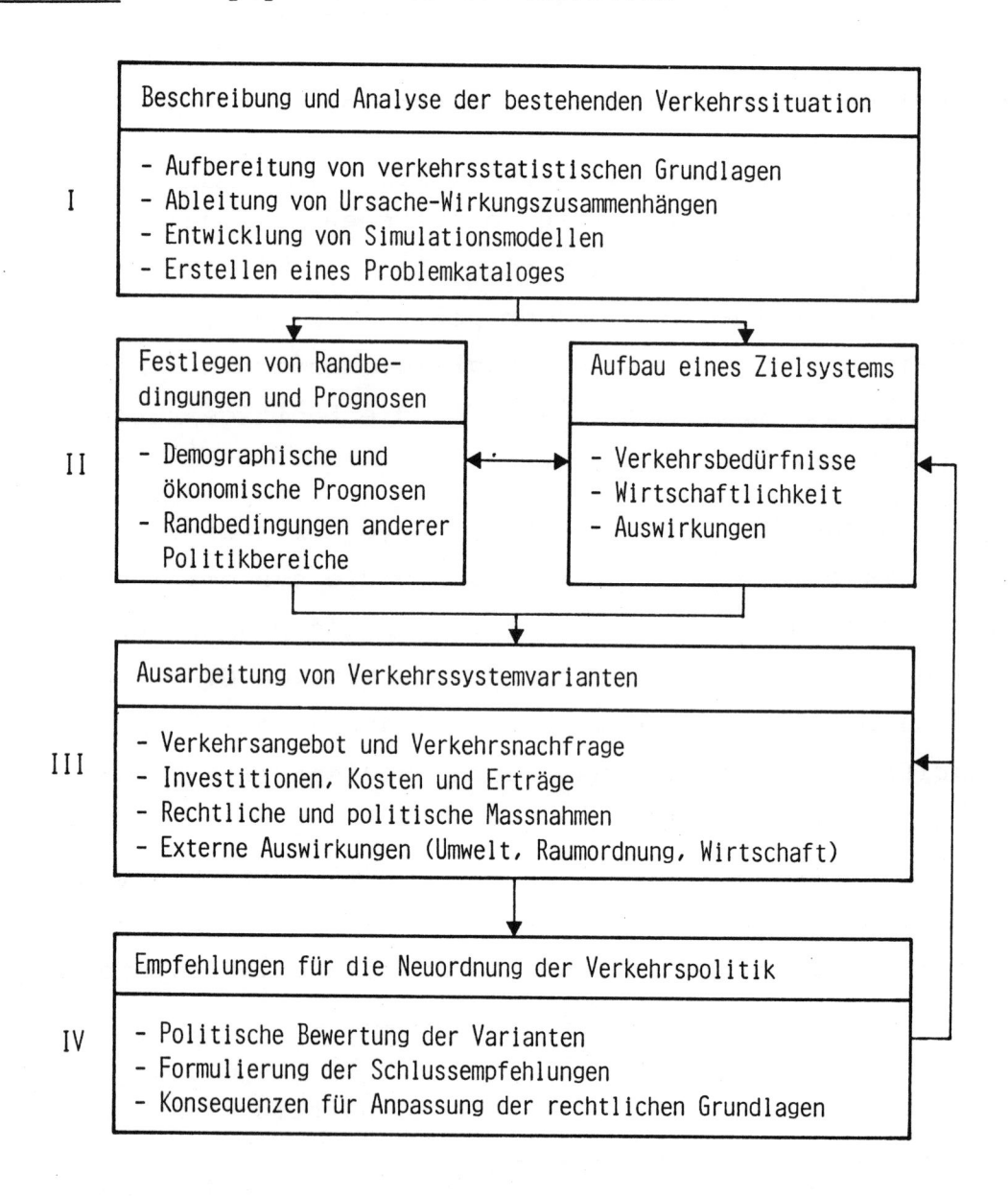

I Beschreibung und Analyse der bestehenden Verkehrssituation
- Aufbereitung von verkehrsstatistischen Grundlagen
- Ableitung von Ursache-Wirkungszusammenhängen
- Entwicklung von Simulationsmodellen
- Erstellen eines Problemkataloges

II Festlegen von Randbedingungen und Prognosen
- Demographische und ökonomische Prognosen
- Randbedingungen anderer Politikbereiche

Aufbau eines Zielsystems
- Verkehrsbedürfnisse
- Wirtschaftlichkeit
- Auswirkungen

III Ausarbeitung von Verkehrssystemvarianten
- Verkehrsangebot und Verkehrsnachfrage
- Investitionen, Kosten und Erträge
- Rechtliche und politische Massnahmen
- Externe Auswirkungen (Umwelt, Raumordnung, Wirtschaft)

IV Empfehlungen für die Neuordnung der Verkehrspolitik
- Politische Bewertung der Varianten
- Formulierung der Schlussempfehlungen
- Konsequenzen für Anpassung der rechtlichen Grundlagen

2.1. Beschreibung und Analyse der bestehenden Verkehrssituation

Diese erste Arbeitsphase umfasste im wesentlichen folgende Teilschritte:

- Aufbereitung der verkehrsstatistischen Grundlagen zur Beschreibung der bestehenden Verkehrssituation.
- Durchführung von sozialwissenschaftlichen Untersuchungen zur Ableitung von Ursachen-Wirkungszusammenhängen im Verkehrsgeschehen.
- Entwicklung gesamtschweizerischer Verkehrssimulationsmodelle als Hilfsinstrumente zur Nachbildung der Verkehrsabläufe.
- Ausarbeitung eines detaillierten Problemkataloges zur Bestimmung der Prioritäten für die weiteren Arbeiten von Kommission und Sachbearbeitung.

Viele dieser Grundlagenarbeiten gehen im übrigen auch heute noch weiter. Dies hängt nicht nur mit der von der GVK-Kommission geforderten "rollenden Planung" zusammen, sondern ebenso mit der Tatsache, dass die Schweiz bezüglich der Kenntnis des Verkehrssystems eine "Black-Box" war; durch die GVK-Arbeiten wurde zwar daraus eine "Grey-Box", aber die Bemühungen um eine für die Vorbereitung sachgerechter verkehrspolitischer Entscheidungen wünschbare "White-Box" stellen eine langfristige Aufgabe dar.

2.2. Formulierung von Zielsetzungen, Randbedingungen und Entwicklungsperspektiven

Während die erste Arbeitsphase noch relativ eindeutig dem sogenannten "wissenschaftlichen Bereich" zuzuordnen war, enthielt diese zweite Arbeitsphase bereits sehr starke Züge politischer Vorgaben. Aufgabe der Wissenschaft war hier vor allem die Bereitstellung methodischer Hilfsmittel.

Zu diesen methodischen Hilfsmitteln gehörte insbesondere die Aufstellung eines umfassenden, hierarchisch gegliederten Zielsystems mit über 200 Zielelementen. Es diente einerseits als systematischer Raster für die Einordnung der Ergebnisse der verschiedenen Teilstudien und war andererseits die Grundlage für die Bewertung und den Vergleich der Konzeptvarianten mittels nutzwertanalytischer Verfahren.

So war denn bereits die Auswahl der Zielelemente und ihre hierarchische Einordnung, aber noch viel mehr die Gewichtung der Bedeutung der Teilziele selbstverständlich kein wissenschaftlich wertfreier Vorgang mehr, sondern eine politische Akzentsetzung.

Beim Aufbau des Zielsystems ging die Kommission vom Gesamtziel aus, dass das Verkehrssystem eine dienende Funktion im Rahmen der staatlichen, gesellschaftlichen und wirtschaftlichen Ordnung auszuüben habe und auf dieser Grundlage den "grösstmöglichen Beitrag zur Verbesserung der Lebensqualität" leisten solle.

Diese übergeordnete Zielvorgabe bleibt nun allerdings solange eine politische Leerformel, als nicht feststeht, nach welchen gesamtpolitischen Kriterien sich diese Lebensqualität definieren lässt, die es mit Hilfe verkehrspolitischer Massnahmen zu verbessern gilt. Je nach Interessenstandpunkt und sozialer Lage wird diese Lebensqualität anders interpretiert.

Auf der Basis der Auftragsumschreibung durch den Bundesrat und der im Problemkatalog aufgelisteten Einzelprobleme hat die Kommission GVK-CH ihr Zielsystem nach drei Hauptzielblöcken aufgegliedert und dann weiterverfeinert:

    I Die bestmögliche Befriedigung der Verkehrsbedürfnisse von Bevölkerung und Wirtschaft. Dieser erste Zielbereich umfasst im wesentlichen alle für die Befriedigung der Verkehrsnachfrage massgeblichen Elemente.

   II Das Herbeiführen eines wirtschaftlichen Mitteleinsatzes. Dieser zweite Zielbereich enthält die für eine wirtschaftliche Ausgestaltung des Verkehrsangebots und damit eines rationellen Ressourceneinsatzes bedeutsamen Aspekte.

  III Die Verbesserung der Auswirkungen des Verkehrs auf den Menschen und seine Umwelt. Dieser dritte Zielbereich konkretisiert die für die Sicherheit, die Umweltbelastungen sowie die Raumplanungs- und Siedlungspolitik festzulegenden Anforderungen an die Verkehrspolitik.

Die folgende Abb. 3 gibt die Aufgliederung der obersten
Zielebenen wieder.

Abb. 3   Zielsystem GVK-CH

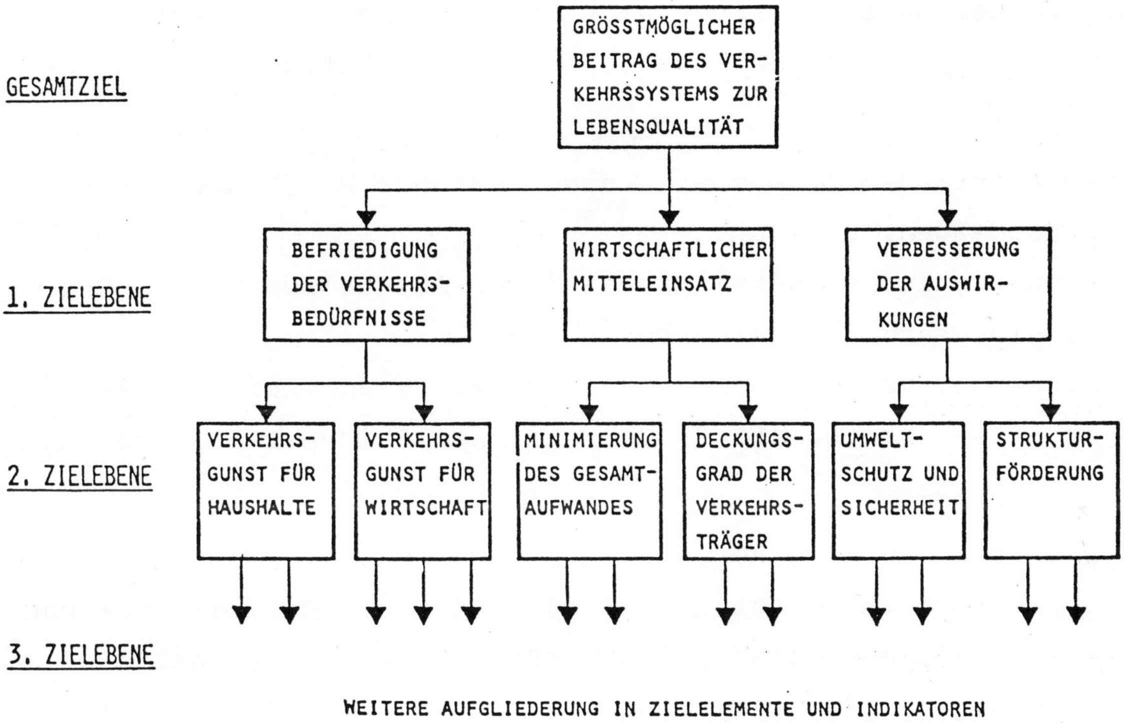

```
GESAMTZIEL                    ┌─────────────────┐
                              │ GRÖSSTMÖGLICHER │
                              │ BEITRAG DES VER-│
                              │ KEHRSSYSTEMS ZUR│
                              │ LEBENSQUALITÄT  │
                              └────────┬────────┘
                    ┌──────────────────┼──────────────────┐
                    ▼                  ▼                  ▼
              ┌──────────┐       ┌──────────┐       ┌──────────┐
              │BEFRIEDI- │       │WIRTSCHAFT-│      │VERBESSE- │
1. ZIELEBENE  │GUNG DER  │       │LICHER    │       │RUNG DER  │
              │VERKEHRS- │       │MITTEL-   │       │AUSWIR-   │
              │BEDÜRFNISSE│      │EINSATZ   │       │KUNGEN    │
              └────┬─────┘       └────┬─────┘       └────┬─────┘
                ┌──┴──┐            ┌──┴──┐            ┌──┴──┐
                ▼     ▼            ▼     ▼            ▼     ▼
              ┌───┐ ┌───┐       ┌───┐ ┌───┐       ┌───┐ ┌───┐
              │VER│ │VER│       │MIN│ │DEC│       │UMW│ │STR│
2. ZIELEBENE  │KEH│ │KEH│       │IMI│ │KUN│       │ELT│ │UKT│
              │... │ │...│       │...│ │...│       │...│ │UR-│
              └─┬─┘ └─┬─┘       └─┬─┘ └─┬─┘       └─┬─┘ └─┬─┘
                ▼▼    ▼▼▼          ▼▼    ▼▼          ▼▼    ▼▼
3. ZIELEBENE
```

2. ZIELEBENE: VERKEHRS-GUNST FÜR HAUSHALTE | VERKEHRS-GUNST FÜR WIRTSCHAFT | MINIMIERUNG DES GESAMT-AUFWANDES | DECKUNGS-GRAD DER VERKEHRS-TRÄGER | UMWELT-SCHUTZ UND SICHERHEIT | STRUKTUR-FÖRDERUNG

WEITERE AUFGLIEDERUNG IN ZIELELEMENTE UND INDIKATOREN

Von besonderer Bedeutung war nun natürlich die Festlegung
der Prioritäten bzw. politischen Gewichtungen, welche den
einzelnen Teilzielen zuzumessen sind. Die dazu erforderlichen Grundlagen wurden durch wiederholte Befragungen der
Kommissionsmitglieder sowie durch eine repräsentative Befragung der Gesamtbevölkerung beschafft. Die Ergebnisse dieser
Untersuchungen zeigen eindeutig, dass in der künftigen Neuordnung des Verkehrssystems einer wirtschaftlich rationellen
Ausgestaltung sowie den Anforderungen des Umweltschutzes eine vorrangige Priorität zuzuordnen ist.

Diese Abkehr von der einseitigen Prioritätensetzung bei der
Befriedigung aller Mobilitätsbedürfnisse signalisierte zumindest eine Tendenzwende im verkehrspolitischen Denken, die
sich in der Zwischenzeit noch verstärkt hat. Wirksam wird sie
allerdings erst, wenn sie auch in konkretes politisches Handeln umschlägt.

Für die Kommission GVK äusserte sich dieser Denk- und Lernprozess auch bei der Festlegung der sogenannten Rahmenbedingungen, die für die weitern Arbeiten als fixe Elemente vorgegeben wurden. Es handelt sich um Bedingungen, die durch das Verkehrssystem selber nicht massgebend beeinflusst werden können, bzw. denen sich die Verkehrspolitik zu unterordnen hat.

Im wesentlichen sind zwei Gruppen solcher Randbedingungen zu unterscheiden, nämlich:
- Demographische und wirtschaftliche Ausgangsdaten und Entwicklungsannahmen einerseits und
- wichtige, verkehrsrelevante Richtziele anderer gesellschafts-, wirtschafts- oder staatspolitischer Bereiche andererseits.

Zur ersten Gruppe gehören also Prognosen oder Entwicklungsperspektiven im klassischen Sinne, wie die Bevölkerungs- und Arbeitsplatzentwicklung, das Wirtschaftswachstum oder die Steigerung der Energiepreise im betrachteten Planungszeitraum, d.h. also bis zum Jahre 2000. Wo Prognosen besonders unsicher sind, musste mit verschiedenen Szenarien gearbeitet werden. Ohne hier auf Einzelheiten einzugehen, weisen die für die GVK massgebenden Ausgangsdaten folgende Hauptmerkmale auf:
- Stagnation der Bevölkerungs- und Arbeitsplatzentwicklung
- Deutlich verlangsamtes allgemeines Wirtschaftswachstum gegenüber der Periode 1950 - 1975
- Ueberproportionaler Anstieg der Preise auf dem Energiemarkt

Die Festlegung von für die künftige Verkehrspolitik massgebenden Richtzielen anderer politischer Sachbereiche war dort besonders schwierig, wo entsprechende Konzepte und Vorgaben fehlten. Dies traf für alle jene Bereiche zu, die im Verlaufe der ersten Hälfte der 70er Jahre selbst unter dem Druck der allgemeinen gesellschaftlichen Veränderungen zum Gegenstand politischer Diskussionen geworden waren, so etwa der

Umweltschutz, die Raumordnung, die Energiepolitik, die Aufgabenteilung zwischen Bund und Kantonen, die Aufgabenentlung der öffentlichen Hand.

Wo explizite Vorgaben fehlten, hat die Kommission selbst entsprechende Randbedingungen festgelegt. Drei Beispiele mögen zur Illustration dieser zweiten Gruppe von Randbedingungen genügen:

- In Anlehnung an die übrigen politischen Bestrebungen im Bereich des Umweltschutzes wurde festgelegt, dass trotz weiterem Verkehrswachstum die gesamte verkehrsbedingte Umweltbelastung künftig jenen Umfang nicht überschreiten soll, wie er im Jahr 1970 bestanden hat. Wo lokal bereits solche Ueberlastungen bestehen, sind sie auf die zulässigen Grenzwerte zu vermindern.

- Entsprechend den übergeordneten raumordnungspolitischen Zielsetzungen ist das künftige Verkehrssystem so auszugestalten, dass es zur Konsolidierung der bestehenden dezentralisierten Besiedlungsstruktur der Schweiz beiträgt. Eine weitere Verschärfung der regionalen Disparitäten ist zu verhindern.

- Die Verkehrsausgaben der öffentlichen Hand nehmen zwar in Zukunft in absoluten Beträgen zu; sie sollen aber in ihrem relativen Anteil an den gesamten öffentlichen Ausgaben bis zum Jahr 2000 um rund einen Viertel abnehmen.

Die folgende Abb. 4 hält die wichtigsten Annahmen fest.

Abb. 4: Wichtigste Entwicklungsannahmen und Randbedingungen der GVK-CH

Bereich	Annahmen für den Zeitraum 1974 - 2000
1. Bevölkerungsentwicklung	+ 3% Stagnation bei gleichbleibender restriktiver Ausländerpolitik
2. Erwerbsquote	- 3% Rückgang von 49 auf 46%
3. BSP-Wachstumsrate/Jahr	+ 2% Hauptszenarium + 1,3% Extremszenarium
4. Entwicklung der Arbeitsplätze	+ 4% Stagnation insgesamt mit grossen Unterschieden zwischen den Branchen
5. Verkehrsausgaben der öffentlichen Hand	+ 76% Relativer Rückgang an den staatlichen Gesamtausgaben
6. Umweltbelastung (Lärm und Abgase)	Allg.: Plafonierung auf Belastung 1970 Lokal: Verminderung auf zulässige Grenzwerte
7. Energieverbrauch	Hauptszenarium: unterproportionale Zunahme gegenüber Wirtschaftswachstum. Extremszenarium: Stabilisierung des Verbrauchs
8. Raumplanung	Konsolidierung der bestehenden dezentralisierten Besiedlungsstruktur.
9. Motorisierungsgrad	+ 49% Sättigung bei 400 PW/1000 Einw.

Zielprioritäten und Randbedingungen waren die zentralen Vorbedingungen für die Ermittlung der eigentlichen Verkehrsprognosen sowie - darauf abgestützt - die Erarbeitung verschiedener Konzeptvarianten. Aus der heutigen Rückschau ist es deshalb besonders interessant, die Tragfähigkeit dieser Grundannahmen zu beurteilen.

So hatte z.B. die Kommission GVK-CH die Erarbeitung eines eigentlichen Krisenszenarios aus ihren Ueberlegungen ausgeklammert, weil sie der Meinung war, dass die Planung des Katastrophenfalls ausserhalb des Auftrages für eine langfristige Neuordnung der schweizerischen Verkehrspolitik liege. Heute stellt sich natürlich die Frage, ob die drastische Verschlechterung der Umweltsituation nicht doch gewisse Züge eines solchen Katastrophenfalls annehmen könnte. Zumindest stehen ja bereits politische Forderungen im Raum - wie etwa eine Benzinrationierung - die mit Sicherheit zum Massnahmenbündel eines solchen Extremfalles gehören. Eine Kommission GVK des Jahres 1985 würde also vermutlich einige Akzente etwas anders setzen.

Teilweise heftig kritisiert wurden in den letzten Jahren immer wieder die Verkehrsprognosen der GVK. Verschiedene Kritiker bezeichneten eine weitere Zunahme der Gesamtverkehrsnachfrage zwischen 1975 und 2000 um 70% beim Personen- und 50% beim Güterverkehr als wachstumseuphorisch und unrealistisch - dies, obwohl die entsprechenden Zunahmen in der Periode 1950 - 1975 400% beim Personen- und 260% beim Güterverkehr betrugen. Vergleicht man die seit der Erarbeitung der GVK-Prognosen vergangenen Jahre, so haben die Kritiker in der Tat nicht recht bekommen, da nahezu die Hälfte der GVK-Annahmen inzwischen bereits erreicht ist. Abb. 5 stellt diese Entwicklung der Gesamtverkehrsnachfrage den GVK-Prognosen gegenüber.

Diese starke Verkehrszunahme der letzten 10 Jahre ist allerdings bedingt durch eine weiterhin rasante Entwicklung des Strassenverkehrs. Sie kommt auch zum Ausdruck durch die Tatsache, dass der von der Kommission GVK für das Jahr 2000 geschätzte Motorisierungsgrad der Bevölkerung von 400 PW pro 1'000 Einwohner bereits 1983 erreicht war. Nicht erfüllt hat sich bis jetzt die Zielvorstellung der GVK einer verstärkten Verlagerung des Modal-Splits zugunsten der Schiene; das war aber auch gar nicht möglich, weil die zentralen Forderungen der GVK zur Förderung des öffentlichen Verkehrs bisher nicht realisiert wurden.

Abb. 5: Wachstumsraten der gesamten Verkehrsleistungen
        (Schiene + Strasse) in %

		Personen (P/km)	Güter (t/km)
1950 - 1975	Total	400	260
	Ø pro Jahr	6,7	5,2
Effektive Entwicklung			
1975 - 1982	Total	24	25
	Ø pro Jahr	3,1	3,2
GVK-Prognose			
1975 - 2000	Total	70	50
	Ø pro Jahr	2,0	1,7

Diese beiden Beispiele - Krisenszenario und Verkehrsprognosen - weisen im übrigen auf die Bedeutung der von der Kommission GVK geforderten "rollenden Planung" hin; d.h. auf die Notwendigkeit, die verkehrspolitischen Prioritäten periodisch zu überprüfen und an die veränderten Gegebenheiten anzupassen. Für die Beurteilung der GVK ist es somit nicht unerheblich, kritisch zu prüfen, ob die von ihr geforderte politische und rechtliche Neuordnung des Verkehrswesens auch tatsächlich jenen Spielraum aufweist, um eine flexible Anpassung an veränderte Prioritäten sicherzustellen.

2.3. Die Erarbeitung von Verkehrssystem-Varianten

Im Verlaufe der GVK-Arbeiten wurden insgesamt acht verschiedene Verkehrssystem-Varianten ausgearbeitet. Sie charakterisieren die drei Hauptphasen der Kommissionsarbeit (siehe Abb. 6):

* Die zwei sogenannten Leitstudienvarianten dienen sowohl der Erarbeitung und Austestung des methodischen Instrumentariums, als auch dem didaktischen Einstieg in die doch ausserordentlich komplexe Materie eines Gesamtverkehrskonzepts.

* Ziel der sogenannten vier Basisvarianten war es, die Auswirkungen von verkehrspolitischen Lösungen mit relativ extremen Zielsetzungen sichtbar zu machen. Durch besondere Prioritätensetzung bei den Kriterien der Eigenwirtschaftlichkeit des Verkehrssystems bzw. den Anforderungen der Raumplanung und des Umweltschutzes wurde versucht, die Auswirkungen spezifischer Zielgewichtungen aufzuzeigen. Dabei ging es insbesondere um die Darstellung der Konsequenzen bezüglich:
  - der Struktur des Verkehrsangebots und der Verkehrsnachfrage,
  - des Investitionsbedarfs für den Ausbau und Unterhalt der Strassen- und Schienen-Infrastruktur,
  - des geforderten Gleichgewichts von Kosten und Erträgen,
  - der Anpassung des Verkehrsrechts und der notwendigen politischen Strategien für die staatliche Einflussnahme auf den Verkehr,
  - der Auswirkungen auf die Belastungen durch Schadstoffe und Lärm,
  - der raumplanerischen und regionalwirtschaftlichen Effekte.

* Ziel der dritten Iterationsstufe war es schliesslich, mit den beiden Schlussvarianten zwei Verkehrskonzepte zu detaillieren, welche die Bedingungen der politischen Realisierbarkeit erfüllen. Die Erkenntnisse aus der Auswirkungsanalyse der vier Basisvarianten bildeten dabei die Eckwerte für die Beurteilung dieser politischen Realisierbarkeit, bzw. Wünschbarkeit.

In diesem Rahmen des von der Kommission als realistisch betrachteten politischen Handlungsspielraumes stellt die Schlussvariante 1 ein Art "Sparvariante" dar. Der künftige Ausbau der Verkehrsinfrastruktur wird auf ein notwendiges Minimum begrenzt; es wird von einer längerfristigen Stabilisierung des Energieverbrauchs und einer stärkeren Verknappung der Mittel der öffentlichen Hand für Verkehrsausgaben ausgegangen. Verkehrspolitischer Schwerpunkt bildet somit die Betonung der Eigenwirtschaftlichkeit des Verkehrssystems.

Abb. 6: Erarbeitung von acht verschiedenen Verkehrssystem-Varianten für das Jahr 2000

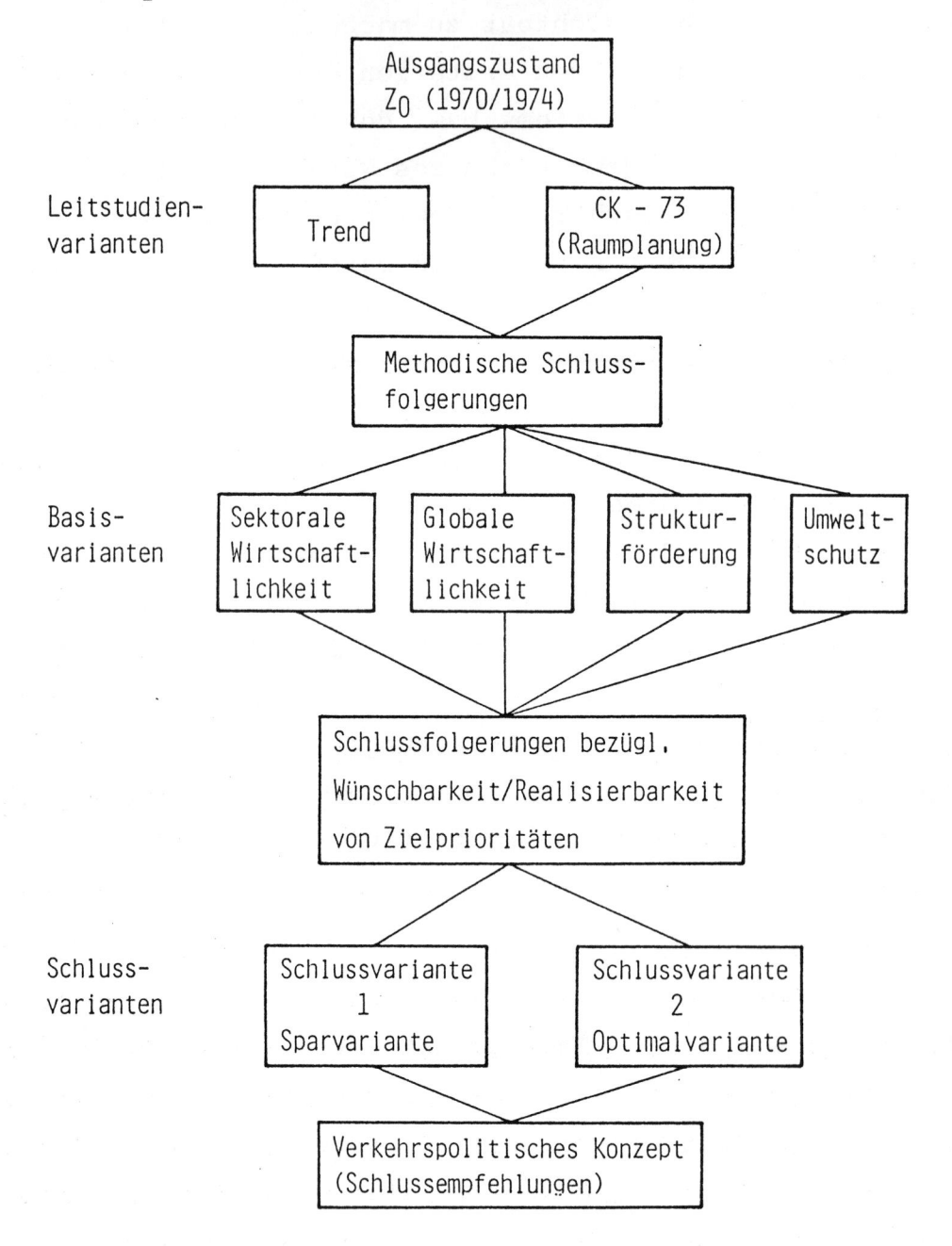

```
                        ┌─────────────────┐
                        │  Ausgangszustand │
                        │   Z₀ (1970/1974) │
                        └─────────────────┘
                           ╱             ╲
Leitstudien-       ┌─────────┐      ┌──────────────┐
varianten          │  Trend  │      │   CK - 73    │
                   │         │      │ (Raumplanung)│
                   └─────────┘      └──────────────┘
                           ╲             ╱
                     ┌──────────────────────┐
                     │ Methodische Schluss- │
                     │     folgerungen      │
                     └──────────────────────┘
                      ╱      │      │      ╲
Basis-       ┌────────┐ ┌────────┐ ┌────────┐ ┌────────┐
varianten    │Sektorale│ │ Globale│ │Struktur│ │Umwelt- │
             │Wirtschaft│ │Wirtschaft│ │förderung│ │schutz │
             │lichkeit │ │lichkeit│ │        │ │        │
             └────────┘ └────────┘ └────────┘ └────────┘
                      ╲      │      │      ╱
                ┌──────────────────────────────┐
                │ Schlussfolgerungen bezügl.   │
                │ Wünschbarkeit/Realisierbarkeit│
                │    von Zielprioritäten       │
                └──────────────────────────────┘
                           ╱             ╲
Schluss-          ┌──────────────┐  ┌──────────────┐
varianten         │ Schlussvariante│ │Schlussvariante│
                  │       1      │  │       2       │
                  │  Sparvariante│  │ Optimalvariante│
                  └──────────────┘  └──────────────┘
                           ╲             ╱
                   ┌────────────────────────┐
                   │Verkehrspolitisches Konzept│
                   │   (Schlussempfehlungen)│
                   └────────────────────────┘
```

Schlussvariante 2 hat einen etwas optimistischeren Grundtenor. Das zwar gegenüber der Hochkonjunktur erheblich verlangsamte Wirtschaftswachstum erlaubt es, auch für den Verkehr weiterhin genügend Mittel zur Verfügung zu stellen. Diese Mittel sollen jedoch in erster Linie einer vermehrten qualitativen Kontrolle und Steuerung der Auswirkungen des Verkehrssystems dienen. Deshalb enthält die Schlussvariante 2

besondere Vorschläge für den Ausbau der nationalen Schienen-
Infrastruktur zum Ausgleich der auf den Hauptachsen zu er-
wartenden Kapazitätsengpässe. Dem Kriterium der Eigenwirtschaftlichkeit kommt auch hier eine grosse Bedeutung zu, sie
steht jedoch im Rahmen etwas grosszügiger ausgestalteter Möglichkeiten zur Abgeltung gemeinwirtschaftlicher Leistungen
und einer klaren Unterordnung der Verkehrspolitik unter die
Ziele der Raumordnungs-, Wirtschafts- und Umweltschutzpoli-
tik.

Im Verlaufe der Diskussion der verschiedenen Systemvarianten
stellte sich für die Kommission sehr bald die Frage nach dem
Verhältnis zwischen Verkehrspolitik und Verkehrswegeplanung.
Mit anderen Worten: Soll die Kommission dem Bundesrat eigentliche Alternativen auf der übergeordneten verkehrspolitischen Ebene vorschlagen und dazu auch entsprechende verkehrs-
planerische Lösungen ausarbeiten; oder soll man sich auf die
Erarbeitung eines Rahmenkonzepts für die Neugestaltung der
künftigen Verkehrspolitik einigen, welches
- einerseits dem bestehenden politischen Innovationsspiel-
  raum Rechnung trägt und
- andererseits bezüglich dem konkreten Ausbau der Verkehrsinfrastruktur eine genügende Variationsbreite offen lässt.

Sicher zu Recht hat man sich schliesslich für den zweiten
Weg entschieden. Man war also - bildlich gesprochen - zum
Entscheid gelangt, dass die Kommission als Ergebnis ein ver-
kehrspolitisches Gebäude präsentieren möchte, dessen äussere
Gestalt klar umrissen ist, dessen Innenausbau aber durchaus
unterschiedliche Möglichkeiten zulässt. Gerade das ist ja
eine Voraussetzung für die vorhin erwähnte "rollende Planung"
- also die Anpassung der verkehrspolitischen Prioritäten und
Massnahmen an die sich verändernden Bedingungen.

3. Die verkehrspolitischen Schlussempfehlungen der Kommission GVK-CH

Die Kommission GVK hat ihre verkehrspolitischen Vorschläge in 40 Thesen oder Schlussempfehlungen zusammengefasst. Diese Empfehlungen wurden einstimmig verabschiedet mit der Auflage, dass sie als politisches Gesamtpaket - also als Konzept - zu betrachten sind und nicht beliebig einzeln herausgelöst und realisiert werden können.

Etwas vereinfacht lassen sich diese 40 Thesen nach vier wichtigen verkehrspolitischen Schwerpunkten oder Grundsätzen gliedern:

1. Grundsatz: Die zukünftige Verkehrswegeplanung ist im Rahmen einer gesamtheitlichen Betrachtung zu koordinieren.

Dieser erste Grundsatz betrifft direkt die Entscheidungskriterien für den Ausbau der Infrastruktur:

- Es erfolgt nicht mehr eine isolierte, getrennte Planung für Schiene und Strasse, sondern der Ausbau erfolgt koordiniert gemäss den gesamten Verkehrsbedürfnissen. Zu dieser Forderung gehört auch, dass überall da, wo parallele Verkehrsachsen nötig scheinen, zuerst eindeutig feststehen muss, ob der bereits bestehende Verkehrsweg die neue Aufgabe nicht auch noch übernehmen kann.
- Der Ausbau soll so erfolgen, dass die negativen Auswirkungen möglichst klein sind. Es müssen deshalb künftig bei allen Bauentscheiden die sogenannten externen Kosten und Nutzen miteinbezogen werden.

Die Verkehrsinfrastruktur soll zwar auch in Zukunft an die Mobilitätsbedürfnisse von Bevölkerung und Wirtschaft angepasst werden. Dieser Ausbau soll aber unter Beachtung der gesamten Kapazitätsbedingungen und gemäss den spezifischen Vorteilen der einzelnen Verkehrsträger erfolgen. Eine wichtige organisatorische Voraussetzung ist die Zusammenfassung aller Verkehrsaufgaben im gleichen Departement. Durch den per 1. Januar 1984 erfolgten Transfer des Bundesamtes für

Strassenbau vom EDI ins EVED ist ein wichtiger Schritt in
diese Richtung getan worden.

Zur Sicherstellung dieses Grundsatzes sind alle grösseren
Verkehrsinvestitionen einer eingehenden Zweckmässigkeitsprüfung zu unterziehen. Die in den Schlussvarianten enthaltenen Erweiterungen der Verkehrsinfrastruktur sind deshalb
als Vorschläge zu verstehen, die vor ihrer Realisierung noch
zu überprüfen sind.

Für den Erfolg dieser koordinierten Gesamtplanung sind neue
methodische Instrumente als politische Entscheidungshilfen
unerlässlich. Dazu gehören unter anderem auch Grenzkostenbetrachtungen sowie der umfassende Einbezug der sozialen Kosten und Nutzen. Erste Ansätze in dieser Richtung sind bereits erfolgt. So wurde z.B. der Bau einer Ost-West-Eisenbahntransversale, die sogenannte NHT, einer sehr umfassenden
Zweckmässigkeitsprüfung unterzogen (ein Verfahren, das z.B.
leider beim Entscheid über die Transjurane nicht angewendet
wurde).

2. Grundsatz: Das Verkehrswesen als Ganzes soll eigenwirtschaftlich betrieben werden.

Dieser Grundsatz besagt im Grunde nichts anderes, als dass
jene, welche unser Verkehrssystem benützen und von seinen
Vorteilen profitieren, auch die Kosten, die sie damit verursachen, bezahlen sollen. In der bisherigen verkehrspolitischen Diskussion wurde die fehlende Eigenwirtschaftlichkeit faktisch als ein Sonderproblem des öffentlichen Verkehrs dargestellt, und es wurde deshalb gefordert, dass die
Ursache der Defizite aufgedeckt und beseitigt wird. Die GVK-Vorschläge sehen zur Verwirklichung einer verbesserten Eigenwirtschaftlichkeit im Verkehrssystem drei Gruppen von Massnahmen vor:

(1) Die Herstellung eines gerechten Wettbewerbs zwischen den
    Verkehrsträgern durch Beseitigung der bestehenden Wettbewerbsverzerrungen. Diese Forderung ist einleuchtend,

aber beim Versuch, sie näher zu konkretisieren, stellt man sehr rasch fest, dass eben der Begriff "gerechter Wettbewerb" oder "Wettbewerbsverzerrung" keine wissenschaftliche, sondern eine politische Frage ist. So wurde beispielsweise durch die Einführung der Schwerverkehrsabgabe versucht, die Unterdeckung des Strassenschwerverkehrs in der sogenannten Strassenrechnung auszugleichen. Aus der Sicht des Abbaus der Wettbewerbsverzerrungen stellen sich hier aber unter anderem zwei Fragen:
- Ist eine Schwerverkehrsabgabe sinnvoll, die leistungsunabhängig ist, d.h. wo jeder Lastwagen gleichviel bezahlt, ob er viel oder wenig fährt?
- Genügt eine Abgabe zur Deckung der reinen Investitions- und Unterhaltskosten der Strasse? Müssten dem Strassenverkehr eben nicht auch jene Kosten angelastet werden, die er der Allgemeinheit durch seine Luft- und Lärmbelastungen oder seine hohe Unfallquote verursacht?

Nach Meinung der GVK wären genau diese beiden Bedingungen zu erfüllen.

(2) Gemeinwirtschaftliche Leistungen, welche die öffentliche Hand von Verkehrsunternehmungen verlangt, sind voll abzugelten. Deshalb sind alle diese ausserkaufmännischen Auflagen jeweils im voraus mit der Transportunternehmung auszuhandeln. Das heutige System einer nachträglichen Uebernahme der Defizite durch die öffentliche Hand entfällt.

Diese Massnahmen sind von eminenter Bedeutung für die Zukunft der öffentlichen Verkehrsunternehmungen. Der grösste Teil der heutigen Defizite ist nämlich nicht die Folge einer Misswirtschaft der Unternehmungen, sondern es sind ungedeckte Kosten, die durch Auflagen der öffentlichen Hand entstehen. Dazu gehört etwa die sogenannte Vorsorgehaltung des öffentlichen Verkehrs, d.h. die Bahn kann nicht dann fahren, wenn der Zug voll ist; sie muss einen regelmässigen Fahrplan gewährleisten und sie muss jeden befördern, dem es zufällig einmal in den Sinn kommt, für eine Fahrt die Bahn zu benützen. Dazu gehören auch Sozialtarife für einkommensschwächere Gruppen oder Spezialleistungen aus energie- und umweltpolitischen Gründen etc.

Diese Sonderleistungen sollen in Zukunft durch die "Besteller" (also den Bund, die Kantone und die Gemeinden) genau umschrieben und entschädigt werden. Dies führt nicht nur zu einer besseren Kostentransparenz bei den öffentlichen Verkehrsunternehmen, sondern es zwingt auch die öffentliche Hand, sich genau zu überlegen, welche Leistungen man vom öffentlichen Verkehr will, welche Prioritäten man setzen will, und was man dafür zu bezahlen bereit ist.

Erste Schritte in diese Richtung sind in den letzten Jahren unter dem Stichwort Leistungsauftrag an die SBB eingeleitet worden, der zur Zeit überarbeitet wird.

(3) Die unternehmerische Freiheit für die öffentlichen Verkehrsunternehmungen soll erhöht werden. Die Unternehmungen sollen ihr Leistungsangebot vermehrt nach privatwirtschaftlichen Grundsätzen gestalten können. Ausgenommen davon sind die vorhin erwähnten gemeinwirtschaftlichen Leistungen. Wenn diese Leistungen definiert sind, dann sind automatisch auch jene Bereiche bestimmt, in denen die öffentlichen Verkehrsunternehmen in voller Konkurrenz mit den übrigen Verkehrsträgern am Markt auftreten sollen. Nach Meinung der GVK gilt dies insbesondere für den Personenfernverkehr (also den Schnellzugsverkehr) und den Wagenladungsverkehr.

Hier sollen also die öffentlichen Verkehrsunternehmen mehr unternehmerische Freiheit bekommen in der Gestaltung ihres Angebots und ihrer Tarife; sie sollen damit auch flexibler auf Marktänderungen oder auf das Verhalten der Konkurrenz reagieren können.

Die Gesamtbeurteilung dieser drei Massnahmenbereiche zeigt, dass die Eigenwirtschaftlichkeit des Verkehrssystems im Sinne der GVK als volkswirtschaftlich wünschbares Ziel angestrebt wird. Eigenwirtschaftlichkeit auf Unternehmungsstufe wird somit überlagert durch übergeordnete verkehrsexterne politische Ziele (Sozialpolitik, Raumordnungspolitik, Energiepolitik, Umweltpolitik, Landesversorgung etc.) - Ziele, welche spezielle Aufgabenzuweisungen an bestimmte Verkehrsträger vorsehen. In der volkswirtschaftlichen Gesamtbilanz jedoch soll den sozialen Kosten des Verkehrs ein entsprechender sozialer Nutzen gegenüberstehen.

3. Grundsatz: Im Verkehrswesen soll eine vernünftige föderalistische Aufgabenteilung zwischen dem Bund und den Kantonen hergestellt werden. Kompetenz, Verantwortung und finanzielle Mittel gehören möglichst in dieselbe Hand.

Dieser dritte Grundsatz beruht auf der Vorstellung, dass das angestrebte Optimum eines ökonomisch und ökologisch vertretbaren Verkehrssystems leichter realisierbar ist, wenn die politischen Entscheidungen auch in der Verkehrspolitik möglichst nahe bei den konkreten Bedürfnissen - also möglichst nahe bei den Betroffenen - gefällt werden. Der heute im Verkehrswesen bestehende Kompetenz- und Subventionswirrwarr soll abgebaut, die Entscheidungsabläufe sollen transparenter und einfacher werden.

Im wesentlichen geht es hier um zwei Massnahmenbereiche, die eng zusammenhängen:

(1) Der eine Bereich betrifft die Aufgliederung der Verkehrsnetze nach nationaler und regionaler Bedeutung (sog. Verkehrshierarchie). Die Zuständigkeit für die überregionalen (d.h. nationalen und internationalen) Verkehrsbeziehungen wird dem Bund übertragen, während der Regionalverkehr voll in die Kompetenz der Kantone übergeht.

(2) Der andere Bereich betrifft den finanziellen Lastenausgleich zwischen Bund und Kantonen. Nach Meinung der GVK soll die neue Aufgabenteilung nicht zu einer finanziellen Mehrbelastung der Kantone führen. Durch einen entsprechenden Lastenausgleich sollen ihnen deshalb die Mittel für die neuen Aufgaben im Regionalverkehr zur Verfügung gestellt werden.

Wie die bisherigen politischen Diskussionen zeigen, ist die Zweckmässigkeit dieser neuen Aufgabenteilung bei verschiedenen Kantonen und vor allem bei den Privatbahnen umstritten. Auf die Gründe soll hier nicht näher eingegangen werden. Ganz allgemein lässt sich aber wohl festhalten, dass die Zielsetzung an sich nicht bestritten ist - uneinig ist man sich über die praktikablen und politisch durchsetzbaren Lösungswege.

Was die neue Aufgabenteilung sicherstellen will, ist ein bedürfnisgerechteres, effizienteres und flexibleres Verkehrssystem - vor allem auch auf der regionalen Ebene.

Dies wird vor allem dann ermöglicht, wenn der Bund nicht mehr einfach nachträgliche Defizite bezahlt, sondern eben die Mittel zum voraus den Kantonen übergibt, die dann über deren Einsatz und Prioritäten selber bestimmen.

4. Grundsatz: Die finanziellen Beziehungen zwischen dem Bund und den Verkehrsträgern sollen nach gleichen Grundsätzen gestaltet werden.

Damit die vorhin schon erwähnten drei Grundsätze einer künftigen Verkehrspolitik funktionieren, müssen die für den Verkehr erforderlichen Mittel langfristig sichergestellt sein.

Bei der Strasse finanziert heute die öffentliche Hand die Infrastruktur; der Automobilist bezahlt dafür über Zuschläge zum Treibstoffpreis sowie über die kantonalen Motorfahrzeugsteuern. Eine vergleichbare Lösung wird nun auch für die Schieneninfrastruktur vorgeschlagen: Der Staat erstellt die Infrastruktur; die Bahnen bezahlen Benützungsgebühren, die sie auf die Billetpreise überwälzen. Längerfristig soll dabei eine Kostendeckung erreicht werden.

Um diese Gleichstellung zwischen Schiene und Strasse zu erreichen, sieht die GVK die Schaffung von zwei zweckgebundenen Verkehrsfonds vor, nämlich:

- einen Fonds für den privaten Verkehr. Er wird wie bisher gespiesen aus den Treibstoffzuschlägen einerseits und zusätzlichen Strasssenbenützungsabgaben (insbesondere eine Schwerverkehrsabgabe) andererseits;
- einen Fonds für den öffentlichen Verkehr. Er wird gespiesen aus einem zweckgebundenen Anteil aus den allgemeinen Bundeseinnahmen sowie den Infrastruktur-Benützungsgebühren der Transportunternehmungen.

Die Mittel dieser Fonds dienen sowohl dem Bau und dem Unterhalt der nationalen Verkehrsinfrastruktur als auch dem Lastenausgleich an die Kantone.

Dieser Lösungsweg über zwei getrennte Sonderrechnungen ist ein politischer Kompromiss. Es ist keine Ideallösung - gerade aus der Sicht der Anforderungen, die sich der künftigen Verkehrspolitik bei der Festlegung der ökonomischen und ökologischen Prioritäten stellen. Längerfristig anzustreben wäre eine Einfondslösung, also ein einziger Topf, aus dem die für das Verkehrssystem erforderlichen Aufwendungen finanziert würden. Es könnten auf diese Weise nicht nur klarere Prioritäten gesetzt werden, sondern viele Probleme, die sich im Zusammenhang mit dem Lastenausgleich an die Kantone stellen, wären wesentlich einfacher lösbar.

Die politische Realisierung dieser vier Grundsätze bedingt eine entsprechende Neuordnung des Verkehrsrechts. Auf Verfassungsstufe hatte die Kommission ursprünglich den Ersatz der auf 10 verschiedene Artikel verteilten Verfassungsnormen durch vier neue kohärente Verkehrsartikel vorgeschlagen. Die nun vom Bundesrat dem Parlament übergebene Botschaft über die Grundlagen einer koordinierten Verkehrspolitik sieht aus politischen Gründen von dieser "Radikallösung" ab. Die bereits bestehenden Verkehrsartikel werden soweit als möglich beibehalten und lediglich durch zusätzliche Koordinations- und Finanzierungsnormen ergänzt.

Auf der Gesetzesstufe kommt dem Erlass eines allgemeinen Verkehrsgesetzes eine vorrangige Bedeutung zu, welches die Zielsetzungen einer nationalen Verkehrspolitik konkretisiert. Es bildet die Basis für die Anpassung der übrigen bestehenden Gesetzgebungen im Verkehr.

4. Schlussbemerkungen zur politischen Realisierung der GVK-CH

Wie in unserem politischen System üblich, wurde der Schlussbericht der Kommission GVK in einem breit angelegten Vernehmlassungsverfahren den Kantonen, Parteien und Verbänden zur Stellungnahme vorgelegt. Das Ergebnis der Auswertung der rund 130 zum Teil sehr umfangreichen Antworten war im Grundtenor positiv, wenn auch in Einzelpunkten Lücken und Mängel beanstandet wurden. Das positive Ergebnis veranlasste den Bundesrat zur Ausarbeitung der Botschaft für eine koordinierte Verkehrspolitik, mit der nun die Realisierung der GVK eingeleitet werden soll. Obwohl zwar in den verbalen Aeusserungen der Politiker niemand für die blosse Beibehaltung des heutigen verkehrspolitischen Zustandes eintritt, stösst die zügige Realisierung der GVK auf Widerstände verschiedener Art. Ihre Ursachen liegen auf ganz verschiedenen Ebenen. Einige Beispiele mögen genügen:

(1) Der kritische Zustand der Bundesfinanzen schliesst politische Neuerungen mit finanziellen Konsequenzen für den Bundeshaushalt, ohne entsprechende Einnahmen, praktisch aus; die GVK will zwar keine zusätzliche Mittel aus dem Bundeshaushalt, aber sie will Veränderungen in der Art der Mittelverteilung; bereits das macht sie für viele zum Tabu-Thema.

Der ursprüngliche Vorschlag der Kommission GVK bestand darin, einen Teil der damals zur Diskussion stehenden Mehrwertsteuer für die Bedürfnisse des öffentlichen Verkehrs zu reservieren. Mit der Ablehnung der Mehrwertsteuer durch die Stimmbürger musste eine neue Lösung zur Sicherstellung der für den öffentlichen Verkehr langfristig notwendigen Mittel gesucht werden. Sie stösst auf den grundsätzlichen Widerstand verschiedener Politiker, Mittel des allgemeinen Bundeshaushalts für bestimmte Aufgaben - also z.B. für den Verkehr - zweckzubinden. Der Vorschlag der Kommission des Ständerates, diese Zweckbindung nicht auf der Verfassungsstufe zu verankern, sondern erst im Rahmen der Anschlussgesetzgebung zu lösen, stellt zwar einen gangbaren politischen Kompromiss dar, mit dem Vorteil einer grösseren Flexibilität bei notwendigen Anpassungen des Mittelbedarfs an künftige Entwicklungen. Er steht aber im Widerspruch mit dem Ziel der GVK, für Schiene und Strasse gleiche Bedingungen zu schaffen.

(2) Die Schlussempfehlungen der GVK sind ein auf sich abgestimmtes System von Zielen und Massnahmen; es erfordert von den Parlamentariern und vom Stimmbürger einige Fähigkeit, komplexe Zusammenhänge zu erkennen; viele sind überfordert oder nicht bereit, sich genügend seriös in die Materie einzuarbeiten. Dieses Problem wird verschärft durch die Hemmschwelle bei vielen Politikern, sich für längerfristige Lösungen einzusetzen, deren positive Wirkungen sich in den eigenen Wahlchancen nicht mehr niederschlagen. Das ist um so mehr der Fall, wenn die Realisierung solcher langfristigen Ziele kurzfristig unpopuläre Massnahmen bedingt oder wenn sie überlagert wird durch die Dominanz aktueller Probleme, die man glaubt, mit kurzfristigen populären Massnahmen zu lösen. Die heutige Diskussion um die Probleme des Waldsterbens zeigt solche Züge - obwohl gerade hier eine langfristig angelegte Neuordnung der Verkehrspolitik sich mehr denn je aufdrängt.

(3) Die GVK versucht eine umfassende Lösung für den Verkehrsbereich, also einen politischen Teilbereich, anzubieten. Sie kann selbstverständlich nicht gleichzeitig auch alle Probleme in den übrigen politischen Teilbereichen (etwas in der Siedlungspolitik) lösen. Das kann zu Zielkonflikten mit solchen anderen Prioritäten führen. Selbstverständlich hat das Verkehrssystem - und damit auch die Verkehrspolitik - eine dienende Funktion. Sie steht im Dienste übergeordneter politischer Zielsetzungen. Die GVK hat diese hierarchische Einstufung der Verkehrspolitik in ihren Empfehlungen sehr explizit betont. Das ist aber nur realisierbar, wenn diese übergeordneten Prioritäten klar formuliert sind und zur Handlungsmaxime für die nachgelagerten Politikbereiche werden können. Sowohl in unserer Wirtschafts-, Gesellschafts-, Raumordnungs-, Umweltschutz- und Energiepolitik fehlt aber zur Zeit ein klar erkennbarer Konsens über die vorrangigen politischen Prioritäten.

(4) Der ursprünglich vorhandene Konsens zwischen den verschiedenen Interessensgruppen bezüglich dem Gesamtpaket der GVK-Vorschläge wird und wurde gefährdet durch den Versuch, einzelne Massnahmen aus dem Gesamtpaket herauszubrechen (z.B. Schwerverkehrsabgabe, Beteiligung der Kantone am Defizit im Regionalverkehr, Neuverteilung der Treibstoffzölle etc.). Bei all diesen Einzelmassnahmen wird zwar jeweils auf die "GVK-Konformität" hingewiesen. Aber die ursprüngliche Idee des Gesamtkonzepts der GVK wird dadurch zum "Steinbruch" degradiert, in dem verschiedene Gruppen die ihnen zusagenden Einzelelemente herausnehmen - ohne Gewähr, dass sie sich dann auch mit gleichem Engagement für die Realisierung des übrigen Teils einsetzen. Aber auch für die GVK gilt die bekannte Aussage, dass eben "das Ganze mehr ist, als die Summe seiner Teile"!

(5) Das zum Teil gestörte Vertrauensverhältnis der Kantone gegenüber dem Bund schürt die Angst vor zusätzlicher Machtfülle der Zentralgewalt und vor einer Entlastung des Bundes auf dem Buckel der Kantone. Dieses Problem wirkt sich besonders verhängnisvoll aus bei der politischen Diskussion um die von der GVK vorgeschlagenen neuen Aufgabenteilung im Verkehr. Es geht dabei weniger um den interessenbedingten Widerstand jener Gruppen des öffentlichen Verkehrs, die in der Beibehaltung des Status quo ihre Vorteile besser gewahrt sehen. Es geht auch weniger um einzelne Schwierigkeiten des GVK-Vorschlags bei der Umsetzung in die Praxis. Sie sind durch vernünftige Kompromisslösungen überwindbar. Viel schlimmer ist die Tatsache, dass dem Bundesrat unterstellt wird, er strebe mit der GVK eine Schwächung des öffentlichen Regionalverkehrs an, indem er den Kantonen die für die Erfüllung der neuen Aufgaben erforderlichen Mittel entziehe. Je vordringlicher nämlich ein Ausbau des öffentlichen Verkehrs wird, desto wichtiger wird auch eine neue Aufgabenteilung mit klaren Zuständigkeiten. Es braucht sowohl eine langfristig angelegte Investitionspolitik für den Ausbau des überregionalen Verkehrsnetzes als auch flexible - an die konkreten regionalen Bedürfnisse rasch anpassbare Lösungen im regionalen Bereich. Dieser heikle Konflikt hat die Beratungen der Kommission des Ständerates während Monaten geprägt. Der nun kürzlich erfolgte einstimmige Entscheid der Kommission für den GVK-Vorschlag stellt ein sehr wichtiges politisches Signal dar, welches die Realisierungschancen der GVK spürbar erhöht hat.

(6) Der allgemein fehlende Mut zu zukunftsträchtigen Entscheiden in einer Zeit der Unsicherheit bewirkt einen Widerstand gegenüber Neuerungen jeder Art und zur Bevorzugung kleinlicher pragmatischer Lösungen. Diese letzte Feststellung gilt selbstverständlich nicht nur für den Bereich der Verkehrspolitik und gipfelt dann etwa in der

Aeusserung verschiedener Zeitgenossen, dass heute eben die Epoche der "grossen Würfe" - also der Gesamtkonzepte - vorbei sei. Dies steht in einem eigenartigen und beängstigenden Kontrast zur Tatsache, dass die sich abzeichnenden Probleme immer grösser und komplexer, die von den Politikern angebotenen Lösungsvorschläge aber immer schmalbrüstiger und hilfloser werden.

Genauso wie sich unsere Jugendprobleme nicht mit Polizeieinsätzen lösen lassen, lassen sich auch unsere Verkehrs- und Umweltprobleme nicht mit einem Kleber an der Heckscheibe "Ich fahre sauber" lösen. Wer nicht nur Symptom-, sondern echte Ursachentherapie betreiben will, muss auch zu politisch neuen Lösungen bereit sein.

Viele dieser skizzierten Realisierungsprobleme hangen letztlich mit der Tatsache zusammen, dass zwischen der Erarbeitung der GVK und der Behandlung im Parlament 8 Jahre liegen - 8 Jahre, die in der politischen, wirtschaftlichen und gesellschaftlichen Landschaft ohnehin viel verändert haben. Dieser "Time-Lag" mag das Schicksal der meisten Gesamtkonzepte sein. Was den Verkehr anbelangt, so haben sich die Probleme in der Zwischenzeit allerdings nicht gelöst, sondern verschärft. Die NULL-Lösung ist damit mit Sicherheit keine Alternative zur GVK - vor allem dann nicht, wenn man den öffentlichen Verkehr fördern will. Nach dem nun erfolgten Abschluss der Beratungen der Kommission des Ständerates wird der Ständerat in der kommenden März- oder Juni-Session die Botschaft über die Grundlagen einer koordinierten Verkehrspolitik behandeln. Anschliessend geht das Geschäft an den Nationalrat weiter. Die eidgenössische Volksabstimmung dürfte somit 1987 über das endgültige Schicksal der GVK entscheiden.

Allerdings hängt die Realisierung der GVK-Postulate nicht allein von der Revision einiger Verfassungsartikel ab. Es geht hier ja nicht zuletzt um ein Umdenken in der bisherigen Verkehrspolitik - ein Umdenken, das auch im Rahmen der heute bestehenden rechtlichen Voraussetzungen bereits einen vielfältigen Spielraum vorfindet. Viele Ideen der GVK haben denn auch die verkehrspolitischen Entscheide der letzten Jahre mitgeprägt. Dies lässt den optimistischen Schluss zu, dass die Realisierung der von der GVK angestrebten Neuordnung unserer Verkehrspolitik zumindest auf dem "Weg der kleinen Schritte" bereits Tatsache ist.

5. Literaturhinweise

EIDG. VERKEHRS- UND ENERGIEWIRTSCHAFTSDEPARTEMENT (Hrsg.), 1977: GVK-CH Gesamtverkehrskonzeption Schweiz, Schlussbericht über die Arbeiten der Eidg. Kommission für die schweizerische Gesamtverkehrskonzeption. Bern: EDMZ, 418 S.

BOTSCHAFT UEBER DIE GRUNDLAGEN EINER KOORDINIERTEN VERKEHRSPOLITIK (Teilrevision der Bundesverfassung), 20. Dezember 1982. Bern: EDMZ, 124 S.

KASPAR, C., 1976: Die schweizerische Verkehrspolitik im Rückblick. St. Galler Beiträge zum Fremdenverkehr und zur Verkehrswirtschaft, Reihe Verkehrswirtschaft, Band 6. Bern und Stuttgart: Haupt, 130 S.

STAB GVK-CH: Leitstudie GVK-CH
    I   Teil: Grundlagen, Methodik und bisherige Verkehrspolitik. Bern, Juli 1975, 94 S.
    II Teil: Personenverkehr an Werktagen. Bern, August/Dezember 1975, 351 S.
    III Teil: Güterverkehr und Ueberlagerung mit dem Personenverkehr. Bern, November 1976, 400 S.

STAB GVK-CH, 1977: Hauptstudie GVK-CH, Basisvarianten. Bern, 175 S.

STAB GVK-CH: Randbedingungen und Ausgangsdaten für die GVK-CH. Arbeitsunterlage Nr. 13/13a. Bern, Oktober 1974/September 1976, 210 S./34 S.

EXPLORA AG, 1977: Gewichtung des Zielsystems GVK-CH.
    Berichtsband 1: Bevölkerungsbefragung zum Zielsystem GVK-CH
    Berichtsband 2: Befragung der Mitglieder der Kommission für die GVK-CH
    Zürich, GVK-Auftrag Nr. 103, 175 S./116 S.

ZWISCHEN NHT UND "BAHN 2000"

Charles Kellerhals

Am 28. März 1985 erhielt die Oeffentlichkeit erstmals Gelegenheit, in die Arbeiten am Projekt "Bahn 2000" Einblick zu nehmen. In Umrissen lässt sich daher heute erkennen, welche Ziele verfolgt und welche Wege bei der Erneuerung der schweizerischen Eisenbahnen beschritten werden sollen. Grundsätzlich befindet sich die Verkehrs- und Eisenbahnpolitik aber immer noch in einer Zwischenphase, die mit dem Abschluss der öffentlichen und institutionellen NHT-Diskussion begann und wohl mit der Veröffentlichung einer Botschaft des Bundesrates zu "Bahn 2000" enden wird.

Ein Rückblick auf die Auseinandersetzungen um die NHT und der Versuch, daraus einige Folgerungen zu ziehen, ist daher vielleicht nicht ganz überflüssig.

1. Rückblick auf die NHT-Diskussion

Seit den letzten Auseinandersetzungen zu diesem Thema ist einige Zeit verstrichen, was den Bemühungen um eine leidenschaftslose Darstellung sicher entgegenkommt. Zuerst werden einige Hintergründe und Grund-Tatsachen in Erinnerung gerufen, anschliessend werden die verschiedenen Abläufe dargestellt, bevor die Argumente, die pro und contra NHT ins Feld geführt werden, erwähnt werden. Der Abschnitt schliesst mit einer zusammenfassenden Würdigung.

1.1. Hintergründe und Ausgangslage

Bevor man sich auf eine Diskussion neuer Haupttransversalen einlässt, ist es nützlich, sich den bestehenden Zustand, also die "alten" Haupttransversalen zu vergegenwärtigen.

Die Ost - West-Hauptverbindungen sind im wesentlichen durch zwei Achsen mit deutlich unterschiedlicher Leistungsfähigkeit, zwei klassischen Doppelspurlinien mit einzelnen Elementen, mit zulässigen Höchstgeschwindigkeiten von in der

Regel 125 km/h, in Extremfällen aber einerseits 85 und anderseits 140 km/h. Die Strecke Olten - Bern ist gleichzeitig Teil einer Nord - Süd-Haupttransversale. Die grössten Teile beider Achsen weisen ein Alter von über 100 Jahren und entsprechende Trassierungsmerkmale auf. Das Schwergewicht liegt auf dem nationalen Personenverkehr.

In der Richtung Nord - Süd teilen sich die Haupttransversalen in Olten ebenfalls in zwei doppelspurige Aeste auf, die beide als echte Gebirgsstrecken die Alpen überwinden. Streckenführung und Trassierung entsprechen dem technischen Stand vor rund 100 Jahren. Der westliche Ast beansprucht zwischen Olten und Bern die Anlagen der Haupttransversalen Ost - West. Die Hauptleistung wird im internationalen Güterverkehr erbracht.

Diese kurze Charakterisierung der bestehenden Eisenbahn-Transversalen zeigt deutlich die Heterogenität der Verkehrsleistungen, aber auch - für den hier behandelten Zusammenhang wichtiger - die Doppelbelegung im Zentrum des Netzes zwischen Olten und Bern, was zu Kapazitätsproblemen führen muss.

Zu den Hintergründen der NHT-Diskussion gehören zweifellos auch die längerfristigen Investitionsplanungen der SBB und der europäischen Organisationen. Im Bestreben, die heutigen technischen Möglichkeiten auszunützen, werden Hochgeschwindigkeitsstrecken diskutiert und teilweise auch schon realisiert und betrieben, die in unserem Lande zum Planungsmodell der "Schnellbahn" geführt haben.

Schliesslich ist die Auseinandersetzung um die NHT auch vor dem Hintergrund einer ganzen Reihe von allgemeinen Rahmenbedingungen zu sehen, die für die heutige Zeit bezeichnend sind.

- Der "Ressourcen-Schock", das Bewusstsein also, dass Raum, Energie, Umweltgüter nicht unbegrenzt zur Verfügung stehen, beeinflusst die Gedanken und Meinungen gerade in verkehrspolitischen Dingen heute massgebend.

- Stärker als vor einigen Jahren ist eine konservative Grundtendenz zu erkennen, die die Lösung der Probleme nicht im weiteren Fortschritt sieht, sondern die versucht, das Rad der Entwicklung zurückzudrehen und die Zustände derjenigen Zeiten wiederherzustellen, als es noch keine Umwelt- und Ressourcenprobleme gab.

- Deutlich kommt in politischen Diskussionen auch eine sich verstärkende Neigung zum Partikularismus zum Ausdruck. Die Bereitschaft, in einer Region raumwirksame Anlagen zu dulden, die auch andern Gebieten des Landes nützen, nimmt ab. Die interregionale Solidarität hat gelitten.

- Schliesslich ist die Meinung verbreitet, es bestehe noch keine Not, im Bereich der Eisenbahnen etwas Grundlegendes zu unternehmen, eine Einstellung, die offensichtlich mit einigen der soeben erwähnten Punkte zusammenhängt.

1.2. Abläufe

Es würde zu weit führen, den Gang der Diskussionen bis ins einzelne nachzuzeichnen. Die folgenden Ausführungen bleiben daher skizzen- und sicher lückenhaft und sind ausserdem teilweise aus der besonderen bernischen Optik heraus zu verstehen.

Am Anfang standen die bereits erwähnten Investitionsplanungen der SBB, die dann von der Kommission für Gesamtverkehrskonzeption (GVK) aufgegriffen und in ihre Schlussvariante aufgenommen wurden. Den Vorschlägen der GVK entsprechend wurde anschliessend die Zweckmässigkeit neuer Haupttransversalen noch speziell überprüft. Das Ergebnis dieser Prüfung bildete anschliessend Gegenstand eines breiten Vernehmlassungsverfahrens.

Parallel zu diesen Vorgängen fanden zahlreiche lokale Orientierungs- und Diskussionsveranstaltungen statt, in denen immer wieder der "Strich durch die Landschaft" kritisiert wurde, zu dem sich jeder Planer einmal durchringen muss, wenn er eine Idee überhaupt zur Diskussion stellen will. In dieser Zeit formierte sich auch eine starke und gut organisierte Opposition gegen das Vorhaben NHT, namentlich auch in der von einer NHT vermutlich berührten bernischen Gegend. Auf parlamentarischer Ebene wurde versucht, die von der Exekutive abzugebende Vernehmlassung im Sinne der Opponenten zu beeinflussen. Im Falle des Kantons Bern führte dies dazu, dass der Regierungsrat die Vernehmlassung nicht einreichte, ohne den Gegenstand im Parlament zur Diskussion gestellt zu haben. Bemerkenswert ist in diesem Zusammenhang, dass eine von der Regierung zur Vorbereitung der Vernehmlassung eingesetzte Arbeitsgruppe grundsätzlich zum Schluss kam, die Vorteile einer Neubaustrecke zwischen Olten und Bern würden auch für den Kanton Bern eindeutig überwiegen. Der Regierungsrat gab aber den Argumenten der Landwirtschaft erste Priorität und kam im Grundsatz zu einer negativen, also entgegengesetzten Meinung.

Gegen das Ende der Diskussion waren aber auch im Kanton Bern vermehrt differenzierte Standpunkte zu vernehmen, namentlich von dem Zeitpunkt an, als auch die SBB die Gewichte in ihrer Argumentation etwas zu verschieben begannen.

Dieser kurzer Abriss stellt im wesentlichen nur die politische Seite der Diskussion dar. Ebenso interessant wäre es, das Vorgehen auf Seiten der Befürworter und der Gegner in psychologischer Sicht nachzuzeichnen. Der Eindruck würde sich dabei bestätigen, dass der Ablauf der NHT-Diskussion namentlich im Kanton Bern zahlreiche Ungereimtheiten, Zwischenfälle und Pannen aufwies, die der Sache sicher nicht dienlich waren. Vermutlich wurde zu Beginn auf allen Seiten nicht genügend berücksichtigt, dass die NHT nicht ein Infrastrukturobjekt im üblichen Sinne waren, sondern auch in ihrer damaligen Konzeption Teil einer Gesamtstrategie zur Erneuerung der Eisenbahnen in unserem Land darstellten. Grosse Zusammenhänge und langfristige Vorhaben verlangen besondere, der Schwierigkeit des Problems angepasste Bearbeitungsmethoden.

1.3. Argumente

Mobilität

Jede verkehrspolitische Diskussion muss davon ausgehen, dass die allgemeine Mobilität in der letzten Zeit unaufhörlich gestiegen ist. Das Transportvolumen im Personen- und Güterverkehr nimmt kontinuierlich zu, unabhängig von der Bevölkerungsentwicklung und auch unabhängig von der Wirtschaftslage. Es ist hier nicht der Ort, den Gründen für diese Erscheinung nachzugehen. Zur Beurteilung der in der NHT-Diskussion verwendeten Argumente ist es aber nützlich, daran zu denken.

Zur Frage der Mobilität wurde geltend gemacht, diese sei ganz allgemein zu hoch. Es wurde verlangt, dass sie reduziert werden müsse, dass der Verkehr von unserem Land fernzuhalten sei, und dass die Zustände wiederherzustellen seien, wie sie vor einigen Jahrzehnten geherrscht hätten. In diesen Gedanken äussert sich die bereits erwähnte konservative und partikularistische Tendenz deutlich.

Auf der anderen Seite wird die Mobilität als strukturelles Merkmal der heutigen Gesellschaft verstanden. Vieles deutet darauf hin, dass sie noch weiter zunehmen wird (weitere Zunahme der Freizeit und der allgemeinen Arbeitsteilung und Spezialisierung). Der Verkehr wird sich wie bisher seinen Weg erzwingen. Gebot der Stunde ist, ihn zu kanalisieren, dorthin zu lenken, wo das Verhältnis zwischen Nutzen und Beeinträchtigungen optimal ist.

Internationaler Transitverkehr

Der Zusammenhang zwischen den NHT und dem internationalen Transitverkehr liegt auf der Hand. Dieser beansprucht die Kapazität auf den Hauptstrecken des schweizerischen Eisenbahnnetzes zu einem schönen Teil. Es handelt sich um einen historischen Wirtschaftszweig der schweizerischen Volkswirtschaft, einen Zweig auch, in welchem die Schweiz aufgrund der topographischen Verhältnisse einen komparativen Kostenvorteil besitzt. Man könnte noch weiter gehen und den Transitverkehr über die Alpen als Existenzgrund der Eidgenossenschaft bezeichnen. Jedenfalls aber ist es eine Branche, die zum strukturellen Ausgleich zwischen Berg- und übrigen Gebieten wesentlich beigetragen hat. Schliesslich ist nicht zu verkennen, dass es sich um eine Branche mit Zukunft handelt, da mit weiterhin steigenden Transportbedürfnissen gerechnet werden kann. Der immer wieder angeführten Argumentation, der Transitverkehr bringe keinen Nutzen, namentlich nicht den Regionen, durch die er fliesst, und der Forderung, diese Transporte seien durch zwingende Vorschriften von der Schweiz fernzuhalten, ist folgendes entgegenzustellen:

- Die europäischen Verkehrsströme lassen sich nur bis zu einem gewissen Grad lenken. Der Druck der Länder, die die grossen Zuwächse auf ihren Strassen zu verkraften haben, nimmt zu. Die Schweiz muss sich rechtzeitig darauf vorbereiten, zusätzlichen Transit zu übernehmen. Gewichts- und andere Vorschriften haben bisher eine Ueberschwemmung des Strassennetzes durch internationalen Schwerverkehr verhindern können. Diese Dämme könnten aber einmal brechen. Die einzige zeitgemässe Lösung dieses Problems besteht in zusätzlichen Schienenkapazitäten.

- Die Zahl der Arbeitsplätze, die vom internationalen Transitverkehr abhängen, darf nicht unterschätzt werden. Bauunternehmungen, Zulieferer, Speditionsbetriebe und dergleichen bieten Beschäftigungsmöglichkeiten, die sich auf das ganze Land verteilen. Die schweizerische und namentlich auch bernische Wirtschaftsgeschichte ist gezeichnet von Aufstieg und Niedergang ganzer Wirtschaftszweige. Der internationale Transit kann als Wachstumsbranche auch heute wiederum zur Stärkung der Wirtschaftsstruktur in unserem Land beitragen.

- Schliesslich ist zu beachten, dass die schweizerischen Bahnen ihre verschiedenen Leistungen in enger Kuppelproduktion erstellen. Nationaler und internationaler Verkehr benützen zu einem schönen Teil gleiche Anlagen, werden durch das gleiche Personal bearbeitet, zum Teil sogar mit den gleichen Zugleistungen produziert. Fällt eine Verkehrsart weg, so müssen die fixen Kosten voll den verbleibenden Verkehren belastet werden. Der internationale Bahntransitverkehr verbilligt also auch die interne Eisenbahnerschliessung des Landes, und zwar sowohl im Nah- wie im Fernverkehr, im Personen- wie im Güterverkehr.

Die Wirkungen auf die regionalen Wirtschafts- und Siedlungsstrukturen

Es ist eine unbestrittene Tatsache, dass die Verkehrserschliessung die Standortwahl für Wohnen, Arbeiten und Erholung wesentlich mitbestimmt. Darüber, in welcher Richtung diese Wirkungen gehen, herrscht aber keine Einigkeit. Dies kam in der NHT-Diskussion sehr klar zum Ausdruck.

Auf der einen Seite wurde dem NHT-Konzept vorgeworfen, es begünstige die Zentren und benachteilige die Peripherie und Randgebiete zusätzlich. Andererseits konnte dargetan werden, dass gut ausgebaute Hauptverkehrsachsen das ganze Netz stärken, dass die zentralen Dienstleistungen für die peripherer angesiedelten Unternehmungen und Einwohner leichter erreichbar würden, und dass der Zwang zu einem Verlassen der entlegeneren Wohn- und Erwerbsstandorte abnehmen werde.

Sicher lassen sich beide Standpunkte in guten Treuen vertreten. Die Kontroverse bringt anschaulich zum Ausdruck, dass die Dimensionierung der Zentren oder die Bestimmung des anzustrebenden Konzentrationsgrades von Wirtschafts- und Wohnstandorten eine permanente Optimierungsaufgabe darstellt, deren Lösung nur auf dem Weg eines Kompromisses zwischen den beiden sich widersprechenden Tendenzen und Anliegen erarbeitet werden kann.

Veränderung des "Modal splits"

Für die Vertreter des öffentlichen Verkehrs ist es erfreulich und bemerkenswert, dass weitherum die Meinung besteht, der Anteil des öffentlichen Verkehrs am gesamten Personen- und Gütertransportaufkommen müsse vergrössert werden. In der politischen Szene sind jedenfalls in letzter Zeit keine

Stimmen zu vernehmen gewesen, die sich für vermehrten Individualverkehr eingesetzt hätten. Einigkeit herrscht also im Zielbereich.

Um so gegensätzlicher sind hingegen die Ansichten über die Massnahmen, die auf dieses Ziel hinführen sollen. Die eine Seite glaubt, es genüge, das bestehende Netz zu modernisieren, punktuell auszubauen und gleichmässiger auszulasten. Gezielte Einzelmassnahmen im Personen- wie im Güterverkehr würden ausreichen.

Der alternative Ansatz betrachtet den öffentlichen Verkehr als Gesamtsystem und sucht nach Massnahmen, die bei einem gegebenen Aufwand einen viel höheren Gesamtnutzen erbringen. Vor allem werden Massnahmen gesucht, die sich nicht nur punktuell an einzelnen Orten oder auf einzelne Verkehrsarten, sondern auf das ganze System auswirken. Zur systematischen Betrachtungsweise gehört auch die Beachtung der unumstösslichen Rahmenbedingungen, zu denen namentlich die Topographie des Landes, die Höhenunterschiede und Distanzverhältnisse gehören. Wird das Problem auf diese Weise angegangen, so wird rasch klar, dass die Lösung nicht im Ausbau von sekundären Gebirgsstrecken zur Umleitung von Güterverkehr oder lediglich in der Beschaffung neuer Fahrzeuge für den Personenverkehr auf den alten Strecken liegen kann.

Umwelt, Raum, Energie
Aehnlich wie zur Verkehrsaufteilung zwischen kollektivem und individuellem Transport herrscht auch im Bereich der natürlichen Ressourcen Einigkeit über die zu verfolgenden Ziele. Sie brauchen hier nicht wiedergegeben zu werden. Wie im vorhergehenden Abschnitt muss aber auf die unterschiedlichen Ansichten über die einzuschlagenden Lösungswege hingewiesen werden.

In der Forderung nach Schutz der natürlichen Ressourcen durch Verhinderung von Investitionen, die diese Ressourcen beeinträchtigen, nach Unterdrückung oder Zurückbildung von Bedürfnissen, die solchen Investitionen rufen könnten, nach Anhalten oder Zurückdrehen des Entwicklungsprozesses kommen die unter Ziffer 1.1 erwähnten konservativen und partikularistischen Tendenzen deutlich zum Ausdruck. Solche Forderungen wurden in der NHT-Diskussion immer wieder erhoben, namentlich aus Kreisen der Landwirtschaft.

Geht man aber davon aus, dass das "Rad nicht zurückgedreht" werden kann, dass sich der Verkehr seinen Weg auch künftig erzwingt, dann bietet sich als umwelt-, raum- und energieschonende Strategie die Erneuerung des Eisenbahnnetzes an. Pro transportierte Einheit steht das Rad-/Schienensystem diesbezüglich an der Spitze. Die NHT-Befürworter plädieren für ein vergleichsweises kleines Opfer an Kulturland und Landschaft, um eine neue Eisenbahn, eine neue ökologische Technologie im Transportwesen verwirklichen zu können.

1.4 Zusammenfassende Würdigung der NHT-Diskussion

Eine Würdigung oder gar Beurteilung der NHT-Diskussion muss vor dem Hintergrund der eingangs aufgeführten Voraussetzungen und Randbedingungen geschehen. Sie werden hier nicht wiederholt, sondern lediglich in Erinnerung gerufen.

Die NHT-Befürworter sind zwar von einem Systemansatz ausgegangen. In der Praxis wurde aber vielfach doch über die NHT wie über ein gewöhnliches Bauvorhaben diskutiert. Das Hauptziel, das Eisenbahnnetz zu stärken, kam gegenüber dem ersten Anliegen, eine neue Linie zu bauen, immer wieder zu kurz. Die starken globalen und langfristigen Argumente konnten nicht zur Geltung gebracht werden. Das Vorgehen war allgemein zu wenig auf Bedeutung, Umfang und Schwierigkeitsgrad der Problemstellung abgestimmt.

Den NHT-Gegnern muss vorgehalten werden, dass sie die Tragweite des Themas nicht erkannt haben und dass sie die Zusammenhänge zwischen der Verkehrsinfrastruktur und der Wirtschaft und Gesellschaft des ganzen Landes zu stark vernachlässigt haben. In ihrer Argumentation konnten sie sich daher auf einige wenige "oberste" Kriterien beschränken (Kulturland- und Landschaftsschutz), die leider dann auch von der Regierung in ihrer Vernehmlassung weitgehend übernommen wurden. Ueber weite Strecken wurde auch mit utopischen Annahmen gefochten, mit der Annahme nämlich, dass es gelingen müsse, die wachsenden Mobilitätsbedürfnisse zu reduzieren. Schliesslich ist zu bemerken, dass kurzfristige Ueberlegungen auf langfristige Problemstellung angewandt und dass punktuelle Massnahmen zur Lösung genereller Aufgaben vorgeschlagen wurden.

Einzuräumen ist schliesslich, dass die Gegner, soweit sie wenigstens aus der Landwirtschaft stammen, gerade in letzter Zeit erhebliche Kulturlandverluste erlitten haben. (Eine agrar- oder versorgungspolitische Beurteilung dieser Verluste muss hier allerdings unterbleiben.)

Uebers Ganze gesehen hinterlässt die NHT-Diskussion einen sehr gemischten Eindruck. Fast möchte man von einer etwas unschönen Auseinandersetzung sprechen, die vielleicht nicht hätte sein müssen. Der Grund für dieses wenig rühmliche Resultat liegt wohl in einer allgemeinen Unterschätzung der Tragweite des Projektes und in einer ungenauen Beurteilung der heutigen Rahmenbedingungen für Diskussionen dieser Art.

"Bahn 2000" bietet nun die Chance, mit einem neuen Ansatz die hochgesteckten Ziele zu erreichen.

2. "Bahn 2000": Neue Chancen

Die ersten verfügbaren Informationen zu "Bahn 2000" scheinen zu bestätigen, dass die Erfahrungen im Zusammenhang mit der NHT-Diskussion ausgewertet werden sollen und dass man sich bemüht, die Chancen zu nutzen, die der neue Ansatz bietet. Verschiedentlich ist die Meinung geäussert worden, "Bahn 2000" sei die letzte Chance. Um so sorgfältiger ist das Werk nun in Angriff zu nehmen. Im folgenden werden einige Bereiche genannt, in welchen "Bahn 2000" mit grosser Wahrscheinlichkeit echte Lösungsbeiträge leisten kann.

2.1 Die räumliche Struktur von Wirtschaft und Besiedlung

Die kontroverse Situation in diesem Bereich wurde unter Ziffer 1.3 beschrieben. Unsicherheiten bestehen nicht nur im Bereich der Zielsetzungen, sondern auch auf instrumentaler Ebene. Dieser wichtige und politisch vielleicht sogar

entscheidende Problemkreis müsste eingehender bearbeitet werden, bevor das neue System konstruiert ist. Es muss gelingen, die Anforderungen der räumlichen Strukturziele genauer zu formulieren, als dies bisher der Fall war. Dann wird es auch möglich sein, "Bahn 2000" in den Dienst dieser Ziele zu stellen und die räumliche Wirkungen so auszugestalten, dass sowohl den Zentren wie den peripheren Gebieten des Landes gedient ist.
Bei NHT wurden die Argumente nachträglich zusammengetragen. Bei "Bahn 2000" muss es umgekehrt werden.

"Bahn 2000" wird auch die Mehrdimensionalität der raumstrukturellen Wirkungen berücksichtigen können und müssen: Die Standorte von Produktionsstätten für Güter und Dienste, die Standorte für das Wohnen und die Räume für die Erholung verlangen zum Teil sicher widersprüchliche Massnahmen. Hier gilt es, ein Optimum anzustreben.

2.3 Die Branchenstruktur der schweizerischen Volkswirtschaft

Die Schweiz und namentlich der Kanton Bern weisen eine ganze Reihe von schrumpfenden Wirtschaftszweigen auf. Recht beschränkt ist auch die Zahl echt innovativer Branchen mit reellen Wachstumsaussichten. Der internationale Transitverkehr ist eine Stärke der Schweiz und kann auch eine Stärke des Kantons Bern werden. Findet dieser auf der Schiene statt, so handelt es sich um einen zukunftsträchtigen Zweig, der sich mit den Forderungen des Umwelt- und Ressourcenschutzes optimal verträgt. Der Eisenbahntransit kann wiederum zu einem blühenden Exportgeschäft werden. Die historische strukturelle Ausgleichsfunktion zwischen den Agglomerationen und den peripheren Gebieten wird sich wiederum einstellen und die Struktur der schweizerischen Wirtschaft insgesamt stärken.

2.4 Finanzpolitik

Der öffentliche Verkehr bleibt auf den Einsatz öffentlicher Mittel angewiesen. Er steht damit in Konkurrenz zu vielen andern öffentlichen Ausgaben, für deren Finanzierung beschränkte Mittel zur Verfügung stehen.

Die Erneuerung des schweizerischen Bahnnetzes im Rahmen des Systems "Bahn 2000" erlaubt es, von Anfang an eine erhöhte Nutzen-Aufwand-Relation anzustreben und damit einen Beitrag zur wirtschaftlichen und sparsamen Erfüllung öffentlicher Aufgaben zu leisten. Mit technischer Sparsamkeit, mit sysstematisch gezielter Nutzenallokation und unter Vermeidung volkswirtschaftlicher oder gesellschaftlicher Folgekosten wird dies möglich sein.

2.5 Staatspolitische Aspekte

Historiker und Geographen, aber auch Politiker weisen immer darauf hin, dass die Verkehrswege für einen Staat, namentlich für einen föderalistisch aufgebauten und mehrsprachigen Staat, ein Integrationselement seien, dass sie diesen gewissermassen zusammenhalten helfen. Solche Aeusserungen waren im Zusammenhang mit den inner-bernischen Nord - Süd-Verbindungen, aber auch im Zuge der Diskussion um den Rawil-Strassentunnel zu vernehmen.

Eine Tatsache ist es, dass in der Westschweiz immer wieder auf die Bedeutung der West - Ost-Verbindung hingewiesen wird und dass sich erhöhte Spannungen zwischen der Romandie und dem berüchtigten "goldenen Dreieck" um Zürich abzeichnen. Schon mit der NHT hoffte man, hier einen Beitrag leisten zu können. Doch blieben viel zu grosse Regionen abseits. "Bahn 2000" bietet nun die Möglichkeit, dem staatspolitischen Anliegen in höherem Mass zu entsprechen. Dieses ist - ähnlich wie die raumstrukturellen Ziele - von vornherein in die Ueberlegungen und Planungen einzubeziehen. Das Bahnnetz wird auf absehbare Zeit nicht noch einmal erneuert. Insofern ist "Bahn 2000" zumindest vorläufig schon eine letzte Chance.

2.6 Die physische Existenzsicherung

Mehrfach war schon vom Schutz von Kulturland und Landschaft, von der Schonung der Umwelt und von der sparsamen Verwendung der Energie die Rede. Es handelt sich dabei um den Schutz und die Erhaltung der eigentlichen Lebenselemente, die die physische Existenz gewährleisten. Die heutige Situation in

unserem Land, in Europa und weltweit wird unterschiedlich
dramatisch dargestellt. Sicher ist aber, dass Technologien
gefunden und angewandt werden müssen, die diesem Grundanliegen Rechnung tragen. Ebenfalls bereits erwähnt wurde die
Tatsache, dass die Eisenbahn, also das System Rad/Schiene
in dieser Hinsicht pro transportierte Einheit ein Maximum
bietet.

Mit "Bahn 2000", mit der Neuorientierung und Optimierung
der schweizerischen Eisenbahnen, bietet sich die Gelegenheit, das Transportsystem wesentlich stärker auf die Erfordernisse der Oekologie auszurichten als bisher und die Voraussetzungen zu schaffen, dass im Verkehrswesen individuelle
Selbstversorgung wieder stärker durch kollektive Transporte
abgelöst wird.

Ganz ohne Eingriffe wird auch das neue System nicht zu verwirklichen sein. Das Argument aus der NHT-Diskussion, wonach
kleine Opfer nötig sind, um grössere Schäden zu verhindern,
behält daher seine Gültigkeit.

2.7 Methodische Gefahrenpunkte

Der Ueberblick über die NHT-Diskussion zeigte, dass die methodischen Fragen bei Projekten der vorliegenden Grössenordnung über Erfolg oder Misserfolg mitentscheiden können. Bei
der Entwicklung und politischen Diskussion von "Bahn 2000"
wird man daher auch diese Erfahrungen auswerten müssen. Folgende Klippen, die es zu umschiffen gilt, sind bereits erkennbar:

- Das neue System heisst nicht SBB 2000, sondern richtigerweise "Bahn 2000". Es muss verhindert werden, dass der
  neue Ansatz zu einem reinen SBB-Anliegen absinkt. Die
  konzessionierten Transportunternehmungen spielen als Verkehrsträger landesweit eine grosse Rolle. Ohne sie lässt
  sich das neue System weder technisch noch politisch verwirklichen.

- Die Erneuerung des Verkehrssystems darf nicht bei der Bahn
  stehen bleiben. Aus "Bahn 2000" muss "öffentlicher Verkehr
  2000" werden. Nicht nur der Fern- und Regionalverkehr sind

erneuerungsbedürftig. Der Stadt- und Touristenverkehr stellen vielerorts bereits heute eigentliche Krisenherde dar.

- "Bahn 2000" darf nicht der politischen Fiktion erliegen, das schweizerische und öffentliche Verkehrssystem lasse sich in ein nationales und ein regionales Netz aufteilen. Solche, vor allem finanzpolitisch inspirierte Modelle behindern die Gestaltung eines funktionell optimalen Systems. Finanzierungsüberlegungen sind vom Konzept in seiner Entstehungsphase fernzuhalten. Wenn "Bahn 2000" das bringt, was man sich heute versprechen darf, dann wird sich die Finanzierung bestimmt regeln lassen.

- "Bahn 2000" darf nicht als Instrument für eine kalte Aufgabenumverteilung zwischen Bund und Kantonen missbraucht werden. Bundesseitig ist zurzeit die Versuchung gross, Massnahmen zu treffen, die tendenziell die SBB und damit die Bundeskasse entlasten und dafür die von den Kantonen mitgetragenen konzessionierten Transportunternehmungen belasten.

- Die Gestaltung von "Bahn 2000" muss Unternehmungsgrenzen überschreiten und fuktionell, den Verkehrsströmen und -bedürfnissen folgend, vorgehen. Solche Verbundlösungen über die Eigentumsgrenzen hinweg bewähren sich in einzelnen Fällen seit Jahren. Dieses System muss allgemein Anwendung finden.

- "Bahn 2000" muss bürgernah entwickelt und gestaltet werden. Nur so lässt sich Verständnis und Vertrauen bilden, was für Vorhaben dieser Grössenordnung unerlässlich ist.

- Mit "Bahn 2000" wäre schliesslich auch die Gelegenheit geboten, die Situation der Unternehmungen des öffentlichen Verkehrs generell zu überdenken. Die Fiktion, dass es einer solchen Unternehmung im Prinzip möglich sein sollte, kostendeckend zu arbeiten, muss der Einsicht weichen, dass der Anteil der am Transportmarkt zu verkaufenden Leistungen dieser Unternehmungen stark abgenommen hat. Dafür wird der öffentliche Verkehr immer mehr in den Dienst übergeordneter Anliegen gestellt. Man erwartet Leistungen und Wirkungen bezüglich Energieverbrauch, Umweltveträglichkeit und Raumbedarf, man erwartet Vorleistungen und Preismassnahmen, um Verkehr zu verlagern. Alle diese Funktionen lassen sich aber an keinem Markt verkaufen, obschon sie Kosten verursachen. Sie werden für die Allgemeinheit erbracht und sind daher wie ein öffentlicher Auftrag an eine private Unternehmung, den Unternehmungen des öffentlichen Verkehrs, zu vergüten. Zur marktwirtschaftlichen Argumentation muss eine ökologische hinzukommen, die die sozialen, volkswirtschaftlichen und gesellschaftlichen Nutzen berücksichtigt, die vom öffentlichen Verkehr ausgehen. Und wenn es auch in den übrigen Wirtschaftszweigen gelänge, diese externen Effekte im positiven wie im negativen Sinn vermehrt in die Unternehmungsrechnungen einfliessen zu lassen, dann wäre vermutlich ein wichtiger Schritt zur Ueberwindung des Konfliktes zwischen rein marktwirtschaftlichem Handeln und ökologischen Anforderungen getan. Steht nach dem Uebergang zur sozialen Marktwirtschaft ein weiterer Schritt hin zu einer ökologischen Marktwirtschaft bevor?

SCHNELLBAHNVERBINDUNGEN IM AUSLAND UND IM INLAND
ZWECKMÄSSIGKEIT UND UMWELTVERTRÄGLICHKEIT

Hans Rudolf Henz, Raumplaner BSP
Willi Hüsler, dipl.Ing.ETH, Verkehrsingenieur SVI

1. Einleitung
─────────────

Die nachfolgenden Ausführungen gliedern sich in drei Teile:

Einen Ueberblick über die bisherige Entwicklung, den momentanen Stand und die Absichten im Bereich der Schnellbahnverbindungen innerhalb und ausserhalb der Schweiz.

Einige, durch die Entwicklung der letzten Monate bestätigte kritische Gedanken zum Projekt NHT und zum Schluss ein Ausblick auf die zukünftigen Anforderungen an Planung und Betrieb von Verkehrssystemen.

2. Schnellfahrstrecken im Ausland und in der Schweiz
───

Dank einem enorm wirtschaftlichen Wachstum in den letzten dreissig Jahren hat der Mensch in den Industrieländern durch das Automobil eine bisher nie dagewesene individuelle Mobilität erreicht. Lange Zeit sah jedermann nur Vorteile darin. Den Bedürfnissen der individuellen Motorisierung wurde mit dem Bau eines Netzes moderner Hochleistungsstrassen nahezu uneingeschränkt Rechnung getragen. Wenn die Investitionen für die Strassen rasch ein Mehrfaches derjenigen für die Infrastruktur der Bahn erreicht haben, so ist dies nicht zuletzt der "automatischen Finanzierung" zuzuschreiben. Aehnlich grosszügig ging auch der Ausbau für den Flugverkehr vonstatten. Die technische Weiterentwicklung der Bahn wurde vernachlässigt. Dementsprechend verlor sie im Personen- und Güterverkehr fortwährend Marktanteile. Mehr und mehr, spätestens aber seit der letzten Energiekrise, wurde aber auch die negative Seite dieser starken Förderung des Strassenverkehrs sichtbar. Eine Antwort auf die veränderte wirtschaftliche und ökologische Situation ist in den Neu- und Ausbaustrecken der Eisenbahn zu sehen. Durch gezielte Neuinvestitionen werden Kapazität und Attraktivität der Bahn erhöht.

Japan wagte als erstes Land den mutigen Schritt in bis dahin für die im kommerziellen Schienenverkehr unerreichte Geschwindigkeitsdimension. Die Tokaido-Shinkansen-Strecke war die erste Schnellfahrstrecke der Welt, die fahrplanmässig

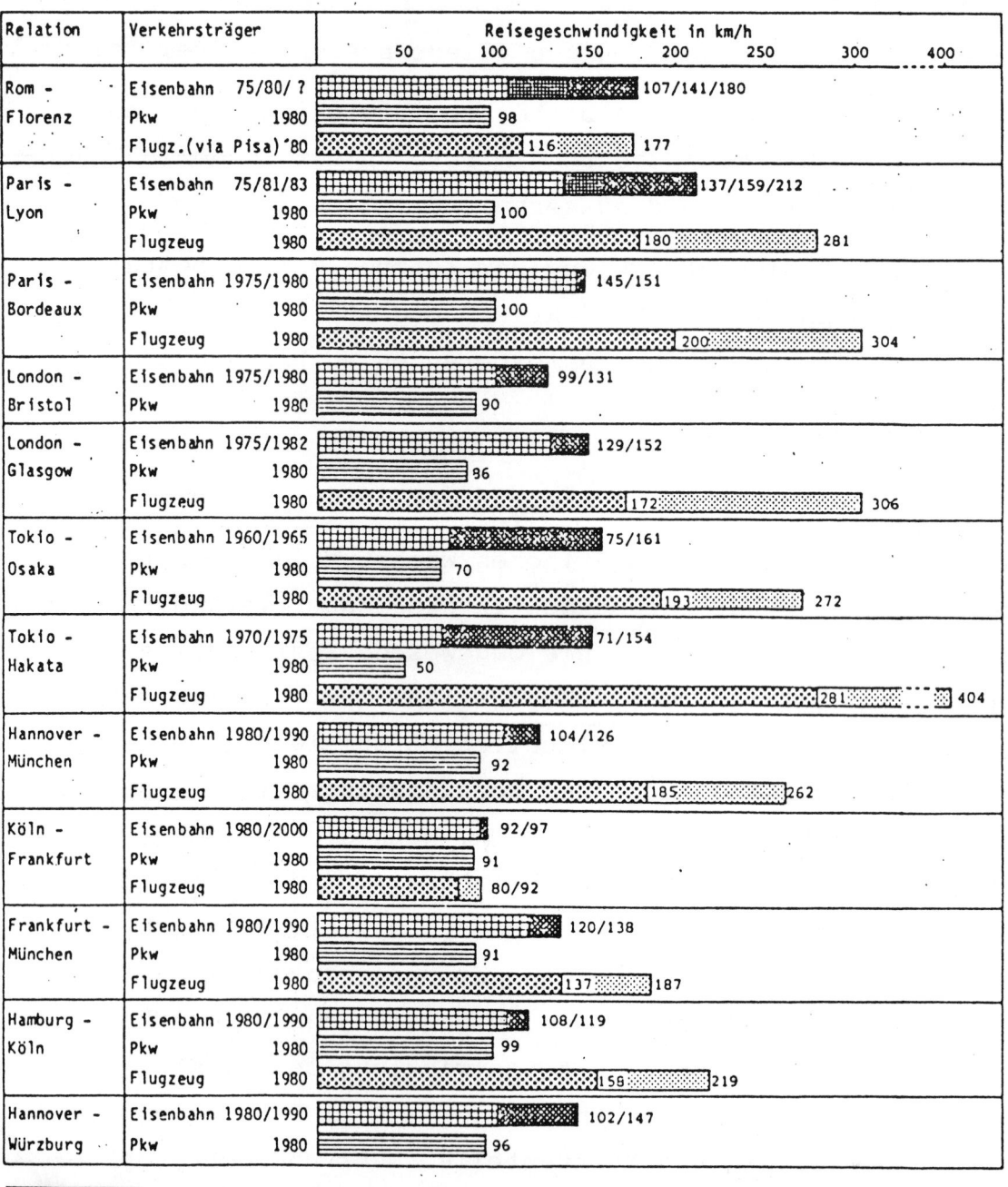

Relation	Verkehrsträger	Reisegeschwindigkeit in km/h
Rom - Florenz	Eisenbahn 75/80/?	107/141/180
	Pkw 1980	98
	Flugz.(via Pisa) '80	116 / 177
Paris - Lyon	Eisenbahn 75/81/83	137/159/212
	Pkw 1980	100
	Flugzeug 1980	180 / 281
Paris - Bordeaux	Eisenbahn 1975/1980	145/151
	Pkw 1980	100
	Flugzeug 1980	200 / 304
London - Bristol	Eisenbahn 1975/1980	99/131
	Pkw 1980	90
London - Glasgow	Eisenbahn 1975/1982	129/152
	Pkw 1980	96
	Flugzeug 1980	172 / 306
Tokio - Osaka	Eisenbahn 1960/1965	75/161
	Pkw 1980	70
	Flugzeug 1980	193 / 272
Tokio - Hakata	Eisenbahn 1970/1975	71/154
	Pkw 1980	50
	Flugzeug 1980	281 / 404
Hannover - München	Eisenbahn 1980/1990	104/126
	Pkw 1980	92
	Flugzeug 1980	185 / 262
Köln - Frankfurt	Eisenbahn 1980/2000	92/97
	Pkw 1980	91
	Flugzeug 1980	80/92
Frankfurt - München	Eisenbahn 1980/1990	120/138
	Pkw 1980	91
	Flugzeug 1980	137 / 187
Hamburg - Köln	Eisenbahn 1980/1990	108/119
	Pkw 1980	99
	Flugzeug 1980	158 / 219
Hannover - Würzburg	Eisenbahn 1980/1990	102/147
	Pkw 1980	96

Entwicklung der Reisegeschwindigkeit im Schienenverkehr
Reisegeschwindigkeit im Straßenverkehr
Reisegeschwindigkeit im Luftverkehr von Zentrum zu Zentrum (einschl. Transitzeiten)/ von Flughafen zu Flughafen (ohne Transitzeiten, nur Flugzeit plus Check-Zeiten)

Abb. 1 Reisegeschwindigkeit im Strassen-, Luft- und Schienenschnellverkehr
(Inf. Raumentwicklung, Heft 4, 1983: 274)

Höchstgeschwindigkeiten von 210 km/h realisierte. Sie wurde am 1. Oktober 1964 eröffnet und war ein voller Erfolg. Dies mag mit dazu geführt haben, dass der internationale Eisenbahnverband in den frühen siebziger Jahren ein europäisches Schnellverkehrsnetz auswies, für das mit höchster Priorität ein Leistungsstandard anzustreben sei, der eine Reisezeit im Schienenverkehr von nur zwei Dritteln der Reisezeit im PKW ermöglichen sollte. Angestrebt wurden Geschwindigkeiten, die im Rad/Schienen-Verkehr noch mehr oder weniger sinnvoll erreicht werden können, die vor allem auch erlaubten, in den mittleren Distanzen von ca. 500 Kilometern den Flugverkehr zeitlich und finanziell ernsthaft zu konkurrenzieren.

Da hinsichtlich der Finanzierung dieses Schnellfahrnetzes nur geringe Fortschritte erzielt wurden, erfolgte 1981 eine Ueberarbeitung des Netzes im Sinne einer weiteren Reduktion der Netzdichte (Abb. 1 und 2).

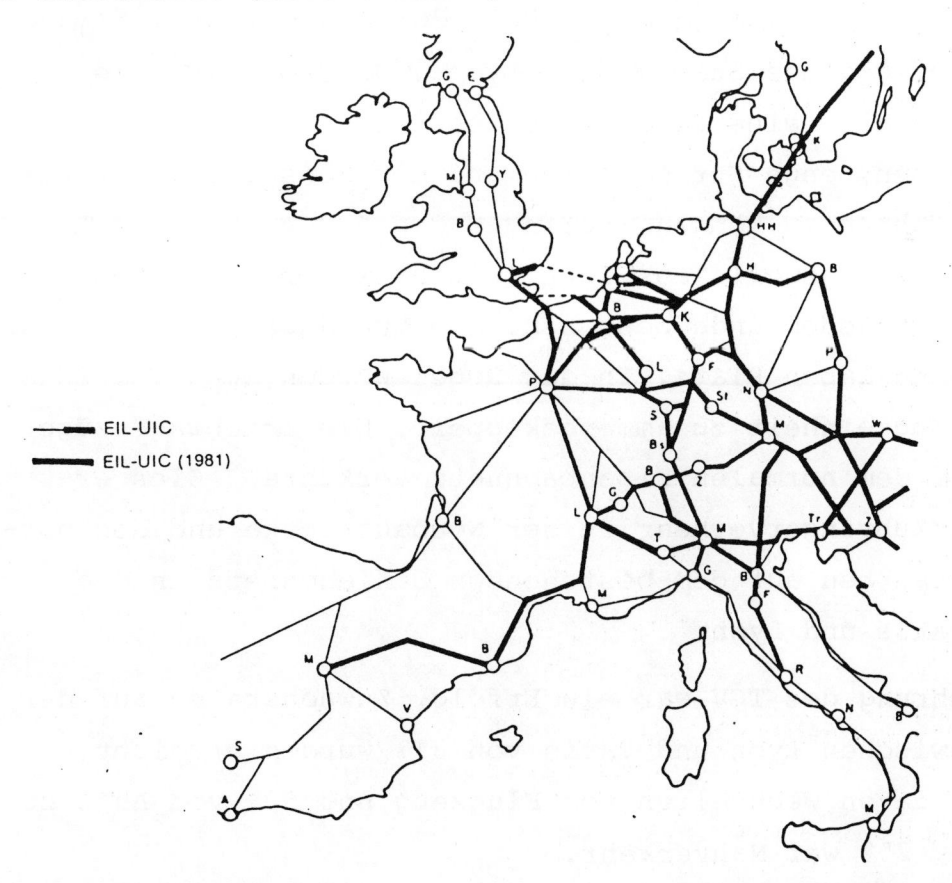

Quelle: Eigene Bearbeitung in Anlehnung an: Baumann, O.: Die Planung des Eisenbahn-Schnellverkehrs in Europa und in der Schweiz, Bericht 47.74, hrsg. von der Gesellschaft der Ingenieure der Schweizerischen Bundesbahnen, Bern 1975, S. 13

Abb. 2 Schnellfahrstreckennetz nach dem Infrastrukturleitplan des Internationalen Eisenbahnverbandes (UIC) (Inf. Raumentwicklung, Heft 4, 1983: 273)

Erfahrungen in Japan und in Frankreich haben gezeigt, dass der Flugverkehr auf diesen Strecken konkurrenziert werden kann. Selbst wenn die Fahrpreise bis nahe an die Flugpreise angehoben werden, so ist die Eisenbahn dank ähnlicher oder etwas kürzeren Reisezeiten (Zentrum zu Zentrum) trotzdem attraktiver.

Diese Erkenntnis und der klare Wille der Eisenbahngesellschaften, nicht vom Automobilverkehr total verdrängt zu werden, haben zu Aktivitäten in verschiedensten Ländern geführt, die nachfolgend kurz beschrieben werden.

2.1 Frankreich

TGV Paris-Lyon, 425 km in Betrieb; nur Personenverkehr mit Triebwagenzügen; Integration ins übrige Netz; Höchstgeschwindigkeit 260 km/h.

Das in Europa spektakulärste Projekt ist weitgehend eine Neubaustrecke. 1976 begonnen, wurde der erste Teil 1981 und die vorläufig ganze Strecke bis Lyon 1983 eröffnet. Die Strecke ist als reine Personenverkehrsstrecke gebaut. Starke Steigungen, enge Kurvenradien und der Wunsch, später bis 300 km/h fahren zu können, bedingen den Bau spezieller Triebwagenzüge, die jeweils aus acht Zwischenwagen und einem Triebkopf an jedem Ende bestehen. Die Zuglänge beträgt 200 m; 386 Reisende haben Platz. In der Regel werden zwei TGV-Züge zu einer Zugseinheit zusammengekoppelt. Die Triebwagenzüge können auf dem normalen Eisenbahnnetz verkehren. Dies erlaubt den Zubringerverkehr zu der Neubaustrecke und den normalen Einfahrten auf dem bestehenden Schienennetz in die Zentren Paris und Lyon.

Die Einführung des TGV war ein Erfolg. Zuwachsraten auf der Schiene zwischen Lyon und Paris von 81% wurden erreicht. Zirka 25% davon wechselten vom Flugzeug und 50% vom Auto zur Eisenbahn, 25% war Nahverkehr.

In Frankreich bestand schon vor der Strecke Paris-Lyon eine Art Schnellfahrstrecke zwischen Paris und Bordeaux. 1971 wurde dort durch Ausbaumassnahmen die Möglichkeit geschaffen, dass ein neuer Zug, "Aquitaine", erstmals mit einer Reisegeschwindigkeit von 145 km/h verkehren konnte.

Bereits richten die französischen Bahnen ihr Augenmerk auf die Erweiterung des TGV-Netzes. Die Strecke Bordeaux-Paris und im Norden des Landes eine Verbindung Paris-Brüssel-Köln stehen im Vordergrund der Diskussionen.

2.2 Japan

Skinhansen, 2500 km in Betrieb, weitere 7000 km geplant; Normalspur, übriges Netz Schmalspur; nur Personenverkehr mit Triebwagen im Taktfahrplan; 210 km/h Höchstgeschwindigkeit.

In Japan wurde in den letzten Jahrzehnten ein total neues Eisenbahnnetz aufgebaut. Das alte Netz bestand nur aus Schmalspurstrecken. Die neuen Strecken sind dem Personenver-

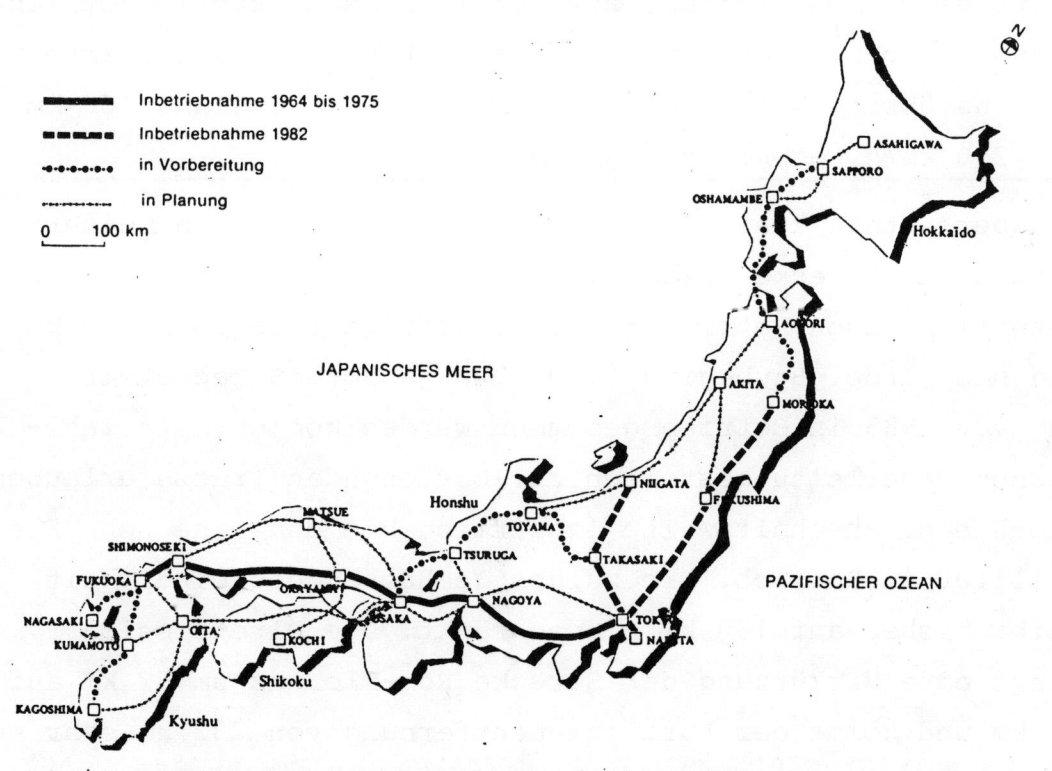

Quelle: Plaud, Alain: Les nouvelles voies ferrées à grande vitesse et l'aménagement du territoire au Japon. Sonderdruck aus: Transports, H. 225, Paris, September 1977, S. 2

Abb. 3   Schnellfahrstreckennetz in Japan
         (Inf. Raumentwicklung, Heft 4, 1983: 276)

kehr vorbehalten. Ueberlegungen zur Einführung eines schnellen Güterverkehrs wurden wieder fallen gelassen, da die Sreckenkapazität dazu nicht ausreichen würde. Die Betriebszeit ist auf die Zeit von 6 00 Uhr bis 24 00 Uhr begrenzt, um in den restlichen Nachtstunden die notwendigen Wartungs- und Instandstellungsarbeiten durchführen zu können. Die Triebwagenzüge bestehen aus 16 Wagen und haben eine Beförderungskapazität von 1400 Reisenden je Zug. Die Höchstgeschwindigkeit liegt heute bei 210 bis 260 km/h. Da die Strecken mit Geschwindigkeiten bis 260 km/h zu massivem Protest wegen zusätzlicher Lärmbelastung führten, haben die japanischen Staatsbahnen die Höchstgeschwindigkeit im fahrplanmässigen Verkehr auf 210 km/h belassen (Abb. 3). Wie bereits weiter oben erwähnt, ist das japanische Projekt wichtig für die Entwicklung in Europa.

2.3 Italien

Direttissima Rom-Florenz, 254 km; Teilabschnitte in Betrieb, Mischbetrieb aus Personenzügen und Güterzügen; volle Integration ins übrige Netz; Höchstgeschwindigkeit bislang 160 km/h, aber 250 km/h technisch möglich.

Die überlastete Trasse Rom-Florenz wird durch eine weitere zweispurige Strecke ergänzt, die aufgrund ihrer technischen Konzeption einen Betrieb mit Geschwindigkeiten über 200 km/h zulassen würde. Baubeginn 1970. Die gesamte Strecke wird kaum vor 1985 in Betrieb genommen werden können. Die zahlreichen Ueberleitungsstellen zur bestehenden Trasse erlauben jedoch eine abschnittweise Inbetriebnahme und eine hohe Flexibilität im Betrieb. Die zulässige Höchstgeschwindigkeit bleibt bisher auf 160 km/h beschränkt. Die Direttissima bringt eine Verkürzung der Strecke Rom-Florenz um 62 km auf 254 km und kommt der Luftlinienentfernung von 232 km sehr nahe. Die alte und die neue Linie werden als eine Einheit betrachtet. An den Haltepunkten können die Züge jeweils auf die alte Trasse überwechseln.

2.4 England

Dank vorbildlicher Trassierung des Streckennetzes liegt das Schwergewicht auf dem Rollmaterial IC-Züge auf verschiedenen Strecken (London-Südwales, London-Newcastle-Edinburgh-Inverness, Höchstgeschwindigkeit 200 km/h). Neue Zugkompositionen für bestehende Trassen und 250 km/h Höchstgeschwindigkeit sind teilweise im Einsatz.

Die Trassen des englischen Eisenbahnnetzes sind so angelegt, dass der Betrieb von Schnellbahnverbindungen ohne grössere Streckenausbauten möglich ist. Bereits 1975 wurde ein Intercity-System eingeführt, das mit Durchschnittsgeschwindigkeiten von 150 km/h verkehrt. Zwei Lokomotiven, dazwischen acht Personenwagen, erlauben, ca. 500 Personen zu befördern. Bekannt ist der "Fliegende Schottländer", der London mit Inverness verbindet und dank Schallschutz und Klimaanlagen einen hohen Fahrkomfort aufweist. Trotz verhältnismässig hohen Fahrpreisen kann eine ständig steigende Zugsauslastung festgestellt werden.

Die britischen Staatsbahnen arbeiten an einem Projekt "Advanced Passenger Train APT", der 250 km/h erreichen soll. Eine gleisbogenabhängige Wagenkonstruktion soll dies ermöglichen. Gewisse technische Entwicklungsschwierigkeiten haben das Projekt um etliche Jahre zurückgeworfen. Dank ihrem frühen Beginn sind aber die englischen Bahnen bei der Entwicklung von schnellen Zügen ganz vorne dabei und können als Pioniere gelten.

2.5 Bundesrepublik Deutschland

Neubaustrecken (NBS) Hannover-Kassel-Würzburg und Mannheim-Stuttgart, 426 km im Bau, Mischbetrieb, volle Integration ins übrige Netz; Höchstgeschwindigkeit 250 km/h.

Vor rund zehn Jahren erfolgte der Baubeginn für die Neubaustrecke Hannover-Würzburg; im Jahre 1976 jene für die Strecke Mannheim-Stuttgart. Beide Strecken, auf denen wie in Italien konventionelles Rollmaterial gefahren wird, sind für Höchstgeschwindigkeiten von 250 km/h konzipiert. Kurvenradien

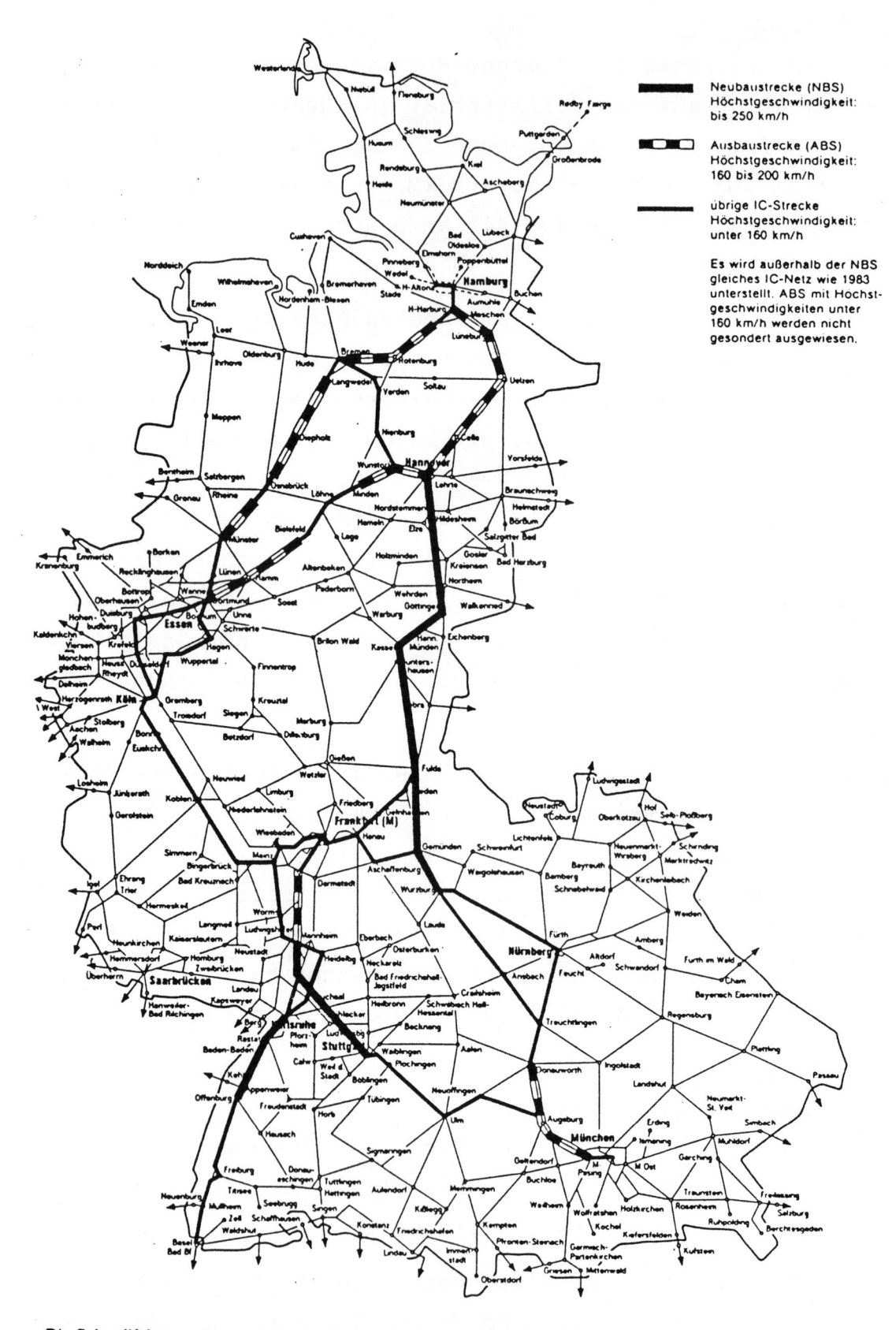

Die Schnellfahrstrecken im Intercity-Netz zu Beginn der neunziger Jahre.

Abb. 4 Geplante Schnellfahrstrecken in der Bundesrepublik
        Deutschland
        ("aktuelles bauen", Mai 1984: 52)

von 7000 m und grössere Neigungen von 12,5 % erlauben den gemischten Reise- und Güterverkehr. Die gewählten Trasseelemente verlangen enorme Eingriffe in die Landschaft, sehr lange Tunnelstrecken, Brücken und Dämme. Die Neubaustrecke ergänzt und verstärkt das durch die politische Teilung geschwächte Eisenbahnnetz der BRD (Abb. 4).

Auch ohne Neubaustrecken verkehren auf ca. 300 km des bestehenden Netzes IC Züge mit Höchstgeschwindigkeiten von 200 km/h, die sich als grosser Erfolg für die Eisenbahn erwiesen haben.

Die DB hofft, bereits 1985 auch den neuen Triebwagenzug Intercity Experimental (IC-E) einsetzen zu können. Dieser Zug, der eine Spitzengeschwindigkeit von 350 km/h erlaubt, ist nach den modernsten technischen Erkenntnissen gebaut. Erstmals wird für Fernzüge Aluminium verwendet. Das Fahrwerk besteht nicht aus Metall, sondern aus Faserverbundwerkstoffen. Der ganze Zug soll wenig störungsanfällig und unterhaltsarm sein.

2.6 Oesterreich

Neu- und Ausbau der Strecke Wien-Salzburg, Höchstgeschwindigkeit 250 km/h; Wien-Graz, Höchstgeschwindigkeit 160 km/h.

Die oesterreichischen Bundesbahnen beabsichtigen, die Strecke Wien-Salzburg zu einer Hochgeschwindigkeitsstrecke auszubauen. Die heutige Fahrzeit von ca. 3 Stunden und 15 Minuten könnte auf 1 Stunde und 45 Minuten gesenkt werden und läge unter der für den Flugverkehr (inkl. Zufahrten zu den Flugplätzen) nötigen Zeit von zwei Stunden und 35 Minuten. Wichtigster Teil dieses Ausbaus ist ein neuer Tunnel im Bereiche des Wienerwaldes (ca. 13 km) sowie Neubaustrecken zwischen Linz und Salzburg.

Die Südbahnstrecke zwischen Wien und Graz soll durch einen neuen Semmering-Basis-Tunnel (24 km Tunnel) verbessert werden. Beide Strecken werden als Gemischt-Strecken für Personen- und Güterverkehr vorgesehen.

2.7 Schweiz

Neue Haupttransversale (NHT) Schnellverkehrslinie Genf - Rorschach, Basel-Olten; 200 km Neubaustrecke, Höchstgeschwindigkeit über 200 km/h; 45 km Ausbaustrecke, Höchstgeschwindigkeit 160 km/h; Gemischtverkehr.

Das hier beschriebene Projekt wird voraussichtlich von der SBB nicht weiter verfolgt, was im Zeitpunkt des Vortrags im Februar 1985 noch nicht offiziell bekannt war. Die nachfolgenden Abschnitte sind unerwartet zu einer Art "Geschichtsschreibung" geworden.

Die Ziele der NHT werden in der Zweckmässigkeitsprüfung (Bericht der Experten Güller, Infras, 1983, S. 3-6) wie folgt beschrieben:

Die NHT soll da, wo die Bahn als Massentransportmittel ihre grössere Leistungsfähigkeit besitzt und wesensgerecht eingesetzt werden kann, eine ebenbürtige Alternative zum Weiterausbau der Strassen-Infrastruktur bringen und die dazu nötigen Kapazitäten sicherstellen.
Die NHT soll die West- und Ostschweiz näher an das Mittelland heranbringen und unsere Bahnen besser mit dem internationalen Hochleistungs-Bahnnetz verbinden. Gleichzeitig soll sie aber auch die bestehenden Strecken entlasten und für die Bedürfnisse des Regionalverkehrs frei machen.
Schliesslich soll der Abschnitt Basel-Bern der NHT sicherstellen, dass die für die Doppelspur am Lötschberg investierten Mittel voll genutzt werden können.

Die wichtigsten Charakteristiken des Projekts:
- Höhere Kapazität, Fahrplandichte und Geschwindigkeit bei den Bahnverbindungen in West-Ost-Richtung durch das Mittelland, mit zusätzlichem Ast nach Basel (sog. "umgekehrtes T")
- konventionelle Rad/Schiene-Technik; enge betriebliche Verflechtung mit dem bestehenden Netz
- Trassierung bei Neubaustrecken für Geschwindigkeiten von 200 km/h (später sollen allenfalls auch 250 km/h möglich sein); bei Ausbaustrecken 160 km/h

- rund 370 km Streckenlänge zwischen Genf und St. Gallen
  (inkl. Basler Ast); davon 200 km oder 54% Neubaustrecken,
  wovon etwas über 80 km in Tunnels
- Nutzung grosser Teile im Mischbetrieb, das heisst sowohl
  für Reise- und Güterverkehr
- verdichteter Fahrplan; Halbstundentakt im Mittelland
- Einsatz des bereits in Auslieferung begriffenen modernsten
  Rollmaterials in lokbespannten Zügen; allenfalls auch spezielle Triebzüge
- Investitionskosten für feste Anlagen: 4,1 Mrd Fr., für zusätzliches Rollmaterial: 0,6 Mrd Fr. (Preisstand 1980)
- gestaffelte Investitionsfolge. Betriebsbereitschaft im
  Jahr 2000.

Auf der sogenannten Westflanke des Projekts (vgl. Abb. 5)
werden zwischen dem Flughafen Cointrin, Genf und Lausanne
die bestehenden oder im Bau befindlichen Geleise benützt.

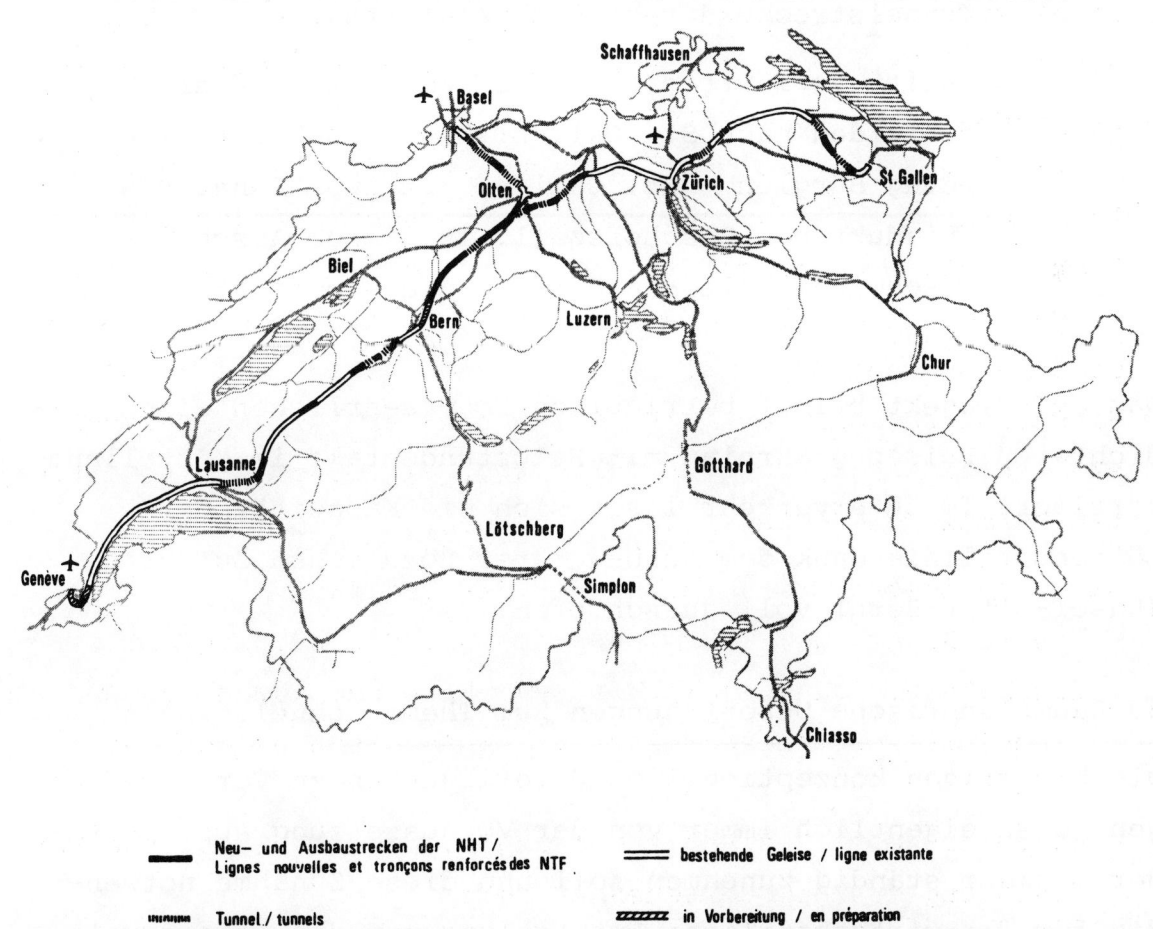

Abb. 5 Generelles Konzept der Neu- und Ausbaustrecke der
        neuen Haupttransversalen
        (Zweckmässigkeitsprüfung der NHT. Bericht der
        Experten, 1983: 5)

Von Lausanne nach Bern sind einzelne Neubaustrecken mit dem primären Ziel der Geschwindigkeitserhöhung vorgesehen: Lausanne - Vauderans (Lavaux-Tunnel und Broye-Viadukt), Chénens - Matran und Düdingen - Niederwangen (Sense-Viadukt und anschliessender Tunnel). Ein Kapazitätsausbau ist hier nicht nötig. Der mittlere Abschnitt beginnt von Bern her zunächst mit dem Grauholztunnel, der bis 1990 zur Entlastung des Engpasses Zollikofen unabhängig von der NHT gebaut wird. Ab Mattstetten (Anschluss an bestehende Trasse) folgt eine lange Neubaustrecke über Koppigen und Bützberg nach Roggwil, wo die Verbindung von und nach Olten und damit Basel hergestellt werden kann. Die Fortsetzung Richtung Zürich durchquert zwischen Roggwil und Othmarsingen die Täler und Hügelzüge südlich des Aarebeckens und mündet in die Heitersberglinie. Von hier aus benützt die NHT ausgebaute Strecken nach Zürich und Zürich Flughafen. Oestlich des Flughafens Kloten schliesst eine neue Tunnelstrecke direkt nach Winterthur an.

Im Ost-Abschnitt verläuft die NHT von Winterthur über Frauenfeld und Weinfelden nach St. Gallen. Hauptstück ist eine neue Verbindung Bürglen - St. Gallen, mit zwei Tunnels und einem Thur-Viadukt bei Bischofszell. In diesem Abschnitt steht die Geschwindigkeits- und nicht die Kapazitätserhöhung im Vordergrund.

Das NHT-Projekt bringt betrieblich im wesentlichen einen verdichteten Reisezugfahrplan mit Halbstundentakt im Mittellandkorridor. Im Güterverkehr lässt sich die Kapazität der Lötschberglinie dank dem Ausbau ihrer nördlichen Zufahrt (Basel-Olten-Bern) voll ausschöpfen.

3. Raumplanerische Ueberlegungen zum Thema Schnellbahnen

Die bisherigen konzeptionellen Ueberlegungen zu Verkehrsfragen gehen eigentlich immer von der Voraussetzung aus, dass der Verkehr ständig zunehmen soll und diese Zunahme notwendig für die wirtschaftliche Entwicklung und die Lebensqualität einer Nation ist.

Dieser Ansatz ermöglicht oder fördert sogar eine ständige Zunahme der Verkehrsleistung (z.B. Personen-Kilometer, Tonnen-Kilometer). Daraus ergibt sich zwangsläufig eine ständige Zunahme des Verbrauchs an Energie, Flächen und anderen Umweltqualitäten. Dies steht in einem Spannungsfeld zu den Zielen der Raumplanung Art. 1.2a RPG: "die natürlichen Lebensgrundlagen wie Boden, Luft, Wasser, Wald und die Landschaft zu schützen", da er unseres Erachtens die Begrenztheit der Ressourcen nicht beachtet (mit Ausnahme der Ressource Geld).

Was wäre als <u>Ansatz aus der Sicht der Raumplanung</u> und des Zielartikels allenfalls entgegenzusetzen?

° Die Verkehrsleistungen, die durch den motorisierten Verkehr erbracht werden, sind zu stabilisieren, evtl. sogar zu reduzieren, indem:
  - Umlagerungen von motorisiertem zu nicht motorisiertem Verkehr erfolgen sollen.

° Die verbleibenden motorisierten Verkehrsleistungen sind vermehrt durch Verkehrsmittel zu befriedigen, die im weitesten Sinne "ökologisch", d.h. ressourcenschonend sind, indem:
  - die gemeinsame Benützung von Verkehrsmitteln gefördert wird (Die Begriffe Privatverkehr, öffentlicher Verkehr erschweren eher die Diskussion, als dass sie sie klären.)
  - die Verkehrsmittel und das Verkehrswegnetz ressourcenschonend gebaut und betrieben werden.

Diese Forderung nach öffentlichem Verkehr verstärkt, so ist anzunehmen, tendenziell die Verdichtung und steht in einem gewissen Widerspruch zu Art. 1.2c des RPG (Dezentralisation): "das wirtschaftliche und soziale Leben in den einzelnen Landesteilen zu fördern und auf eine angemessene Dezentralisation der Besiedlung und der Wirtschaft hinzuwirken".

Daraus ergibt sich eine weitere Forderung.

° Verkehrsmittel und Verkehrswegnetz sind so zu fördern, dass sie eine angemessene Dezentralisierung der Besiedlung und der Wirtschaft erhalten und fördern. Dies ist wohl eine der langfristig wichtigsten Forderungen des Ueberlebens der Schweiz in der heutigen Struktur.

Da dem Schweizer in der Regel die wirtschaftlichen Werte über Raumordnung, Umwelt und selbst Föderalismus gehen, muss geprüft werden, ob diese Forderungen das wirtschaftliche Geschehen hemmen.

Es ist nicht erwiesen, dass Vorstellungen, die davon ausgehen, dass "die Wirtschaft" als Ganzes bei grösstmöglicher Mobilität von Menschen und Gütern am besten rentieren, tatsächlich stimmen. (Z.B. Forderungen nach endogenen Wirtschaftsentwicklungen, Substitution von Verkehrsleistungen durch Information.)

Nebenbei sei aber auch darauf hingewiesen, dass sich Fachleute und aufmerksame Bürger nachgerade zu fragen beginnen, ob das moderne Nomadentum übers Ganze gesehen nicht doch dem Menschen und seinem Zusammenleben mehr schadet als nützt.

Vor diesem Hintergrund sollen nachfolgend einige unvollständige Ideen zum Thema NHT geäussert werden.

Zwei Argumente werden bahnseitig vor allem für den Ausbau NHT ins Felde geführt: Kapazitätsausbau (d.h. Engpassbeseitigungen) und Fahrzeitbeschleunigungen (Verkürzung der Reisezeiten).

Engpassbeseitigung:
Ueber die Kapazitätsengpässe wurde und wird soviel Unterschiedliches herumgeboten, dass eine Beurteilung durch Nicht-Insider nahezu unmöglich wird. Die Beurteilung solcher Engpässe ist scheinbar überaus schwierig. Der geneigte Zeitungsleser stellt mit Erstaunen fest, dass bereits der Taktfahrplan realisiert werden konnte, obwohl in früheren Jahren grosse Bedenken wegen Kapazitätsengpässen geäussert wurden.

Die Erfahrung in anderen Bereichen zeigt, dass nicht selten
der Engpass bei den Fantasie- und Organisationskapazitäten
der Beteiligten liegt. Es gehört mit zu den Verhaltensregeln
des sparsamen Umgangs mit dem Vorhandenen, dass erst dann
neu gebaut wird, wenn alle anderen technischen, organisatorischen und allenfalls auch politischen Massnahmen ausgeschöpft sind. Der alte Architekten-Ratschlag "hast du ein
Problem, baue ein neues Haus" gilt nicht mehr und darf erst
recht nicht bei Verkehrsbauten gelten, deren Auswirkungen
auf Menschen und Ressourcen in der Regel noch viel grösser
sind als die "Taten" der Architekten.

<u>Verkürzung der Reisezeiten</u>

Die nachfolgenden Bemerkungen beziehen sich nicht auf Vor-
und Nachteile, die der SBB aus dem rationellen Einsatz des
Rollmaterials durch Fahrzeitbeschleunigungen auf der Bahn
und weiteren technischen Verbesserungen entstehen. Das uns
zur Verfügung stehende Material zeigt:

° dass die durch die Verbesserung der Ost-West-Achse entstehende Verkehrsgunstveränderungen mehrheitlich den Ballungsräumen des Mittellandes zugute kommen. Die Verkehrsgunst verbessert sich zwar überall, im Mittelland aber
  noch mehr als in den anderen Bereichen. Dies ist unbestrittenermassen raumplanungspolitisch unerwünscht,

° und dass diese Verkehrsgunstveränderung eigentlich weniger
  aus den tatsächlichen Beschleunigungen auf der Strecke
  entstehen, als durch die dank dem Halbstundentakt eintretende Reisezeitverkürzung, die möglicherweise auch ohne
  durchgehende Hochleistungsstrecken realisierbar wäre.

Wenn man bedenkt, dass die Beschleunigung auf der Strecke
bedingt, dass die Geleiseanlagen mit grossen Radien erstellt
werden und diese Radien zusammen mit den Steigungsverhältnissen entscheidende Parameter für die Einpassung der Bauwerke in die Landschaft sind, wird sehr kritisch abgewogen
werden müssen, ob der Nachteil grösserer Landschaftseingriffe die möglichen Vorteile der Beschleunigung auf der Strecke
aufwiegen.

Untersuchungen zeigen, dass die "gewonnene Zeit" vor allem dazu verwendet wird, noch weiter zu fahren, also im Endeffekt nicht zu einer Stabilisierung der motorisierten Verkehrsleistung beiträgt, sondern zu deren Vermehrung. (Das Zeitbudget der einzelnen Verkehrsteilnehmer ist über längere Zeiten hin etwa konstant, d.h. schnellere Verkehrsmittel führen zur Ausweitung des Aktionsradius und somit zu mehr Verkehrsleistungen.)

Ein weiteres interessantes Ergebnis soll hier noch zur Diskussion gestellt werden:
Der Anteil des motorisierten Verkehrs, der durch den Bau neuer Hochleistungslinien beeinflusst werden kann, ist im gesamten eher gering. Nur ca. 2-3 % können durch die NHT zum zusätzlichen Umsteigen vom Auto auf die Bahn veranlasst werden; ein überaus kleiner Teil, der im direkten Einzugsbereich der Hauptstation jedoch höher ist. Sicher kann gesagt werden, dass Investitionen im öffentlichen Nahverkehr mehr zum "Umsteigen" beitragen als neue Hochleistungsstrecken. Im Bereich des öffentlichen Nahverkehrs liegen auch grössere Chancen, das "Aussteigen" aus dem motorisierten Verkehr, das eigentlich angestrebt werden soll, zu fördern.

Finanzen

Wir betrachten nachfolgend nur die Infrastruktur-Investitionen:

Die ganze NHT soll laut Angaben der SBB, verteilt auf 15 Jahre, ca. 5 Mrd. Fr. kosten. Jährlich fliessen heute ca. 2,5 Mrd. in den Strassenbau und 0,5 Mrd. in die Bahnen. Dieser Vergleich zeigt, dass die NHT-Investition im gesamten gesehen klein ist, so klein, dass man sich fragt, ob der ganze politische Aufwand überhaupt gerechtfertigt ist; gemessen am Anteil der Bahninvestitionen ist sie aber doch ansehnlich. Die Bindung von ca. 2/3 der gesamten Bahninvestitionen über 15 Jahre muss zwangsläufig dazu führen, dass in allen anderen von der SBB erschlossenen Gebieten "Schmalhans" Küchenmeister werden wird.

Wenn man bedenkt, dass zusätzliche SBB-Investitionen für den Ausbau des Agglomerationsverkehrs gebunden werden, bleibt für Berggebiet und Zwischenraum nicht mehr viel ("Rückzug aus der Fläche"). Für die SBB als Unternehmerin scheint die NHT-Investition aber "rentabel" zu sein. Diesem Augenmerk kann aber der Raumplaner in seinen Ueberlegungen keine abschliessende Priorität geben.

Versuch einer Zusammenfassung der raumplanerischen Ueberlegung in 6 Punkten

° Schwergewicht der Bemühungen im öffentlichen Verkehr ist in den Weiterausbau und die Verdichtung des Fahrplanangebots und in die Verbesserung des motorisierten und nicht motorisierten Nahverkehrs zu legen (neue Betriebsformen usw.).

° Dem Umbau ist anstelle des Neubaus von Verkehrswegen, Vorrang zu geben. Anstelle der grossen Erdbaumaschinen sind planende Fantasie und neue Technologie anzuwenden. Dies wäre auch für unsere Exportwirtschaft interessant und könnte der Schweiz neue technologische Impulse geben.

° Wenn eigentliche Neubaustrecken erstellt werden, ist der Ausbau so zu wählen, dass er den kleinteiligen Verhältnissen unseres Landes Rechnung trägt.

° Wenn durch nationale Investitionen in den Ballungsräumen deren Standortgunst verbessert wird, sind flankierende Massnahmen für die übrigen Landesteile nötig. (500 Mio. IHG Kredit gegen 5 Mrd. NHT-Investitionen. Um dauerhafte Ergebnisse zu erreichen, müsste das Verhältnis vermutlich umgedreht werden.)

° Wenn vom Auto umgestiegen werden soll, muss der öffentliche Verkehr an vielen verschiedenen Orten und permanent gefördert werden und der private Verkehr nicht weiterhin im selben Mass wie bisher privilegiert werden. (Eine lohnende Aufgabe der Raumplanung.)

° Der Ausbau des öffentlichen Verkehrs bedingt mehr Geld, mehr Fantasie, mehr politischen Mut und Risikobereitschaft, sowie ein neues ökonomisches Verständnis.

Anmerkung:

Dass die von uns angeführten Argumente nicht so falsch sind, hat sich kurz nach dem Vortrag im Februar 1985 gezeigt, als die SBB ihren Vorschlag Bahn 2000 vorstellte, dem über weite Strecken unsere Kritik entgegenkommt.

4. Ausblick

Schnell immer schneller !

Der Faszination der Geschwindigkeit kann sich kaum jemand entziehen. Immer schnellere Eisenbahnen werden entwickelt, gebaut und über Fernsehen, Presse und Fachliteratur vernehmen wir deren Leistungen. Der Weg des Fortschritts scheint vorgezeichnet. Die Geschwindigkeit und das Projekt, das sie vermittelt, wird - unabhängig von den Strukturen (Landschaft, Gesellschaft, Siedlung, Wirtschaft), in die es eingebettet ist - zum angestrebten Ziel und somit zum Selbstzweck. - So geschehen bei der NHT. -

Verkehrsinvestitionen als Mittel zum Zweck

Gehen wir davon aus, dass die Entwicklung unserer Landschafts-, Gesellschafts-, Siedlungs- und Wirtschaftsstrukturen nach bestimmten Zielvorstellungen und Leitbildern erfolgen soll, so ergibt sich daraus ein Anforderungsprofil an die Verkehrssysteme. Dieses Anforderungsprofil spannt das Feld auf für die Suche nach geeigneten Massnahmen, und zur Beurteilung von solchen Massnahmen.

Das grosse Handicap des öffentlichen Verkehrs

Die Verkehrswege (von Haus zu Haus) sind Ketten und die Verkehrssysteme bilden deren Kettenglieder. So beginnt und endet eine IC-Zugfahrt oft mit einem Fussmarsch und einer

Tramfahrt. Beim Privatauto wird dieses Kettenprinzip erst richtig sichtbar, wenn die Parkierung in Zielnähe nicht mehr möglich ist.

Das grosse Handicap des öffentlichen Verkehrs besteht nun darin, dass die gesamte Wegekette mit allen beteiligten Verkehrssystemen und deren Verknüpfungen das Angebot des öffentlichen Verkehrs ausmachen. Gleichzeitig haben jedoch die einzelnen beteiligten Verkehrssysteme aus betrieblichen und anderen Gründen einen hohen Grad an Eigenständigkeit. Das betrifft nicht nur die Verkettung der Angebote an Transportleistungen (Liniennetz, Fahrpläne und Gestaltung der Uebergänge), sondern auch die Tarifsysteme, die Probleme der Gepäckmitnahme und Dienstleistungen wie Auskünfte, Sonderangebote, Reservationen und Vermittlung von Diensten Dritter.

Der öffentliche Verkehr als integrales Angebot

Die Angebotsketten des öffentlichen Verkehrs umfassen die folgenden Verkehrssysteme (bzw. Kettenglieder):
- Eisenbahnen von Fernverkehr bis Regionalverkehr
- Tram, Bus und Reisepost

Ferner die Zubringersysteme:
- Fusswege und Velo
- Taxi

Daneben kommen auch Mischsysteme mit dem individuellen Auto vor.

Es sind Wegeketten aus diesen Gliedern, die als integrales Ganzes optimiert werden müssen. Ebenso hat das Verkehrsangebot als Ganzes in Erscheinung zu treten. Nur so kann der grosse Vorteil des Autos - dass dasselbe Fahrzeug sowohl auf Gemeinde- und Kantonsstrassen, wie auch auf Autobahnen fährt - relativiert werden.

Das Ziel: Ein möglichst flächendeckendes, vielzentriges Netz des öffentlichen Verkehrs

Der Uebergang von der projektorientierten Hauptachsenphilosophie der NHT zu einem vielzentrig aufgefassten Angebot, das den gängigen Siedlungsleitbildern und der föderalistischen Struktur der Schweiz weit eher entspricht, scheint sich mit dem Konzept "Bahn 2000" anzudeuten.

Eine entscheidende Verbesserung des öffentlichen Verkehrsangebots kann sich jedoch nicht auf die Bahn beschränken. Das grobe vielzentrige Netz der Bahn muss mit den flächendeckenden regionalen Netzen des öffentlichen Verkehrs zu einem integralen Angebot verschmelzen. Das zu bewerkstelligen ist äusserst kompliziert und anspruchsvoll (man denke zum Beispiel an die Schwierigkeiten bei lokalen Tarifverbundverhandlungen), es kann jedoch durch keine Tempobeschleunigung auf einzelne Streckenabschnitte wettgemacht werden. Mehr Kopf und weniger Muskeln - das ist die Losung.

Den Kapazitätsausbau im Auge behalten

In der längerfristigen Planung muss mit starken Verschiebungen vom privaten zum öffentlichen Verkehr gerechnet werden. Dem haben sämtliche Entscheide in der Bahnplanung Rechnung zu tragen. Das betrifft neben der Flächenfreihaltung für Trassen insbesondere die Planung in den Bahnhofsbereichen und der Technik.

Literaturverzeichnis

Raumwirksamkeit des Schienenschnellverkehrs. Themenheft: Informationen zur Raumentwicklung. Bonn (1983) Heft 4
Zweckmässigkeitsprüfung der Neuen Eisenbahn-Haupttransversalen (NHT). Expertenbericht Güller/Infras, Zürich (1093)
Eisenbahn-Neubaustrecken bei den Nachbarbahnen und der SBB. Separatdruck aus dem Geschäftsbericht SBB 1982
Neue Haupttransversale. In: "aktuelles bauen". Mai 1984
Bautechnische Angaben über den Ausbau der Hochleistungsstrecken der OeBB. In: Presseinformation der OeBB.

Verzeichnis der Autoren

AERNI Klaus, Prof. Dr.	Geographisches Institut der Universität Bern
BARRAUD Christine, Dr.	Mitarbeiterin IVS, Geographisches Institut der Universität Bern
CARONI Pio, Prof. Dr.	Rechtshistorisches Seminar der Universität Bern
ESCH Arnold, Prof. Dr.	Historisches Institut der Universität Bern
HENZ Hans Rudolf	Orts- und Regionalplanung BSP, METRON, Brugg
HERZIG Heinz E., Prof. Dr.	Historisches Institut der Universität Bern
KAISER P.	Mitarbeiter IVS, Geographisches Institut der Universität Bern
KELLERHALS Charles, Dr.	Direktor EBT, Burgdorf, Mitglied des Bernischen Grossen Rates
OETTERLI Jörg, Dr.	Abteilungschef Stab für Gesamtverkehrsfragen, EVED Bern
ROGGER Fränzi, lic. phil.	Mitarbeiterin IVS, Geographisches Institut der Universität Bern
SIMONETT Jürg, lic. phil.	Mitarbeiter IVS, Geographisches Institut der Universität Bern

Verzeichnis der Abbildungen

Heinz E. Herzig: Die Erschliessung der Schweiz durch die Römer

    Abb. 1 Die Erschliessung der Schweiz durch die Römer   7

Klaus Aerni: Die bernische Alpenpasspolitik vom Mittelalter bis zur frühen Neuzeit

    Abb. 1 Die Verkehrslage Berns vom 15.-18. Jahrhundert   59

    Abb. 2 Satellitenbildkarte der Schweiz (1976)   61

    Abb. 3 Einpass- und Zweipassrouten in den Schweizeralpen (Auswahl)   63

    Abb. 4 Vergleich ausgewählter Pässe bezüglich Länge und Steigungen (Schweizeralpen)   64

    Abb. 5 Der Passstaat der Herren vom Turm im 14. Jahrhundert   67

    Abb. 6 "Prospect der Reparierten Strass über den Lötschenberg im Ampt Frutingen"   74

Franziska Rogger: "Schön, aber ein Skandal" - Bernische Strassenpolitik im 19. Jahrhundert

    Abb. 1 "Mittwoch den 30ten December (1841) siegte in Bern das Licht über die Dunkelheit"   102

    Abb. 2 "Freundnachbarliche Wegsperrung. 1841"   105

    Abb. 3 Einstellung von Arbeitslosen beim Bau von Strassen und Eisenbahnen   107

    Abb. 4 "Strassenreinigende Sträflinge"   108

    Abb. 5 Die soziale Frage   110

    Abb. 6 "Maschine zum Uebersetzen der Diligencen auf Eisenbahnwaggons"   117

    Abb. 7 "Velocipede-Fahren"   119

Klaus Aerni: Alpentransversale und inneralpine Erschliessung

    Abb. 1 Transalpine Handelswege vom Altertum bis in die frühe Neuzeit   160

    Abb. 2 Güterverkehr zwischen Italien und Nordeuropa nach Verkehrsträgern   161

Abb. 3 Der transalpine Güterverkehr
1970/1979/1981, gegliedert nach
Verkehrsträgern und Nationen   161

Abb. 4 Entwicklung des Verkehrsnetzes in den
westlichen Schweizeralpen   162

Jörg Oetterli: Die Schweizerische Gesamtverkehrskonzeption

Abb. 1 Infrastrukturinvestitionen der
öffentlichen Hand für Schiene und Strasse   165

Abb. 2 Hauptphasen der GVK-Arbeiten   168

Abb. 3 Zielsystem GVK-CH   171

Abb. 4 Wichtigste Entwicklungsannahmen und
Randbedingungen der GVK-CH   174

Abb. 5 Wachstumsraten der gesamten
Verkehrsleistungen (Schiene + Strasse)
in %   176

Abb. 6 Erarbeitung von acht verschiedenen
Verkehrssystem-Varianten für das Jahr 2000   178

Hans Rudolf Henz und Willi Hüsler: Schnellbahnverbindungen im Ausland und im Inland

Abb. 1 Reisegeschwindigkeit im Strassen-, Luft-
und Schienenschnellverkehr   210

Abb. 2 Schnellfahrstreckennetz nach dem Infrastrukturleitplan des Internationalen
Eisenbahnverbandes (UIC) 1973   211

Abb. 3 Schnellfahrstreckennetz in Japan   213

Abb. 4 Geplante Schnellfahrstrecken in der
Bundesrepublik Deutschland   216

Abb. 5 Generelles Konzept der Neu- und
Ausbaustrecke der neuen Haupttransversalen   219

Register

Aargau 72, 103
Alleen 121
Alpenbahnpolitik 80, 143
Alpinismus 147
Alpentransversale 14, 18, 71, 77, 159
Ancien Regime 136
Arlberg 146
Armenhilfe 104
Autarkie 128
Autotransportordnung 164
Avenches 11, 14, 16
Bahn 2000 193, 202, 205
Basel (Augusta Raurica) 6
Basel, Bischof von 86, 89, 93
Bauweg 48
Bergsturz 33
Bern 86, 101, 111, 121
Bernerpässe 64
bernische Alpenpasspolitik 57, 72
Bevölkerungsentwicklung 42
Biel 86
Bielerseestrasse 103, 111
bildliche Quellen 24
Bözberg 11
Brachweg 48
BRD 215
Brenner 24, 28, 30, 143
Brun, General 97
Brünig 37
Brunnen (Wasser) 45
Brücken 33, 90
Bündnerpässe 10, 12-14, 31, 58, 64, 133, 144
Canal d'Entreroche 73
Chaussee 89
Cursus publicus 18
Dorf 41
Droschke 118, 120
Drususkastelle 10f
Dungweg 49
Eidgenössische Südpolitik 72
Einpassrouten 63
Eisenbahnbau, -politik 80, 116, 152, 165
Emdweg 48
Emigration 143, 151
England 215
Eschental 71
Eselweg 45
Etappentransport 142
Europäisches Schnellverkehrsnetz 211
externe Kosten 180
Fahrstrasse 143
Feldweg 46
Fernhandel 31
Flugverkehr 211
Forum Tiberii 13
Frachtwagen 141
Fremdenverkehr 139, 145, 146, 147f, 149, 155
Gabelfuhr 90
Gallien 6, 9
Geländebefund 38
Gemmi 36, 37, 57f, 65, 70, 76
Gemmi, alte 76
Gerichtsakten 31
Gesamtverkehrskonzeption-GVK 163, 166, 168, 171, 174, 176, 180, 195
Gestelen, Herren vom Turm zu 69
Goethe Joh. W. 27, 36, 108
Gotthard (Pass) 27, 28, 29, 30, 31, 36, 58, 64, 72, 75, 77, 130, 133, 136, 140, 146
Gotthardbahn(tunnel) 134, 143f, 152, 154
Gotthard-Strassentunnel 159
Gotthelf, Jeremias 115
Grasweg 48f
Graubünden 133, 139
Gries 71
Grimmsel 37, 57, 65, 70, 71
Grosser St. Bernhard 6, 9-14, 26, 32, 34, 36, 72
Handels- u. Gewerbefreiheit 135f
Hauenstein 9, 16, 90, 93, 96
Hauptstrassennetz 164, 165
Haupttransversale 193
Helvetik 130
Heuweg 48f
Hindelbank 103, 113
Holzweg 49
Hospiz 34, 36
Huckepackverlad 118
Hygiene (Strassenverkehr) 120
Infrastrukturinvestitionen 165
Inneralpine Erschliessung 14f, 159
Innere Orte 75
Italien 214
Itinerare 36
Itinerarium Antonini 12, 16
Japan 210, 213
Jougne, Clus de 9
Julier 10, 12, 140

Karren 141
Kaufmann 127
Kirchweg 46
Kleiner St. Bernhard 10
Kunststrassen 131, 140, 142
ländliche Wegnetze 41, 53
Landkarte 24
Landstrasse 45, 51, 89, 94
Landwirtschaft 128, 139, 142, 145, 149
Lawinen 26, 35
Lötschenpass 66, 70, 73, 80
Lyss-Hindelbankstrasse 103, 113
Mailänder Kriege 37
Maloja 12
Marktweg 45
Mediation 130
Meilensteine 15
Miasmen 120
mittelalterlicher Passverkehr 23
Modal split 199
Motorisierung (Mobilität) 164, 175, 197, 209
Motorwagen 120
Mt. Cenis 143, 146
Mühleweg 44
Natonalstrassennetz 164, 165
Neuenburg 86
Neuenstadt 105, 111
NHT 193, 196, 201, 218, 224
Nordwestschweiz 85
Nyon (colonia Equestris) 6
Oberhasli 68
Oberitalien 31, 126
öffentlicher Verkehr 164, 182f, 197, 205, 221f, 226
Oesterreich 217
Ostalpenbahn 152
Passstaaten 66
Passwang 93, 96
Patriziat v. Bern 101
Patrozinienforschung 37
Peripherie 145
Petinesca 17
Pierre Pertuis 15, 17f
Pilger 25, 26
Porten 141, 143
Raetien 10, 14
Raron, Gitschard von 71, 72
Raumplanung 221
Rechnungen (Wegbauten) 31f,
Rechtsquellen 41
Regeneration 131
regionale Wirtschaftsförderung 106, 160
Reichsstrassen 19

Reiseberichte 25, 27
Relief 25
Reschenpass 12
Rhätische Bahn 154
Rhein 11, 16, 31
Rinderweg 49
Rom, Romwege 25, 26
Römer 5, 89
Römerstrasse 17f, 19f
Säumerei 125, 127, 130, 142f
Salzmonopol, -handel 92
Saumtier 126, 141
Saumweg 126, 143
San Bernardino 140, 142, 149
Sanetsch 66, 70f
Schauenburg, General 96
Schiesspulver, Sprengpulver 28, 90
Schiffsverkehr 30, 73, 161
Schlittentransport 30
Schmalspurbahn 152
Schnellbahn 194, 209
Schwarzenburg 106
Schwerverkehrsabgabe 182
Septimer 10, 12, 31, 140
Simmentalstrasse 106
Simplon 14, 32, 58, 77, 80
Solothurn 11, 85f, 96, 103
Speditoren 135
Spekulationsstrasse 103
Splügen 10, 12, 25, 140, 142, 148, 149, 154
Sprengungen (Fels) 28
"Steg und Weg" 44, 47
Steinschlag 33
Strackfuhr (Direktfuhr) 129, 142
Strassenarbeiten, -unterhalt 32, 52f, 132
Strassenrechnung 182
Strassenzustand 87, 93
Sust 127
Sustenpass 79
Tabula Peutingeriana 12, 16
Tessin 133
TGV 212
Thun 37, 66, 68, 70
transalpiner Handel 57, 125
Transitverkehr 19, 28, 57, 95, 114f, 125, 136, 139, 143, 148, 155, 159, 197, 222
Transportmonopol 127, 130, 132, 135
Transportorganisation (Säumer) 79, 125, 127, 130, 141f
Treibstoffabgaben 164
Trottoir 120
Umwelt 175, 180, 200, 205

Vallorbe 9
Velo 118
Verkehrsfond 186
Verkehrspolitik 164, 186f, 189
Verkehrsprognosen 175
Via Claudia Augusta 12
Viehtriebweg 49
Vindonissa 14, 16, 18

Waadt 72
Wallis, Walliserpässe 10, 58, 64
Winteröffnung (Pässe) 26, 33, 132
Zähringen, Herzöge von 68
Zolleinnahmen 103
Zollregister 28, 30
Zolltarife 28
Zweipassroute 65

GEOGRAPHICA BERNENSIA

Arbeitsgemeinschaft GEOGRAPHICA BERNENSIA
Hallerstrasse 12
CH-3012 Bern

GEOGRAPHISCHES INSTITUT
der Universität Bern

A	AFRICAN STUDIES	sFr.
A 1	WINIGER Matthias (Editor): Mount Kenya Area - Contributions to Ecology and Socio-economy. 1986 ISBN 3-906290-14-X	20.--
A 2	SPECK Heinrich: Soils of the Mount Kenya Area. Their Formation, Ecological and Agricultural Significance (With 2 Soil Maps). 1983 ISBN 3-906290-01-8	~~28.--~~ 20.--
A 3	LEIBUNDGUT Christian: Hydrogeographical map of Mount Kenya Area. 1 : 50'000. Map and explanatory text. 1986 ISBN 3-906290-22-0	1986
A 4	KOHLER Thomas: Land use in Eastern Laikipia, Kenya. 1986 ISBN 3-906290-23-9	1986

B	BERICHTE UEBER EXKURSIONEN, STUDIENLAGER UND SEMINARVERANSTALTUNGEN	
B 1	AMREIN Rudolf: Niederlande - Naturräumliche Gliederung, Landwirtschaft Raumplanungskonzept. Amsterdam, Neulandgewinnung, Energie. Feldstudienlager 1976. 1979	red. Preis ~~24.--~~ 5.--
B 3	Sahara. Bericht über die Sahara-Exkursion 12.10. - 4.11.1973. Redaktion: Kienholz H., Leitung: Messerli B. 1981 (2. Auflage)	35.--
B 5	Kalabrien - Randregion Europas. Bericht über das Feldstudienlager 1982. Leitung/Redaktion: Aerni K., Nägeli R., Rupp M., Turolla F. 1983	24.--
B 6	GROSJEAN Georges (Herausgeber): Bad Ragaz 1983. Bericht über das Feldstudienlager des Geographischen Instituts der Universität Bern. 1984 ISBN 3-906290-18-2	~~28.--~~ 18.--

G	GRUNDLAGENFORSCHUNG	
G 1	WINIGER Matthias: Bewölkungsuntersuchung über der Sahara mit Wettersatellitenbilder. 1975	16.--
G 3	JEANNERET François: Klima der Schweiz: Bibliographie 1921 - 1973; mit einem Ergänzungsbericht von H.W. Courvoisier. 1975	15.--
G 4	KIENHOLZ Hans: Kombinierte geomorphologische Gefahrenkarte 1 : 10'000 von Grindelwald, mit einem Beitrag von Walter Schwarz. 1977	48.--
G 6	JEANNERET F., VAUTIER Ph.: Kartierung der Klimaeignung für die Landwirtschaft der Schweiz. 1977 Levé cartographique des aptitudes climatiques pour l'agriculture en Suisse. Textband Kartenband	20.-- 36.--
G 7	WANNER Heinz: Zur Bildung, Verteilung und Vorhersage winterlicher Nebel im Querschnitt Jura - Alpen. 1978	28.--

                                                                              sFr.

G   8   Simen Mountains-Ethiopia, Vol. 1: Cartography and its application for
        geographical and ecological Problems. Ed. by Messerli B. and Aerni K. 1978   36.-

G   9   MESSERLI B., BAUMGARTNER R. (Hrsg.): Kamerun. Grundlagen zu Natur und
        Kulturraum. Probleme der Entwicklungszusammenarbeit. 1978   43.--

G 10   MESSERLI Paul: Beitrag zur statistischen Analyse klimatologischer
        Zeitreihen. 1979   24.--

G 11   HASLER Martin: Der Einfluss des Atlasgebirges auf das Klima Nordwestafrikas. 1980
        ISBN 3-260 04857 X   20.--

G 12   MATHYS H. et al.: Klima und Lufthygiene im Raume Bern. 1980   20.--

G 13   HURNI H., STAEHLI P.: Hochgebirge von Semien-Aethiopien Vol. II. Klima und
        Dynamik der Höhenstufung von der letzten Kaltzeit bis zur Gegenwart. 1982   ~~36.--~~ 24.--

G 14   PITT David: Rethinking population, environment and development. 1986
        ISBN 3-906290-26-3   1986

G 15   VOLZ Richard: Das Geländeklima und seine Bedeutung für den landwirtschaft-
        lichen Anbau. 1984   ISBN 3-906290-10-7   27.--

G 16   AERNI K., HERZIG H. (Hrsg.): Bibliographie IVS 1982
        Inventar historischer Verkehrswege der Schweiz. (IVS). 1983   250.--

G 16   id. Einzelne Kantone (1 Ordner + Karte)   je   15.--

G 17   IVS Methodik   in Vorbereitung

G 18   AERNI K., HERZIG H. E. (Hrsg.): Historische und aktuelle Verkehrsgeographie
        der Schweiz. 1986   ISBN 3-906290-27-1   28.--

G 19   KUNZ Stefan: Anwendungsorientierte Kartierung der Besonnung im regionalen
        Massstab. 1983   ISBN 3-906290-03-4   16.--

G 20   FLURY Manuel: Krisen und Konflikte - Grundlagen, ein Beitrag zur entwicklungs-
        politischen Diskussion. 1983   ISBN 3-906290-05-0   ~~18.--~~ 10.--

G 21   WITMER Urs: Eine Methode zur flächendeckenden Kartierung von Schneehöhen
        unter Berücksichtigung von reliefbedingten Einflüssen. 1984
        ISBN 3-906290-11-5   20.--

G 22   BAUMGARTNER Roland: Die visuelle Landschaft - Kartierung der Ressource
        Landschaft in den Colorado Rocky Mountains (U.S.A.). 1984
        ISBN 3-906290-20-4   28.--

G 23   GRUNDER Martin: Ein Beitrag zur Beurteilung von Naturgefahren im Hinblick auf
        die Erstellung von mittelmassstäbigen Gefahrenhinweiskarten (Mit Beispielen aus
        dem Berner Oberland und der Landschaft Davos). 1984
        ISBN 3-906290-21-2   ~~40.--~~ 36.--

G 24   FILLIGER Paul: Die Ausbreitung von Luftschadstoffen und ihre Anwendung
        in der Region Biel. 1986   ISBN 3-906290-25-5   1986

G 25   WITMER Urs: Erfassung, Bearbeitung und Kartierung von Schneedaten in
        der Schweiz. 1986   ISBN 3-906290-28-X   21.--

P   GEOGRAPHIE FUER DIE PRAXIS
        ─────────────────────────

P   1   GROSJEAN Georges: Raumtypisierung nach geographischen Gesichtspunkten als
        Grundlage der Raumplanung auf höherer Stufe. 1982 (3. ergänzte Auflage)   40.--

P   2   UEHLINGER Heiner: Räumliche Aspekte der Schulplanung in ländlichen Siedlungs-
        gebieten. Eine kulturgeographische Untersuchung in sechs Planungsregionen
        des Kantons Bern. 1975   25.--

			sFr.

P 3 ZAMANI ASTHIANI Farrokh: Province East Azarbayejan - IRAN, Studie zu einem raumplanerischen Leitbild aus geographischer Sicht. Geographical Study for an Environment Development Proposal. 1979 — 24.--

P 4 MAEDER Charles: Raumanalyse einer schweizerischen Grossregion. 1980 — 18.--

P 5 Klima und Planung 79. 1980 — ~~25.--~~ 15.--

P 7 HESS Pierre: Les migrations pendulaires intra-urbaines à Berne. 1982 — ~~15.--~~ 10.--

P 8 THELIN Gilbert: Freizeitverhalten im Erholungsraum. Freizeit in und ausserhalb der Stadt Bern - unter besonderer Berücksichtigung freiräumlichen Freizeitverhaltens am Wochenende. 1983
ISBN 3-906290-04-6 — ~~18.--~~ 10.--

P 9 ZAUGG Kurt Daniel: Bogota-Kolumbien. Formale, funktionale und strukturelle Gliederung. Mit 50-seitigem Resumé in spanischer Sprache. 1984
ISBN 3-906290-04-2 — ~~28.--~~ 18.--

P 10 RUPP Marco: Der bauliche Umwandlungsprozess in der Länggasse (Bern), eine Quartieranalyse. 1983   ISBN 3-906290-09-3 — 18.--

P 12 KNEUBUEHL Urs: Die Entwicklungssteuerung in einem Tourismusort. Untersuchung am Beispiel von Davos für den Zeitraum 1930 - 1980.
ISBN 3-906290-08-5 — in Vorbereitung

P 13 GROSJEAN Georges: Aesthetische Landschaftsbewertung Grindelwald (MAB). 1986   ISBN 3-906290-12-3 — 1986

S   GEOGRAPHIE FUER DIE SCHULE

S 2 PFISTER Christian: Autobahnen verändern eine Landschaft.
Mit einem didaktischen Kommentar von K. Aerni und P. Enzen. 1978 — 9.--
    1 Klassensatz des Schülerteils (8 Blätter in je 25 Expl.) — gratis
    1 Satz Dias (20 Dias, kommentiert im Textband) — 25.--

S 4 AERNI Klaus et al.: Die Schweiz und die Welt im Wandel.
Teil I: Arbeitshilfen und Lernplanung (Sek.-Stufe I + II). 1979 — 8.--

S 5 AERNI Klaus et al.: Die Schweiz und die Welt im Wandel.
Teil II: Lehrerdokumentation. 1979 — 28.--
    S 4 und S 5: Bestellung richten an:
    Staatl. Lehrmittelverlag, Güterstr. 13, 3008 Bern

S 6 AERNI Klaus: Geographische Praktika für die Mittelschule - Zielsetzung und Konzepte — in Vorbereitung

S 7 BINZEGGER R., GRUETTER E.: Die Schweiz aus dem All.
Einführungspraktikum in das Satellitenbild. 1981 (2. Aufl. 1982) — 10.--

S 8 AERNI K., STAUB B.: Landschaftsökologie im Geographieunterricht.
Heft 1. 1982 — ~~12.--~~ 9.--

S 9 GRUETTER E., LEHMANN G., ZUEST R., INDERMUEHLE O., ZURBRIGGEN B., ALTMANN H., STAUB B.: Landschaftsökologie im Geographieunterricht.
Heft 2: Vier geographische Praktikumsaufgaben für Mittelschulen.
(9. - 13. Schuljahr) - Vier landschaftsökologische Uebungen. 1982 — ~~18.--~~ 12.--

S 10 STUCKI Adrian: Vulkan Dritte Welt. 150 Millionen Indonesier blicken in die Zukunft. Unterrichtseinheit für die Sekundarstufe II. 1984
ISBN 3-906290-15-8
    Lehrerheft — 24.--
    Schülerheft — 1.60
    Klassensatz Gruppenarbeiten — 12.--
    56 Dias — 70.--

U		SKRIPTEN FUER DEN UNIVERSITAETSUNTERRICHT	
U	1	GROSJEAN Georges: Die Schweiz. Der Naturraum in seiner Funktion für Kultur und Wirtschaft. 1985 (3. Auflage)	10.--
U	2	GROSJEAN Georges: Die Schweiz. Landwirtschaft. 1985 (4. Auflage)	16.--
U	3	GROSJEAN Georges: Die Schweiz. Geopolitische Dynamik und Verkehr. 1984 (3. durchgesehene Auflage)	12.--
U	4	GROSJEAN Georges: Die Schweiz. Industrie. 1984 (4. durchgesehene Aufl.)	14.--
U	5	GROSJEAN Georges: Die Schweiz. Städte. 1985 (2. Auflage) ISBN 3-906290-17-5	16.--
U	6	AMREIN Rudolf: Allgemeine Kultur- und Wirtschaftsgeographie. Teil 1: Naturraum-Bevölkerung-Kulturkreise-Nutzpflanzen-Nutztiere. 1984	vergriffen
U	7	AMREIN Rudolf: Allgemeine Kultur- und Wirtschaftsgeographie. Teil 2: Ländliche und städtische Siedlung-Energie-Industrie-Raumplanung-Entwicklungsländer. 1984 (2. Auflage)	20.--
U	8	GROSJEAN Georges: Geschichte der Kartographie. 1984 (2. Auflage) ISBN 3-906290-16-7	32.--
U	9	GROSJEAN Georges: Kartographie für Geographen I. Allgemeine Kartographie. 1984 (3. Auflage)	18.--
U	10	GROSJEAN Georges: Kartographie für Geographen II. Thematische Kartographie. 1981 (Nachdruck)	14.--
U	11	FREI Erwin: Agrarpedologie. Eine kurzgefasste Bodenkunde. Ihre Anwendung in der Landschaft, Oekologie und Geographie. 1983 ISBN 3-906290-13-1	~~30.--~~ 27.--
U	13	MESSERLI B., WINIGER M.: Probleme der Entwicklungsländer. Seminarbericht. 1977	18.--
U	15	MATTIG Franz: Genese und heutige Dynamik des Kulturraumes Aletsch, dargestellt am Beispiel der Gemeinde Betten-Bettmeralp. 1978	~~30.--~~ 27.--
U	16	AERNI K., ADAMINA M., NAEGELI R.: Einführungspraktikum in geographische Arbeitsweisen. 1982	~~27.--~~ 20.--
U	17	MESSERLI B., BISAZ A., LAUTERBURG A.: Entwicklungsstrategien im Wandel. Ausgewählte Probleme der Dritten Welt. Seminarbericht. 1985	~~32.--~~ 24.--

BEITRAEGE ZUM KLIMA DER REGION BERN

Nr. 1 - 6 und Nr. 9   Sonderaktion per Band   2.--

Nr. 10 siehe G 12

ISBN   3-906290-27-1